Lucia Barone

Übermorgen schreibe ich mein Happy End

FISCHER TASCHENBUCH

MIX
Papier | Fördert gute Waldnutzung
FSC® C014496

Originalausgabe
Erschienen bei FISCHER Taschenbuch

Redaktion: Katrin Fillies
Satz: Dörlemann Satz, Lemförde
Druck und Bindung: GGP Media GmbH, Pößneck
ISBN 978-3-596-70843-7

Nachdem Gott die Welt erschaffen hatte, schuf er
Mann und Frau. Um das Ganze vor dem Untergang
zu bewahren, erfand er den Humor.

Guillermo Mordillo

Gennaio

1

»Federico!«

Nonna Ginas Stimme ließ Vera derart zusammenschrecken, dass sie beinahe den Staubwedel fallen gelassen hätte. Sie war gerade dabei, den Kaminsims im Wohnzimmer zu säubern, auf dem Nonna die besten Schnappschüsse ihres verstorbenen Ehemanns ausstellte. Es war Ginas Schrein, dem sich Vera nur in Ausnahmefällen nähern durfte, und auch nur in gebührendem Sicherheitsabstand, genau genommen eine Staubwedellänge.

Der goldene Rahmen ganz links zeigte Emilio im Jahr 1950 bei seiner Einschulung mit spitzbübischem Grinsen und gegen die Sonne zusammengekniffenen Augen. Ein Foto daneben war er knapp zehn Jahre später auf dem Mofa mit Zigarette im Mundwinkel und keck aufstehendem Hemd zu sehen. Es folgten verschiedene Stationen seines Lebens: Mit 27 im schicken, eng geschnittenen Hochzeitsanzug, neben sich die elf Jahre jüngere Virginia, die bewundernd zu ihm aufsah. Als braungebrannter Mitdreißiger am Strand von Tropea, den fünfjährigen Carlo vor sich im Sand sitzend, der gerade selbstvergessen an einer Burg baute. 1983 hinter dem Steuer seiner heißgeliebten Alfetta in Rostrot, die bis heute in der Garage des Hauses in Rom stand und unbeugsam dem Zahn der Zeit trotzte. Und schließlich Emilio 1990, kurz vor seinem viel zu frühen Tod am 10. Juli – zwei Tage nachdem Beckenbauers Mannschaft ausgerechnet in seiner Heimatstadt Weltmeister geworden war. »Dieser Elfmeter hat dir das Herz gebrochen«, lamentierte Nonna Gina bis heute, wenn sie mal wieder lautstark mit dem toten Emilio sprach, den sie immer noch genauso vergötterte wie am Tag ihrer Heirat.

Vera indes war sich sicher, dass es nicht der Elfmeter von Andreas Brehme, sondern der von der männlichen Seite der Familie weitervererbte Bluthochdruck gewesen war, der Emilio Renzi mit gerade mal 46 Jahren dahingerafft hatte.

Sie schlug eilig ein Kreuz, wobei sie dabei beinahe das Mofabild ihres Schwiegervaters vom Sims gefegt hätte. Gerade noch rechtzeitig konnte sie den schweren Goldrahmen auffangen und schob ihn vorsichtig zwischen die anderen Fotografien in Schwarz-Weiß und verblichener Farbe zurück.

Wenn das Nonna Gina mitbekommen hätte.

»Federico!«, rief die in dieser Sekunde aus dem Untergeschoss erneut, als wollte sie sich der Schwiegertochter ein weiteres Mal ins Gedächtnis rufen – was nicht nötig gewesen wäre. Die Nonna war in Veras Leben omnipräsent. »Komm runter. *Mangiamo!*«

Wie üblich orderte Nonna Gina nicht die gesamte Familie zum Essen, sondern bestellte immer nur das amtierende Oberhaupt der Renzis ein. Was je nach Wochentag Veras Mann Carlo, der älteste Sohn Federico oder die vierzehnjährige Fabiola war – je nachdem, welcher von den Stammhaltern das Haus gerade mit seiner Anwesenheit beglückte. Nonna Gina achtete strenger auf die Erbreihenfolge als das britische Königshaus, und genau deswegen wurde Vera *nie* gerufen, denn sie war nur angeheiratet und zu allem Überfluss auch noch Deutsche. Und der Nonna war es egal, dass die Enkelkinder in Monheim am Rhein geboren und aufgewachsen waren, in ihren Adern floss wenigstens hälftig italienisches Blut. Vera hingegen würde bis in alle Ewigkeit *la bionda* bleiben. Das war der Name, den Nonna Gina ihrer

Schwiegertochter verpasst hatte, den sie benutzte, wenn sie mit ihrem verstorbenen Ehemann über sie sprach und meinte, Vera höre es nicht.

Dabei waren Vera und ihre bärbeißige Schwiegermutter fast nur noch allein im großen, zweistöckigen Haus, denn Veras Mann Carlo ließ sich unter der Woche sowieso nie blicken. Und da sich der fast erwachsene Federico und die schwer pubertierende Fabiola immer häufiger bis in den Abend hinein mit ihren Freunden herumtrieben, blieb die Küche kalt. Das war Nonna Ginas Art, der Schwiegertochter unmissverständlich klarzumachen, was sie von ihr hielt.

Vera nahm Staubwedel, Besen und Handfeger und machte sich auf den Weg nach unten. Bevor sie in die Küche trat, verstaute sie die Putzutensilien in der Kammer unter der Treppe, quälte sich mühsam aus den gelben Gummihandschuhen und betrat anschließend die Küche. Im Vorbeigehen verstrubbelte sie ihrem Sohn, der bereits am Tisch saß, die dunklen Haare, was der mit einem genervten Gesichtsausdruck quittierte.

»Mama, lass das!« Er stöhnte und zupfte sich die viel zu langen Strähnen wieder zurecht. »Weißt du, wie lange das dauert, damit die Frisur so aussieht?«

»Ehrlich gesagt, sieht es aus, als wärst du heute Morgen so aufgestanden«, erwiderte Vera.

»Lass den Jungen«, sagte Nonna Gina knurrend auf Italienisch, ohne Vera anzusehen, und servierte ihrem Enkel einen Teller Panzerotti alla Romana, mit Schinken, Ei und Parmesan gefüllte, gebackene Teigtaschen aus Mehl und Eiern. Eine typische Vorspeise aus der Region rund um die italienische Hauptstadt, die Nonna Gina mit nach Monheim gebracht hatte, als ihr Sohn sie vor etwa vierzehn Jahren, kurz nach der Geburt der Tochter, angerufen und um Hilfe gebeten hatte: »Mamma, Vera ist völlig überfordert! Federico macht, was er will, und die Kleine hat eine Kolik nach der anderen. Kannst du kommen?«

Die Nonna – schwer unterbeschäftigt in Rom und sowieso der Meinung, dass die Erziehung der Enkel ohne sie zwangsläufig in einer Katastrophe enden würde – zögerte keine Sekunde und stieg noch am selben Nachmittag mit zwei altertümlichen Koffern in der Hand, natürlich ohne Rollen oder irgendeinen Schnickschnack, der ihren Transport erleichterte, in den Zug in Richtung Mailand. Als sie fast zwanzig Stunden später in Monheim am Rhein ankam, war ihr Rücken kerzengerade, und ihr schwarzes Kleid hatte nicht einmal eine Falte im Rock. Mit stummer Entschlossenheit nahm sie Vera das schreiende Neugeborene aus dem Arm, schickte sie unter die Dusche und bezog das Gästezimmer. Wo sie bis heute lebte. Sie war in der Not gekommen und seitdem einfach nicht mehr weggegangen. Und es schien niemanden außer Vera wirklich zu stören. Die hatte damals, als Carlo versprach, ihr eine Hilfe zu organisieren, an einen Babysitter gedacht – nicht an seine Mutter, die sich neben der Kindererziehung auch gleich den Haushalt und die Küche unter den Nagel gerissen hatte.

»Wo ist denn Fabiola?«, wollte Vera gerade von der Nonna wissen.

In diesem Moment kam ihre Tochter in die Küche. In traumtänzerischer Sicherheit nahm sie auf dem freien Stuhl am Kopfende Platz, wo bereits ein halbes Dutzend goldfarbener Panzerotti auf sie wartete und sein köstliches Aroma verströmte. Vera war es ein Rätsel, wie Fabiola sich durch die Welt bewegen konnte, ohne sich jemals ernsthaft zu verletzen. Ihr Blick war nämlich immer auf das Smartphone in ihrer Hand gerichtet. Vermutlich waren beide mittlerweile sogar miteinander verwachsen. Zumindest konnte sich Vera nicht mehr daran erinnern, wann sie Fabiola das letzte Mal ohne das Ding in der rosafarbenen Glitzerhülle gesehen hatte.

Während die Kinder bereits damit begannen, die von Nonna Gina hausgemachten Köstlichkeiten gedankenlos in sich hineinzuschaufeln, nahm Vera ihren blanken Teller und ging an den Herd, wo in stiller Eintracht eine Armada von Töpfen stand und auf die Leerung wartete. In der Küche war Vera eine persona non grata. Genau genommen war es ihr noch nicht einmal gestattet, den Salzstreuer zu heben. Denn wenn Nonna Gina eines gar nicht gut vertrug, dann, dass man ihr Essen nachwürzte.

Damals, als Carlo und Vera sich auf einer Konferenz kennengelernt hatten, auf der sie als Übersetzerin arbeitete, war es völlig unvorstellbar gewesen, dass seine Mutter Gina, seit beinahe zehn Jahren verwitwet, einmal mit im gemeinsamen Haushalt in Monheim leben würde. Im Gegenteil, Vera war sogar davon ausgegangen, dass sie dem gut aussehenden Italiener nach Rom folgen würde … nicht etwa, dass er bei erster Gelegenheit beschloss, ihr einen Ring an den Finger zu stecken und mit ihr ins Rheinland zu kommen. Sie träumte von milden Wintern, mediterranem Klima und der Spanischen Treppe. Er vom Export italienischer Feinkostspezialitäten.

Immerhin, manchmal nahm er sie in den ersten Jahren, bevor die Kinder kamen, mit in seine Heimatstadt und führte sie Abend für Abend auf der großen Piazza aus. Sie war seine Eroberung, die Blonde aus dem kühlen Norden. An guten Tagen kam sich Vera wie die im Trevi-Brunnen badende Anita Ekberg vor. An schlechten wie eine Trophäe. In Italien waren nicht allzu viele Frauen blond. Deswegen war Carlo umso stolzer auf seinen Fang.

Leider fand seine Mutter Gina nicht viel an der hellen Haarpracht der Verlobten ihres Sohnes. Außerdem kam Vera wie gesagt aus Deutschland, und mit den Deutschen wollte die Nonna am besten gar nichts zu tun haben, unter anderem deswegen, weil die in den Augen der Schwiegermutter die schlimmsten Touristen von allen waren, die Jahr für Jahr über Rom herfielen und die Einheimischen andauernd anrempelten, weil sie die Nase in die Reiseführer steckten, statt die Schönheit der Ewigen Stadt mit eigenen Augen zu bewundern. Deutsche, das waren Menschen, die Ananas auf eine Pizza legten und nach zwölf Uhr Cappuccino tranken. Deutsche waren für die Nonna im Grunde nur dann zu ertragen, wenn sie das Eis ihres Cousins Giggi kauften, der irgendwo im Süden der deutschen Republik in einem Ort mit dem unaussprechlichen Namen Hintermurrhärle eine kleine Gelateria betrieb und regelmäßig Fotos von seinem Erfolg an die Familie schickte.

Vera zählte die Panzerotti im Topf. Fünf. Entweder sie war bei ihrer Schwiegermutter noch weiter in der Gunst gesunken und ging heute leer aus, oder Nonna Gina wusste wieder einmal mehr als sie.

»Kommt Carlo heute Abend nicht nach Hause?«, fragte Vera in die gefräßige Stille, wie immer auf Italienisch, denn die Nonna weigerte sich stoisch, mit ihr in einer anderen Sprache zu sprechen.

»Das musst doch du wissen. Ist schließlich dein Mann«, meckerte Nonna Gina und warf Vera über den Rand ihrer Lesebrille, die wie immer auf der äußersten Spitze ihrer langen Nase thronte, einen gestochen scharfen Blick zu.

Aber er ist dein Sohn, entgegnete Vera in Gedanken und fügte dort, im geheimen Versteck der für alle Zeiten unausgesprochenen Kommentare, hinzu: *Dein einziger, um genau zu sein, den du bis heute bemutterst, als wäre er elf Jahre alt.*

Vera war zwar eine hundsmiserable Hausfrau, aber bei weitem nicht die untalentierteste Kraft unter den Renzis. Carlo hatte bei allem, was mit Lappen und Feudeln zu tun hatte, zwei ausgesprochen linke Hände – es sei denn, er polierte seine Lancia Flavia, ein Cabriolet, das er sich kurz vor dem letzten Jahresabschluss als Zweitwagen zugelegt hatte, »um ihn abzuschreiben und damit Steuern zu sparen«, wie er damals sagte.

In Veras Augen war der silberne Sportwagen mit den schwarzen Ledersitzen ein nichtssagender Angeberschlitten, der mehr Krach machte, als ein normaler Mensch ohne Gehörschutz vertrug. Carlo liebte den Wagen jedoch und ließ ihm im Sommer alle zwei Wochen eine dermaßen zärtliche Behandlung angedeihen, dass Vera nicht nur einmal das Aufflackern von Eifersucht bemerkt hatte. Es war schon sehr lange her, dass Carlo seine Gattin mit solch hingebungsvollen Liebkosungen überhäuft oder derart schmachtend betrachtet hatte. Aber die große italienische Filmschauspielerin Anna Magnani, Nonna Ginas liebste Darstellerin, eine Filmdiva aus den 1960ern, die mit den Leinwandschönheiten wie der Lollobrigida oder der Loren jedoch nichts zu tun hatte, sondern eine Charakterdarstellerin gewesen war, hatte einmal gesagt: *Ein Mann am Steuer eines Wagens ist ein Pfau, der sein Rad in der Hand hält.* Italienische Männer und Autos, das war eine Liebesbeziehung, die niemand trennen konnte, vor allem keine Frau. Vermutlich nicht einmal Gott. Und damit gab Vera sich zufrieden. Sie tröstete sie sich mit dem Gedanken, dass sie vielleicht nicht das große Los, aber wenigstens auch keine Niete gezogen hatte. Immerhin verzockte Carlo kein Geld, er trank nicht, schlief nicht mit anderen Frauen und arbeitete hart, um der Familie ein schönes Leben zu bescheren. Vera hatte also eigentlich keinen Grund zur Klage.

»Papa bleibt heute in Düsseldorf«, beantwortete Fabiola die Frage, ohne vom Handy aufzublicken. »Er hat mir vorhin eine WhatsApp geschrieben.«

Vera, die sich gerade hingesetzt hatte und im Begriff war, sich eine Teigtasche in den Mund zu schieben, hielt inne. »Dir hat er geschrieben? Wieso denn *dir*?«

Fabiola seufzte genervt. »Weil ich ein Smartphone habe und du nur ein uraltes Handy, Mama.«

»Aber er hätte doch anrufen können. Wozu haben wir ein Telefon?«

»Mama!« Veras Tochter sah auf. »Papa hat total viel zu tun. Und so eine WhatsApp ist voll schnell verschickt. Die ist sogar kostenlos.«

»Koftenlof?«, wollte Vera mit vollem Mund wissen. Herrgott nochmal, wenn Nonna Gina nicht so unglaublich gut hätte kochen können, wäre ihr Terrorregime wahrlich nicht zu ertragen gewesen.

»*Mamma mia,* Mama!«, mischte sich nun Federico wieder ein. Er kratzte mit dem Löffel die Reste der Vorspeise aus dem Teller, dann hob er das Porzellan an und leckte die Innenseite aus. Dabei fand er noch Zeit, Vera einmal über den Tellerrand hinweg anzugrinsen und zu sagen: »Du lebst so was von hinter dem Mond.«

»Immerhin, dort hat man Manieren bei Tisch. Du bist doch kein Hund!«, neckte Vera zurück.

»Lass den Jungen«, mischte sich Nonna Gina überflüssigerweise wieder ein. So wie immer, wenn Vera auch nur den kleinsten Erziehungsversuch bei ihrem Ältesten unternahm.

Vermutlich würde er mal ein genauso verwöhnter Macho wie sein Vater werden, allen Versuchen Veras zum Trotz, das Gegenteil zu bewirken. Und dann würde es heißen, dass sie schuld sei, dabei hatte sie sich in den vergangenen siebzehn Jahren doch die größte Mühe gegeben, aus Federico einen anständigen, emanzipierten jungen Mann zu machen. Leider grätschte ihr immer wieder die Nonna dazwischen – oder Carlo höchstpersönlich, der sich in seiner eigenen Männlichkeit beschnitten fühlte, wenn er sah, dass sein Sohn sich im Haushalt nützlich machte. Und damit war bereits schon gemeint, dass er die Klobrille wieder nach unten klappte, wenn er verbotenerweise im Stehen gepinkelt hatte.

»Vielleicht schaffe ich mir auch endlich ein Smartphone an«, meinte Vera, um sich auf andere Gedanken zu bringen, weil ihr die hochgeklappten Klobrillen sonst noch den Appetit verdarben. Außerdem fand sie die Idee gar nicht schlecht. Ihr alter Knochen war doch nun wirklich aus der Mode gekommen, dieses Ding, mit dem man zwar telefonieren und auch SMS verschicken konnte und dessen Akku eine halbe Woche hielt, das aber keine einzige App aufspielen konnte, nicht den Weg wies und in Summe alles andere als smart war. Mit einem modernen Handy könnte Carlo in Zukunft ihr die kostenlosen Nachrichten schreiben, und Fabiola hätte einen Grund weniger, den ganzen Tag auf ihr Handy zu glotzen. Viel zu lange hatte Vera sich nicht an die Technik rangetraut. Und wenn ihre Kinder verstanden, wie man so ein Telefon bediente, sollte es für sie doch kein Problem sein. Oder?

»*Certo.*« Federico lehnte sich lässig in seinem Stuhl zurück und blickte seine Mutter herausfordernd an. »Und wer soll dir erklären, wie das funktioniert?«

»Du zum Beispiel?«

»Dafür krieg ich aber die neue Playstation zu Ostern.«

»Moment.« Vera legte den Löffel beiseite und tupfte sich mit einer Stoffserviette mit eingesticktem »R« für den Familiennamen den Mund ab. »Du hilfst deiner Mutter ohne Gegenleistung, Freundchen.«

»Lass den Jungen!« Nonna Gina stand auf, stellte klappernd die ratzeputz leergegessenen Teller auf einen Stapel und marschierte zur Spüle.

»Nein, ich lass den Jungen *nicht*«, entgegnete Vera und wandte sich wieder Federico zu. »Also. Kannst du mir so ein Smartphone besorgen?«

Er dachte einen Moment nach, dann zuckte er mit den Schultern. »Klar. Wie viel willst du denn ausgeben?«

»Äh ...« Vera hatte keine Ahnung, was man veranschlagen musste, wenn man mit der modernen Welt Schritt halten wollte. »Wie viel hat denn dein Handy gekostet?«

»799«, erwiderte ihr Sohn knapp.

Vera klappte der Mund auf. »Lira?«

»Pfff. Logo.«

»Himmelherrjesus. Wer hat dir erlaubt, das zu kaufen?«

Federico sah sie an, als hätte er gerade erfahren, dass seine Vorfahren vom Mars stammten. »Papa?«

»Aber ... aber ...« Vera sah sich um und entdeckte ihre Tochter. »Fabiola, wie teuer war denn dein Handy?«

»Das ist kein Handy, Mama. Das ist das iPhone 7. Aber ich will es verkaufen. Übernächsten Monat kommt ein neues raus. Ich wünsche es mir zu Ostern.« Sie zögerte. »Willst du mein altes haben?«

Vera war immer noch erschüttert von den achthundert Euro,

die ihr Sohn für sein Mobilfunkgerät ausgegeben hatte. Wo hatte er so viel Geld her?

»Ich verkaufe es dir für 650 Euro.« Fabiola sah sie mit ernstem Gesichtsausdruck an.

»Du *verkaufst* es mir?«

»Klar. Wenn du magst.«

»Du *verkaufst* es mir?!«

»Äh … Ja. Okay, sagen wir sechshundert.«

»Fabiola!« Jetzt war Vera doch laut geworden.

»Mama, das iPhone ist fast noch neu. Und es hat nur einen Sprung im Display, ansonsten ist es top. Außerdem kapierst du bei der Hälfte der Apps doch sowieso nicht, wofür man sie braucht.«

Vera spürte, wie Entrüstung in ihr hochstieg. Das war ja allerhand. Nicht nur dass sie in der internen Kommunikation andauernd die Nebelschlussleuchte war und im eigenen Haushalt nichts zu melden hatte, jetzt musste sie sich auch noch von ihrer Tochter zu einem Wucherpreis ein Handy andrehen lassen, dessen Bedienung sie offenbar überforderte.

»Okay. Fünfhundertfünfzig. Weil du es bist.« Fabiola guckte ihren Bruder an. »Aber du erklärst ihr, wie das geht. Ich hab echt keinen Bock, die nächsten Wochen andauernd mit Fragen genervt zu werden.«

Vera pfefferte ihre Serviette auf den Tisch. »Mein liebes Fräulein. Wenn deine Mutter …« Aber weiter kam sie nicht.

»Das kannst du vergessen«, meinte Federico und richtete sich die absichtlich unordentlichen Haare. »Es hat ein halbes Jahr gedauert, bis Mama eine Textdatei auf dem Rechner abspeichern konnte und wiedergefunden hat. Und dann noch mal ein Jahr, bis sie das mit den Mails gecheckt hat. Nee, ich bin raus.« Er hob die Hände. »Das macht ihr mal schön unter euch aus. Ist schließlich dein Geschäft.«

Fabiola verkniff die Augen zu Schlitzen. »Du bist so ein Arsch manchmal.«

»Fabiola!« Vera stand auf und holte tief Luft, bereit, ihren Kindern mal ein paar Takte zu flüstern.

Doch in dieser Sekunde knallte Nonna Gina einen Teller mit dampfender Pasta vor Vera auf den Tisch und zischte: *»Finito!«*

Fabiola wandte sich wieder ihrem Handydisplay zu, und Federico machte sich mit dem Appetit eines Pubertierenden über seinen Teller Spaghetti all'amatriciana her. Vera fing einen todesverachtenden Blick ihrer Schwiegermutter auf, ließ sich seufzend auf den Stuhl fallen und ergriff die Gabel. *Buon appetito.*

2

»*Grazie, nonna*. Das war wirklich lecker.« Vera ließ die großen Nudelteller ins Spülbecken gleiten und griff nach der Bürste. Natürlich war im Hause Renzi genug Geld vorhanden, dass man sich eine Spülmaschine leisten könnte. Aber Carlos Mutter bestand darauf, dass das gute Geschirr von Hand gewaschen wurde. Selbstverständlich mit dem aus Italien importierten Spülmittel, das mit Sicherheit keinen Funken anders wusch als das aus dem Supermarkt um die Ecke. Immer wenn Vera mal wieder den Vorschlag machte, dass man doch viel mehr Zeit und Wasser sparen würde, wenn man sich endlich ein solches Gerät zulegte, sagte ihre Schwiegermutter mit bleierner Miene: »Aber wir haben doch eine Spülmaschine. Dich!« Veras Mann hob daraufhin entschuldigend die Hände, als wollte er sagen: »Ich halte mich da raus«, und die Kinder taten so, als verstünden sie plötzlich weder Deutsch noch Italienisch, und schalteten auf Durchzug.

»War das normaler Bauchspeck, den du für die Pastasoße verwendet hast?«

Nonna Gina schwieg. Dabei konnte sie unmöglich glauben, dass Vera mit jemand anderem sprach als ihr, denn mit dem Geist von Emilio, Veras verstorbenem Schwiegervater, unterhielt sich ausnahmslos die Nonna, und Federico und Fabiola hatten sich direkt nach dem Dessert auf ihre Zimmer verkrümelt. Selbstverständlich ohne den Tisch vorher abzuräumen. Was der menschlichen »Spülmaschine« vorbehalten blieb. Vermutlich telefonierte Veras Tochter schon wieder stundenlang mit einer ihrer Freundinnen, die sie doch schon den ganzen Vormittag in der Schule gesehen hatte und morgen früh gleich wiedersehen würde. Fabiola war gerade erst in der Pubertät angekommen, und Vera graute vor den kommenden vier Jahren, in denen der Hormonhaushalt ihrer Tochter noch einmal auf links gedreht werden würde. Die Vierzehnjährige war zickig, launisch und eitel geworden – eine vollkommen neue Erfahrung für Vera, die es so genossen hatte, mit der noch kleinen Fabi im Garten einen Kuscheltierzoo aufzubauen, die größten Eisbecher bei »Gibelli's« in der Innenstadt zu essen und zu Ostern Schokoladeneier für sie zu verstecken – keine iPhones.

Federico hatte irgendwann einfach nur angefangen zu stinken. Nach männlichen Hormonen und weil er sich am Anfang viel zu wenig gewaschen hatte. Als wenn die Dusche plutoniumverseucht wäre, hatte er sie gemieden, und Vera hatte einen ganzen Sommer lang mahnend und durch den Mund atmend auf ihn eingeredet. Irgendwann war dann jedoch Lucy aufgetaucht, Federicos erste Freundin. Für die hatte er sich dann sogar die Haare gewaschen und war zu normalen Reinigungsgewohnheiten zurückgekehrt. Er war zwar manchmal noch etwas aufmüpfig und tat immer so fürchterlich abgebrüht, im Grunde war er aber ein netter Junge, der versuchte, sich in der Welt der Erwachsenen zurechtzufinden. Das Einzige, was Vera tun musste, war, darauf zu achten, dass Gina ihn nicht zu einem Ebenbild seines Vaters verzog. Was sie wieder zurück zur Nonna brachte.

»Oder war das der Guanciale? Dieser Wangenspeck vom Schwein? Den nimmst du doch auch immer für die Carbonara.« Vera drehte sich zum Esstisch in ihrem Rücken um, ohne die

Hände in den pinkfarbenen Gummihandschuhen aus dem heißen Seifenwasser zu nehmen. Sie lächelte Nonna Gina entwaffnend an, die am Tisch saß, die Arme vor der Brust verschränkt, und die Schwiegertochter misstrauisch anfunkelte. Im Hintergrund über dem Herd hingen kupferne Töpfe und Pfannen neben einigen Knoblauchranken und Tomatenpendeln, als wollten auch sie ihr sagen: *In der Repubblica Nonna Gina hast du nix zu melden!*

Vera war immer wieder erstaunt, wie eine so kleine Person derart viel Feindseligkeit ausstrahlen konnte – zugegeben, nur ihr gegenüber. Nonna Gina war gerade mal eins fünfzig groß und gertenschlank. Damit war sie das Gegenteil von dem, was sich die meisten unter einer italienischen Großmutter vorstellten. Ihr Haar war bis zum heutigen Tag pechschwarz, ohne eine einzige weiße Strähne, und die Nonna trug es zu einem festen Knoten im Nacken gebunden. Das Gesicht war spitz, die Nase lang. Einzig die Kittelschürze, die sie in sechs verschiedenen Farben und Mustern besaß und tagtäglich trug (bis auf Sonntag, da kleidete sie sich zu Ehren ihres Mannes in Schwarz), war ihr Zugeständnis an das international gepflegte Vorurteil der Nonna.

»Warum willst du das wissen?«, stellte Nonna Gina die giftige Gegenfrage. »Doch nicht etwa, weil du es mit deinen beiden linken Händen *nachkochen* willst?«

Vera drehte sich hastig wieder zum Spülbecken um. Ihr Versuch, ein weiteres Rezept aus der Schwiegermutter herauszukitzeln, war nicht eben raffiniert gewesen, das war ihr klar. Aber sie befand sich in der Recherche für ihren nächsten Roman. Was deutlich größer und wichtiger klang, als es war.

Eigentlich war Vera ja Fremdsprachenassistentin, von Haus aus, wie man das nannte. Französisch und Italienisch hatte sie damals gelernt und durch ihre Arbeit eben ihren Mann getroffen. Dann waren die Kinder gekommen, früher, als Vera das damals geplant hatte, und mit nur wenigen Jahren Berufserfahrung im Gepäck war der Zug als Übersetzerin dann noch schneller abgefahren gewesen, als Vera nach dem richtigen Gleis hatte suchen können. Weil Carlo wie ein Wahnsinniger arbeitete, um seinen Feinkost-Import expandieren zu lassen, blieb Vera mit den Kindern zu Hause, wo sie sich einige Jahre lang mit der Nonna um die Vorherrschaft im Haushalt stritt. Bis sie eines Tages beschloss, dass es das Theater nicht wert sei, und Gina das Feld überließ.

Federico wurde im selben Jahr eingeschult, als der kleine Kiosk die Straße runter einen neuen Pächter suchte, weil der alte von einer Wespe gestochen wurde und niemand, inklusive seiner Wenigkeit, wusste, dass er eine Wespenallergie hatte. Obwohl Vera damals bereits ahnte, dass mit dem Kiosk nicht viel rumkam, war die Gelegenheit doch günstig: Sie hatte eine Beschäftigung und konnte der Nonna zumindest stundenweise entfliehen.

In Veras Kiosk bekam man alles: Brot, Pasta, Zigaretten, Zeitschriften, Batterien und Briefmarken, aber auch Tampons, Schmuddelheftchen und in Ausnahmen einen Grappa umsonst. Außerdem verfügte der kleine Laden mit den Regalen, die bis unter die Decke ragten, über eine kleine Annahmestelle für Pakete. Das war ziemlich praktisch für die Leute in der Nachbarschaft, weil sie nicht für jede Sendung zur Hauptpost marschieren mussten. Die hatte abenteuerliche Öffnungszeiten und die unfreundlichsten Postbeamten, die man sich nur vorstellen konnte. Wohl dem, der deswegen einen Laden wie den von Vera um die Ecke hatte! Hier ließen sich nicht nur Pakete aufgeben, sondern auch abholen. Der Kiosk warf für Vera nicht viel ab, war jedoch eine angenehme Möglichkeit, mit den Menschen aus dem Viertel in Kontakt zu kommen.

Zum Beispiel mit Sigrid Beyse, einer Dame in den Achtzigern, die jeden Tag mit ihren Dackeln Kalle und Keks vorbeikam, um Lose zu rubbeln, eine Zeitschrift zu kaufen oder ein Schwätzchen zu halten. Meist drehten sich die Gespräche um die Verdauung der beiden Hunde, Keks hatte mit Diabetes zu kämpfen, Kalle mit dramatischem Übergewicht, was Frau Beyse jedoch nicht davon abhielt, täglich eine Knackwurst an die Hunde zu verfüttern.

Seitdem es die Annahmestelle für Pakete gab, kam auch Lennard Nothnagel alle naselang vorbei. Der betrieb nämlich einen Online-Shop und hatte schon mehr als einmal versucht, ihr die Vorzüge des digitalen Einkaufens schmackhaft zu machen. Vera hielt nicht viel davon, vor allem wenn sie sah, dass Lennard zwar viele Pakete bei ihr aufgab, aber mindestens genauso viele für ihn selbst ankamen, weil er offenbar keine Ahnung hatte, dass man Sekundenkleber, Herrensandalen und Bierglasuntersetzer nicht nur im Internet fand, sondern auch in den Geschäften vor Ort. Natürlich kam Vera diesbezüglich niemals auch nur ein kritisches Wort über die Lippen. Lennard war ein guter Kunde, außerdem war er nett und passte manchmal, wenn sie nicht konnte, kurz auf den Kiosk auf. Darüber hinaus hatte er ihr damals, als sie den Paketeservice eingerichtet hatte, mit der Technik geholfen und ihr mit viel Geduld die Funktionen des Handscanners erklärt, den sie brauchte, um die Barcodes einzulesen. Sicher hatte er das nicht nur aus Altruismus getan – aber das war im Ergebnis ja egal.

Ihr liebster Stammkunde jedoch war Günther Maserati, den

alle im Viertel nur Guntero nannten. Er war ein deutsch-italienischer Journalist, der viele Jahre in Mailand gearbeitet und zahlreiche Preise für seine Enthüllungsstorys gewonnen hatte. Als seine Mutter krank wurde, kam Guntero in die alte Heimat zurück, nach Monheim. Erst hier bemerkte er, wie anstrengend dieses Leben auf der Überholspur gewesen war – immer auf der Suche nach der nächsten Story, die Deadline und den Atem des Chefredakteurs im Nacken. Er beschloss, die Zelte in Mailand abzubrechen und im Rheinland einen Neuanfang zu wagen. Beim »Monheimer Morgen«. Nun schrieb er nicht mehr über die Verstrickungen von Politik und Mafia, über die Müllberge in Bologna oder illegal entsorgte Chemikalien im Canal Grande, sondern über Vorlesewettbewerbe und Bürgermeisterwahlen, und ja, so richtig aufregend fand er das nicht. Aber was sollte er stattdessen tun? Ein Leben wie früher wollte er auf keinen Fall, auch nach dem Tod seiner Mutter, und vielleicht, ja vielleicht würde er eines Tages sogar den Roman abschließen, mit dem er vor etwa acht Jahren begonnen hatte. Vera war sich mittlerweile sicher, dass Guntero sein Werk niemals vollenden würde. Der Roman, ein Jahrhundertwerk, wie er meinte, umfasste mittlerweile mehr als tausendeinhundert Seiten. Sie kannte sich nicht gut aus in der Buchbranche, aber selbst als die Laiin, die sie war, konnte sie sich denken, dass es sich ein Verlag sehr genau überlegen würde, ob er ein Werk verlegte, das es im Umfang locker mit einem Telefonbuch aufnehmen konnte. Man hatte ja schließlich eine Verantwortung. Die Abholzung des Regenwalds einzudämmen, beispielsweise.

Das Schreiben war dennoch etwas, das Vera und Guntero miteinander verband – wenn auch erst seit kurzem. Vor vielen Jahren hatte Vera, als sie noch dachte, es liege wirklich an ihren mangelnden Kochkünsten, dass sie in der Küche nicht zum Zug kam, einen Kurs an der örtlichen Volkshochschule belegt. Die Stimme ihrer Schwiegermutter im Ohr (»Emilio, ist es zu fassen! Diese Frau kann nicht einmal eine Zabaglione schlagen!«), lernte Vera, wie man Mürbeteig knetete, Rouladen band und Rosenkohl blanchierte. Doch leider konnte sie das erworbene Wissen praktisch nie anwenden, da deutsche Kost in Piccola Italia, also dem Reich der *Regina Nonna*, natürlich nicht gestattet war. In ihrem Frust belegte Vera im darauffolgenden Halbjahr einen weiteren Kurs, in dem sie Stricken lernte, nur um festzustellen, dass Nonna Gina auch darin viel geschickter war als sie. Es folgten weitere Fähigkeiten, die Vera sich aneignete, Qigong, Hübsches aus Salzteig, Goldschmieden, doch nie fand sie etwas, in dem sie gut war und das ihr gleichzeitig Freude bereitete.

Bis sie letztes Jahr, aus völliger Langeweile heraus, einen Kurs in Kreativem Schreiben besuchte, gemeinsam mit ihrer besten Freundin Simone. Am Ende des Kurses kam sogar ein Verleger vorbei, Manfred Hülsenbeck, der über sein Ein-Mann-Unternehmen sprach, den Buchmarkt erklärte und von seinem Literaturwettbewerb erzählte: 2000 Euro und eine garantierte Veröffentlichung könne man gewinnen, wenn man ihm binnen drei Monaten ein vollständiges Manuskript zu einem beliebigen Thema zuschicke.

Und so fing Vera an zu schreiben. Das Handwerkszeug hatte sie im Kurs gelernt, und genug Zeit blieb im Kiosk auch. Eine richtig schöne Liebesgeschichte dachte sie sich aus, die irritierenderweise immer wieder ins Erotische abdriftete – vielleicht auch weil sie selbst an dieser Front etwas ausgehungert war. Natürlich sprach sie mit Guntero niemals *darüber*, und auch nicht über den Inhalt ihres Manuskriptes. Sie tauschten sich vielmehr über das Schreiben an sich aus, über das Eintauchen in eine andere Welt, das Entwerfen von Geschichten, wie man ein gutes Kapitel beginnt, wo es endet … und Vera achtete sehr darauf, dass sie kein pikantes Detail ihrer möglicherweise etwas zu frivol geratenen Geschichte preisgab, sondern Guntero stattdessen die Notlüge auftischte, sie arbeite an einer Kurzgeschichtensammlung. Gleichwohl war sie froh, dass es wenigstens eine Person in ihrem Leben gab, die ihr kleines Hobby ernst nahm. Auch wenn Guntero mit seinen bald fünfzig Lenzen, der speckigen Lederjacke, die er Tag und Nacht, sommers wie winters und zu jedem Outfit zu tragen schien, dem ausladenden Schnauzbart und der etwas aus der Mode gekommenen Brille nicht gerade die Zielgruppe repräsentierte, für die Vera ihren Roman verfasst hatte.

»Antipasti d'amore« war ein Roman über die Liebe. Und weil es um eine römische Restaurantbesitzerin und ihren schärfsten Kritiker ging, mit dem sie nicht nur eine leidenschaftliche Affäre begann, sondern für den sie auch immer wieder neue aphrodisierende Gerichte ersann, war Vera dazu gezwungen gewesen, der Nonna Rezepte aus der Heimat aus der Nase zu ziehen. Natürlich ohne zu sagen, was sie damit vorhatte. Wenn die Nonna gewusst hätte, dass die Rezepte in abgewandelter Form in Veras schlüpfrigem Buch vorkamen, hätte sie die Schwiegertochter vermutlich mit dem Nudelholz in der Hand aus dem Haus gejagt. Virginia, wie die Nonna eigentlich hieß, auch wenn alle sie Gina nannten, bedeutete »die Keusche«, und sie machte ihrem Namen wirklich alle Ehre.

»Nachkochen?«, sagte Vera nun und riss die Augen in gespieltem Entsetzen aus. »Wo denkst du hin? Niemals würde ich es mit dir aufnehmen wollen, Nonna! Keine kocht so gut wie du.«

Das war noch nicht mal gelogen. Aber wie würde sie die Kurve jetzt zum Rezept kriegen, das sie von der Schwiegermutter bekommen wollte?

»Ich dachte nur, wenn du eines Tages, nun ja …« Sie suchte nach Worten, da sie das Gefühl beschlich, mit ihrer Argumentation vermintes Gebiet zu betreten. »Gott bewahre, aber wir werden ja alle nicht jünger. Und wenn du dann mal … also … Die Kinder wollen doch sicher wissen, wie sie die köstlichen Gerichte aus deiner Heimat zubereiten, damit sie immer an dich denken können …«

Oh-oh. Die Augen der Nonna wurden zu schmalen Schlitzen. Es war eine schlechte Idee, mit der eigenen Schwiegermutter über ihr Ableben zu sprechen. Immer, aber mit einer italienischen Ausgabe ganz besonders. Hastig schlug Vera ein Kreuz, nicht weil sie selbst religiös war, im Gegenteil. Aber sie wusste, dass das Gefuchtel das Potenzial hatte, Nonna Gina zu beruhigen – zumindest hoffte Vera es.

»Aber das hat ja noch Zeit«, beeilte sie sich zu sagen, »du wirst ja sicher noch viel, viel älter!«

Die Nonna schnaubte, Vera schluckte erschrocken und hätte sich am liebsten im Spülbecken ertränkt. Wieso war sie auch so unglaublich ungeschickt, sobald sie mit ihrer *suocera* allein war?

Wenn sie ganz ehrlich zu sich selbst war, stellte sie sich manchmal den Tag vor, an dem die Familie Abschied von der kratzbürstigen Alten nahm und Vera endlich wieder Herrin im eigenen Haus wurde. Dann würde sie kochen, wonach es sie gelüstete, würde in der Küche herumwirbeln, würde Pasta aus der Tüte kaufen und Kartoffeln essen, jeden zweiten Tag, mindestens, und sowieso ganz andere Geschmäcker auf die Zunge einladen.

Doch bis dahin hieß es warten. Denn Nonna Gina erfreute sich, sah man von etwas bedenklichen Leberwerten einmal ab, bester Gesundheit.

Vera holte einen der Pastateller aus dem Wasser und fuhr mit der Spülbürste über den Rand. »Vielleicht schreibst du deine Lieblingsrezepte ja mal auf«, machte sie einen weiteren Vorstoß, in der Hoffnung, er möge harmlos klingen. Sie drehte sich ein weiteres Mal um und schlug die Augen auf. »Für die Kinder?«

»Bah.« Die Schwiegermutter sah weg. Vera wusste, dass das italienische »bah« für alles eingesetzt werden konnte: Ekel, Fassungslosigkeit, Entsetzen, Abneigung, aber auch widerwillige Zustimmung und die einsilbige Version von »Ich habe es dir doch gleich gesagt«.

Vera war nicht klar, was genau sie verbrochen hatte, um von Carlos Mutter so wenig gemocht zu werden. Allein die blonden Haare und ihre Herkunft waren doch keine ausreichenden Gründe, seit so langer Zeit stutenbissig zu sein. Vielleicht lag es auch einfach daran, dass Carlo Ginas und Emilios einziges Kind war. Man wusste ja, wie sich die italienischen Mamas um ihre Söhne kümmerten. War Gina möglicherweise eifersüchtig? Oder fand sie Carlos Wahl nicht angebracht? Eigentlich empfand sich Vera als eine ganz gute Partie. Sie war eine liebende Mutter, eine fürsorgliche Ehefrau, vorzeigbar, sozial engagiert und freundlich. Gut, vielleicht war ihr Talent beim Staubwedeln und Fensterputzen nicht ganz so klar zu erkennen – aber die Menschen waren doch verschieden. Vera jedenfalls war ganz zufrieden mit sich. Selbst nach zwei Kindern und obwohl sie mittlerweile schon 43 war, hatte sie ihre Figur zumindest in Grundzügen behalten und war nicht wie ein Hefeteig auseinandergegangen, wie so viele andere.

Nonna Gina starrte sie an und schwieg. Dann zog sie laut die Nase hoch, verkniff den Mund und wandte den Kopf ab. »Ich überlege es mir.«

»Danke, Nonna«, erwiderte Vera, unterdrückte ein Augenrollen und nahm sich vor, beim nächsten Staubwedeln nach einem Büchlein, einem Stapel Notizen oder wie auch immer die Schwiegermutter ihre Rezepte zu Papier brachte, Ausschau zu halten.

Nonna Gina stand vom Tisch auf und verließ die Küche. Vera hörte, wie sie sich in die Kissen des Sofas fallen ließ, eine Sekunde später setzte das Plappern verschiedener Stimmen ein. Gina guckte wieder »La forza della passione«, eine unfassbar kitschige argentinische Telenovela aus den Neunzigern, die stümperhaft für das italienische Fernsehen synchronisiert worden war. Nur zwei Jahre lang war die Serie in Argentinien produziert worden, doch Nonna Gina liebte sie, und seitdem sie auf dem Privatsender »Lady Channel« in Endlosschleife wiederholt wurde, war die Welt im Hause Renzi in Ordnung.

Vera lauschte. Ah, die Folge kannte sie. Die gehörlose Azzurra und der Meeresbiologe Manuel gestanden sich gerade zum ersten Mal ihre Liebe. Sie vermutete, dass Nonna Gina die Folge hätte auswendig mitsprechen können, aber ihr Schnarchen war das sichere Indiz, dass sie den emotionalen Höhepunkt der Folge verpennte.

Als Vera mit dem Abwasch fertig war, wischte sie das Spülbecken trocken, hängte die feuchten Lappen und die pinkfarbenen Gummihandschuhe über eine Stuhllehne und wollte gerade die Küche verlassen, als das Telefon im Wohnzimmer nebenan klingelte. Aus Gründen, die sie selbst nicht kannte, gab es im Haus keinen schnurlosen Apparat, sondern nur dieses uralte

Ding mit drei Meter langem Kabel und Wählscheibe, mehr oder weniger der einzige Gegenstand, den die Nonna aus Rom mit in ihre neue Heimat Monheim gebracht hatte. Eine nervige Angelegenheit, musste man sich doch beinahe die Finger wund wählen, wenn man jemanden auf dem Mobiltelefon anrufen wollte. Und wehe dem, der eine Zahl vergaß. Der durfte gleich wieder von vorn anfangen.

Vera ignorierte das Klingeln, es passierte nämlich so gut wie nie, dass sie jemand auf der Hausleitung anrief. Sicher war es wieder nur Giggi, der mit seinem schwäbischen Reichtum prahlte.

Vera warf einen Blick auf die Uhr. Schon fast zwei, sie musste zurück in den Kiosk. Bestimmt standen Frau Beyse und die Dackel schon auf dem Fußabtreter und schauten dem Paketzusteller Hassan dabei zu, wie er die Sendungen für Lennard Nothnagel auf der Bank vor dem kleinen Gebäude stapelte. Heute musste Vera noch zum Großmarkt, Milch, ein bisschen Käse und die Dinge des täglichen Lebens besorgen, die die Leute allzu gern vergaßen und dann bei ihr bekamen. Sie hängte sich ihre Tasche um, schlüpfte in die Winterjacke und war im Begriff, die Küche zu verlassen, als die Nonna auf der Türschwelle erschien und Vera beinahe mit ihr zusammengestoßen wäre.

»Für dich«, sagte sie knapp, und Vera hielt Ausschau nach einem Zettel mit einem der Rezepte der Nonna, das sie für ihren nächsten Roman verwenden konnte.

Doch anstelle eines Papiers hielt die Schwiegermutter das Telefon in der Hand. »Ein Mann.«

Und Vera hätte schwören können, dass die Beziehung zwischen ihrer Schwiegermutter und ihr in diesem Moment noch ein paar Grad mehr abkühlte.

3

»Hallo?« Vera hatte nach dem Hörer gegriffen, den Nonna Gina ihr ohne einen weiteren Kommentar in die Hand gedrückt hatte, bevor sie wieder ins Wohnzimmer verschwand und die Lautstärke des Fernsehers auf schwerhörig stellte.

Das Kabel des Hausapparats war etwas länger, das schon, aber keineswegs so lang, dass Vera sich mit dem Telefon hätte zurückziehen können. Sie mühte sich einen Augenblick lang damit ab, die Küchentür hinter sich zu schließen, musste jedoch schnell feststellen, dass es hoffnungslos war. Im Wohnzimmer schrien die verschiedenen Synchronstimmen von »La forza della passione« mittlerweile so laut, dass Vera sich das freie Ohr mit der Hand zuhalten musste.

»Frau Renzi, hallo, hier ist Manfred! Manfred Hülsenbeck. Wie geht es Ihnen?«

Vera war verblüfft. Herr Hülsenbeck rief normalerweise nie ohne Vorankündigung an, vor allem nicht auf dieser Leitung. Wo war eigentlich ihr Handy? Hatte sie bestimmt wieder im Kiosk liegen lassen.

»Mir geht es gut«, sagte sie mit gesenkter Stimme, was angesichts des Lärms aus dem Nachbarraum vermutlich gar nicht nötig gewesen wäre, und versuchte, sich in Richtung Küche zu drehen. »Ist bei Ihnen alles in Ordnung?«

»Was? Ja, natürlich. Entschuldigen Sie die Störung, Frau Renzi. Ich rufe doch nicht ungelegen an?«

»Na ja, ich muss gleich in den Kiosk, und ich kann hier ...« Sie fing an zu flüstern. »Ich kann hier nicht so gut reden.«

Vera fragte sich manchmal selbst, warum sie noch keiner Menschenseele von ihrem Roman erzählt hatte. Ging es tatsächlich nur um die, nun ja, erotische Komponente? Oder hatte sie Angst, sich vor ihrer Familie zu blamieren, weil die Geschichte Schund war und ihr Schreibtalent über den täglichen Einkaufszettel nicht hinausging? Aber dann hätte Hülsenbeck »Antipasti d'amore« ja wohl nicht zum Gewinner gekürt. Oder?

Als sie vor mehr als einem halben Jahr den Anruf bekommen hatte, dass ihre Geschichte verlegt werden sollte, weil Herr Hülsenbeck sie für sehr vielversprechend hielt, war sie geschockt gewesen. Danach hatte sie sich eingeredet, dass sie unter den eingereichten Manuskripten entweder das kleinste Übel gewesen sein musste oder Herr Hülsenbeck aus Zeitgründen alle nur grob überflogen hatte.

»Ich möchte mit Ihnen über die Honorarabrechnung sprechen, Frau Renzi. Passt es Ihnen gerade?«

Hülsenbeck war praktisch immer in Geldnot, das hatte Vera mittlerweile kapiert. Deshalb hatte sie auch von den versprochenen 2000 Euro für das Manuskript noch keinen Cent bekommen. Sie konnte ihren Verleger beinahe leibhaftig vor sich sehen, wie er in einem zerknitterten, schlecht sitzenden Anzug in seinem »Verlag« saß, der eigentlich ein Ein-Zimmer-Apartment in Solingen war. Auf dem Bettsofa stapelten sich die Manuskripte, die Hülsenbeck niemals veröffentlichen würde, und auf einer Wäscheleine über der Pantry trockneten die bereits einmal verwendeten Teebeutel, um Geld zu sparen. Vermutlich würde Hülsenbeck sie ein weiteres Mal darum bitten, dass er ihr das Honorar erst später überwies. Vera seufzte innerlich und machte sich auf eine weitere Ausrede gefasst.

»Natürlich passt es, Herr Hülsenbeck.«

»Gut, gut. Es geht um Ihren Roman, Frau Renzi. Genauer gesagt um die Verkaufszahlen.«

Vera hatte mit einem Mal keinen Speichel mehr im Mund, und das Schlucken fiel ihr schwer. Sie meinte zu wissen, worum es bei seinem Anruf ging – und zwar nicht darum, dass sie sich ihr Honorar mal wieder in die Haare schmieren konnte. Hülsenbeck rief vermutlich deswegen an, weil er ihr mitteilen wollte, dass sich das Buch seit seiner Veröffentlichung vor einem Monat kein einziges Mal verkauft hatte. Sie war ja bei Gott nicht die Einzige, die einen Roman dieses Kalibers auf den Markt geworfen hatte – als E-Book natürlich, das hatten Hülsenbeck und sie damals so besprochen. Nicht nur wegen der Druckkosten, die bei einem digitalen Buch naturgemäß entfielen, sondern auch wegen des besonderen Genres. Und natürlich unter Pseudonym.

»Aber Frau Renzi«, hatte Hülsenbeck sie damals zu überreden versucht, »nach diesem Weltbestseller aus Amerika hat sich der Wind doch gedreht! Danach sind die Leute ja wie die Irren in die Baumärkte gerannt, um sich Seile und Holzlatten zu kaufen und zu Hause ein Andreaskreuz im Schlafzimmer zu errichten. Ein erotischer Roman ist doch nichts, wofür man sich schämen müsste.«

»Wenn man in eine erzkatholische italienische Familie eingeheiratet hat, schon«, hatte sie dagegengehalten und sich vorzustellen versucht, wie Nonna Gina mit spitzen Fingern ein gedrucktes Buch mit dem Namen ihrer Schwiegertochter auf dem Titel hielt und die ganzen Schweinereien darin las … und damit war nicht Nonnas großartige Porchetta gemeint. Und wenn Vera dann auch noch an die Nachbarn dachte, die alle das Buch lasen und ihre geheimsten, intimsten Phantasien kennenlernten, an die Lehrer ihrer Kinder oder ihre Stammkunden im Kiosk, also, nein, da wurde ihr ja gleich ganz anders. Allein beim Gedanken, Frau Beyse erfuhr, wie sich Vera ein leidenschaftliches Stelldichein in der Küche eines römischen Restaurants im Detail ausmalte ... oder Lennard. Oder Guntero! Das war ja geradezu grotesk, die Idee, das Buch unter ihrem eigenen Namen zu veröffentlichen, selbst wenn sie damit auch auf einen möglichen Ruhm verzichten musste.

Wobei, Ruhm. Es war kindisch und selbstverliebt, überhaupt etwas von dem Buch zu erwarten. Sie sollte sich glücklich schätzen, dass Hülsenbeck sie unter den Kursteilnehmern ausgewählt hatte – und fertig. Keine Erwartungen, keine Hoffnungen.

Aber hatte er sie wirklich ausgewählt? Oder war ihr Manuskript vielleicht einfach das einzige gewesen, das in Hülsenbecks Verlag eingereicht worden war? Und war es eigentlich richtig, sein Wohnzimmer-Büro einen Verlag zu nennen? Neben einem Bildband über Wildgänse und einem schmalen Bändchen mit rheinischer Mundart hatte Hülsenbeck bislang nur einige Gedichtbände verlegt, deren Urheber er allerdings stets selbst war. Seine Verse reimten sich nicht nur nicht, sie handelten auch meist von einem langsam alternden, erfolglosen Autor, der sein trostloses Dasein in einer zugigen Wohnung in Solingen fristete und auf bessere Zeiten hoffte. Natürlich war es reiner Zufall, dass Autor und lyrisches Ich quasi identisch waren. Auf jeden Fall fand Vera die Veröffentlichungen ihres Verlegers so merkwürdig, dass sie sie immer heimlich irgendwo »vergaß«, wenn er ihr wieder einmal ungefragt ein Exemplar zukommen ließ. Im Bus, im Wartezimmer beim

Arzt oder auf einer Parkbank. So gab es zumindest eine winzige Chance, dass jemand anders sich daran erfreute, redete sie sich ein.

In »Antipasti d'Amore« hatte Hülsenbeck trotz seines ansonsten eher gewöhnungsbedürftigen Programms aber Potenzial gesehen. Er hatte ihr sogar ein richtig hübsches Cover spendiert, das sich kaum von den Bestsellern unterschied, sich ein Pseudonym für sie einfallen lassen und das Manuskript von eigener Hand lektoriert (was Vera mehr als einmal unendlich peinlich gewesen war, vor allem dann, wenn er versuchte, die Passagen sprachlich zu verbessern, in denen ihre Hauptfiguren ans Eingemachte gingen).

Vor einem Monat, Anfang Januar, hatte Lucia Barone dann ihren ersten Roman veröffentlicht. Im kalten Winter seien heiße Erotikromane besonders gefragt, insbesondere zu Jahresbeginn, hatte Hülsenbeck argumentiert. Seitdem hatte Vera nichts mehr von ihm gehört und die Buchveröffentlichung ehrlich gesagt beinahe vergessen – wo dank des digitalen Formats doch nicht einmal mehr Belegexemplare bei ihr eingetroffen waren, die sie vor der Familie hätte verstecken müssen.

Doch nun spürte Vera, wie die Nervosität, die in den Tagen nach der Manuskriptabgabe Besitz von ihr ergriffen hatte, wieder aufflackerte. Hatte sich überhaupt irgendjemand für ihr Romandebüt interessiert? Oder würde sie weiterhin in der trüben See der Bedeutungslosigkeit herumfischen, vielleicht mal wieder auf der Website der VHS vorbeischauen und sich von der vermaledeiten Schwiegermutter eine allgemeine Lebensuntauglichkeit diagnostizieren lassen müssen? Warum meinte sie eigentlich einen Roman verfassen zu können? Sich Autorin zu schimpfen? Ja, wie war sie überhaupt je auf die Idee gekommen, ihr Manuskript jemandem zu zeigen – oder gar veröffentlichen zu lassen? War sie noch ganz bei Trost?

»Frau Renzi? Sind Sie noch dran?«

Vera blinzelte ein paarmal nervös. »Ja. Ja. Also, Sie rufen doch bestimmt …« Sie wandte sich ein wenig ab, damit man sie nicht hören konnte, und schirmte die Sprechmuschel mit der Hand ab. Man konnte ja nie wissen. »… wegen ›Antipasti‹ an?«

»Exakt. Also, es ist so. Die Verkäufe … herrje, was will denn jetzt der Kater? Einen Moment, Frau Renzi. Der Kater steigt mir hier grade auf den Tisch, das darf er nicht. Pscht! Dostojewski! Gehst du da runter.«

Veras Verleger legte den Hörer weg. Aus dem Hintergrund waren Geräusche zu hören, er verscheuchte wohl gerade den Vierbeiner von seinem Schreibtisch. Veras Herz schlug noch schneller. Hoffentlich verkaufte sich das Buch. Wenigstens ein paarmal. Einhundert? Das war eine gute Zahl. Obwohl vielleicht auch ein bisschen optimistisch. Immerhin war der Roman erst seit dreißig Tagen auf dem Markt. Noch dazu gab es gar keine Werbung – wie sollten potenzielle Leser also wissen, dass es »Antipasti d'Amore« gab? Sie korrigierte die Zahl auf fünfzig. Wenn sich der Roman in den vergangenen Wochen fünfzigmal verkauft hatte, war sie glücklich. Dreißig wären aber auch in Ordnung. Ein Download pro Tag. Wenigstens etwas. Mehr, als man erwarten konnte. Oder? Sie hatte so viel Freude beim Schreiben gehabt. Wochenlang hatte sie an nichts anderes gedacht als an Elisabetta und Stefano, ihre beiden Protagonisten, die sich auf ein kulinarisch-erotisches Abenteuer miteinander einließen und schließlich auch die Liebe zueinander fanden. Neben einigen sehr interessanten Stellungen und Elisabettas G-Punkt.

»So, da bin ich.« Hülsenbeck war wieder am Apparat.

Vera hielt die Luft an und schloss die Augen.

»Ihr Roman passt ja eigentlich gar nicht in mein Programm«, begann der Verleger umständlich zu erklären. »Das hat gar nichts mit Ihrem Schreiben zu tun, sondern eher mit der Thematik. So ein erotischer Stoff … Also mir ist natürlich klar, dass Ihre beiden Protagonisten sich sozusagen über die lukullischen Genüsse näherkommen. Deshalb habe ich ja auch zugestimmt, dass …«

»Herr Hülsenbeck!«, unterbrach ihn Vera atemlos. »Bitte. Verkauft sich das Buch?«

Er machte eine dramatische Pause, als würde er sich gerade noch einen Schal über die Schulter werfen oder eine Pfeife anzünden. Hülsenbeck liebte den großen Auftritt, obwohl er eigentlich ein ziemlich schmächtiges Würstchen war. Also rein körperlich. Dann sagte er: »Es verkauft sich, Frau Renzi. Sogar ganz passabel.«

Vera konnte förmlich spüren, wie ihr ein Stein vom Herzen fiel. Natürlich hatte sie sich nicht viel erhofft. Und doch hatte sie mehrere Monate mit dem Stoff, mit Elisabetta und Stefano und ihrer heißen Liaison verbracht, hatte heimlich im Kiosk in die Tasten des Laptops gehauen und den Deckel des Geräts immer ganz schnell zugeklappt, wenn die Ladentür aufgeschwungen war. Ihr war bewusst gewesen, dass sie theoretisch alles Mögliche auf dem Laptop hätte tippen können, gleichzeitig hatte sie niemanden anlügen wollen, wo sie schon bei Guntero um ihre Geschichte herumlavierte, als hieße es, einen verschollenen Picasso im eigenen Wandschrank zu verstecken.

Umso glücklicher war sie nun. Ihr Roman hatte tatsächlich ein paar Menschen interessiert! Na bitte. Am liebsten hätte sie sofort aufgelegt und ihren Mann angerufen, um ihm von diesem bescheidenen, kleinen Erfolg zu erzählen.

Aber erstens war Hülsenbeck noch an der Strippe, und zweitens wusste Carlo ja noch gar nichts von ihrem Buch. Seitdem er immer häufiger nicht nur die Tage, sondern auch die Nächte in Düsseldorf verbrachte, war die Beziehung zwischen ihnen schon etwas abgekühlt, fand Vera. Als sie ihren Ehemann an Weihnachten, nachdem sie ihn endlich mal wieder drei Tage am Stück gesehen hatte, darauf angesprochen hatte, sagte der, das habe nur mit der vielen Arbeit zu tun und dass Vera Gespenster sehe. Nun ja. Vielleicht tat sie das wirklich.

Trotzdem missfiel es Vera, dass ihr Mann die meiste Zeit seines Lebens nicht mit ihr, sondern mit seiner Arbeit und der Kollegin Gitta verbrachte. Die war 51 und angeblich hässlich wie die Nacht, dafür aber fachlich top. Oder wie ihr Ehemann seinen Lieblingsfußballspieler des AS Rom, Francesco Totti, gern zitierte: »Mit schönen Frauen ist es wie mit Fußball. Man freut sich auf ein schönes Wochenende und wird maßlos enttäuscht.«

»Ich habe sie wirklich nur wegen ihrer hervorragenden Referenzen eingestellt«, hatte Carlo damals erklärt, und natürlich gab sich Vera mit der Antwort zufrieden. Außerdem liebten sie einander, ihr Mann und sie – da konnten noch so viele blitzgescheite und fleißige Kolleginnen um die Ecke biegen. Die brachten ja ein Bollwerk wie eine Ehe, die schon fast zwei Jahrzehnte dauerte, nicht ins Wanken. Außerdem würde sich Carlo mit Sicherheit keinen Ehebruch trauen, schon gar nicht, solange seine Mutter in seinem Haus regierte. Denn die würde ihn ohne Umschweife am Ohrläppchen packen und direkt in die Hölle befördern, daran hatte Vera keinen Zweifel.

»Es läuft sogar ganz hervorragend, Frau Renzi«, holte Herr

Hülsenbeck Vera wieder zurück in die Gegenwart. »Wollen Sie raten, wie oft wir ›Antipasti‹ bereits verkauft haben?«

Sie spürte, wie sie vor Aufregung ganz heiße Wangen bekam. »Ich weiß nicht. Vielleicht …« Sie zögerte. Sie wollte sich ja nicht lächerlich machen. »Vielleicht so fünfzigmal?«

Erst sagte Herr Hülsenbeck nichts. Dann brach es aus ihm heraus, und er fing lauthals zu lachen an. »Fast, Frau Renzi. Fast.« Mit einem Mal wurde er ganz ernst. »Wir haben mehr als eintausend E-Books von ›Antipasti d'Amore‹ verkauft, liebe Frau Renzi.«

Vera schlug sich die Hand vor den Mund. »Eintausend?«, keuchte sie tonlos. Das Herz schlug ihr bis zum Hals. »Das bedeutet ja …«

Eintausend Menschen hatten ihre Geschichte gelesen? Eintausend?? Das waren ja mehr Leute, als sie kannte!

»Exakt!«, sagte der Verleger jubelnd. »Das bedeutet, dass wir endlich Geld verdienen, meine liebe Frau Renzi.« Er räusperte sich. »Also Sie. Und ich auch ein bisschen. Ich kann Ihnen dieser Tage Ihr Honorar überweisen. Das sind ganz genau 1357 Euro und 12 Cent, dazu kommen dann natürlich noch die 2000 Euro Garantievorauszahlung, auf die Sie wegen meiner kleinen, nun ja, finanziellen Durststrecke warten mussten.« Hülsenbeck zögerte erneut. »Oder …«

»Oder?« Vera hatte Mühe, dem Mann zu folgen. Sie platzte beinahe vor Aufregung und wollte am liebsten sofort auflegen, um Carlo anzurufen und ihm von der sensationellen Neuigkeit zu berichten.

»Oder ich gehe ein Wagnis ein, Frau Renzi. Vera.« Wieder machte Hülsenbeck eine dramatische Pause. Dann atmete er tief aus und sagte: »Was halten Sie davon, wenn wir den Roman drucken lassen? Auf Papier? Vielleicht fünftausendmal? Ich hatte auf der letzten Messe Kontakt zu einem Herrn, der gute Beziehungen in den Buchhandel hat. Und den habe ich noch mal angerufen und ihm von Ihrem Roman erzählt. Er meinte, das Buch habe eine reale Chance auf dem Markt, deswegen würde er es unbedingt auch als Print anbieten. Wir könnten nun warten, bis wir über die E-Book-Verkäufe genug zusammenhaben, aber …« Er ließ den Rest des Satzes im Raum hängen.

Vera wusste, was er meinte: Man musste die Pizza essen, solange sie heiß war.

»Wie viel brauchen Sie?«, hauchte sie in den Hörer und überlegte, wie viel sie vom Geschäftskonto des Kiosks abzwacken konnte.

»Sie müssen mir nichts bezahlen, Vera«, erwiderte er schnell. »Ich brauche nur Ihre Erlaubnis, dass ich mit Ihrem Geld arbeiten darf. Ich bin mir sicher, dass wir das Buch auch weiter als E-Book verkaufen, Sie bekommen Ihr Honorar also ganz sicher. Es ist nur so …«

»Ich habe Sie verstanden, Herr Hülsenbeck. Manfred.« Vera grinste mittlerweile über das ganze Gesicht. Ihr Buch verkaufte sich! »Machen Sie, was Sie für richtig halten. Sie haben meine volle Unterstützung!«

»Wunderbar, Frau Renzi. Wunderbar! Ich habe da übrigens noch eine Idee, wie wir das Marketing ein bisschen vorantreiben könnten.«

Marketing? Vera fragte sich, was das Wort aus Hülsenbecks Mund zu bedeuten hatte. Es klang irgendwie verkehrt. Als würde er über den Wasserstoffantrieb einer Marsrakete sprechen.

»Wissen Sie, was eine Bloggerin ist, Frau Renzi?«

Sie meinte schon mal von so was gehört zu haben. Sprach Fabiola nicht manchmal von Bloggerinnen? Die irgendwelche Produkte auspackten und sich dabei filmten? Oder waren das die Influencerinnen? Deren Berufsbild war Vera ebenso fremd, auch wenn ihre Tochter darauf beharrte, selbst eines Tages eine erfolgreiche Influencerin werden zu wollen.

Zum Glück erwartete ihr Verleger offenbar keine Antwort. »Meine Nichte, Frau Renzi, ist eine Buch-Bloggerin. Sie bekommt von Verlagen Bücher zugesendet, liest und rezensiert sie.«

»Aha.«

»Man mag es kaum glauben, aber meine Nichte, sie heißt übrigens Henriette, also die hat mehrere tausend Follower, so nennt man die Leute, die ihren Kanal abonniert haben.«

Vera schwirrte der Kopf. Das waren sehr viele Informationen für einen Menschen, der nicht einmal ein Smartphone besaß.

»Ich habe Henriette gefragt, ob sie Ihr Buch lesen möchte.« Mit einem Mal wirkte Hülsenbeck verlegen. »Nun ja, das habe ich ehrlich gesagt schon vor einer Weile getan, ohne Ihr Einverständnis, aber natürlich weiß meine Nichte nicht, wer Sie sind. Und jetzt halten Sie sich fest!«

Vera suchte Halt am Türrahmen.

»Henriette ist begeistert vom Stoff und möchte am Valentinstag, also in zwei Wochen, eine ganz große Story zu ›Antipasti d'Amore‹ machen, mit einem Video und was man da eben so alles braucht, ich versteh davon ja nicht viel. Ist das nicht toll?«

Veras Herzschlag setzte für einen Moment aus. »Ein Video? Heißt das, ich muss ins Fernsehen?!« Das wäre ja eine Katastrophe. Sie wollte nicht ins Fernsehen, vor allem nicht mit einem Erotikroman.

»Nein, nein, keineswegs«, beschwichtigte Hülsenbeck lachend. »Sie müssen gar nichts tun. Meine Nichte macht alles, Sie bleiben anonym, und am Ende verkaufen wir noch ein paar Bücher mehr. Einverstanden? Wenn es gut läuft, sind die ersten Exemplare am Valentinstag bereits aus der Druckerei gekommen, und dann geht das Ding richtig durch die Decke, und zwar geil, äh steil, das sage ich Ihnen.«

Vera wusste gar nicht, wie ihr geschah. Eigentlich war Hülsenbeck eher von der ruhigen, wenn nicht gar blutleeren Sorte. Aber offenbar witterte er gerade ein gutes Geschäft, und das schien seiner Leidenschaft zuträglich zu sein. Also schüttelte sie all die Bedenken ab, die sich ihrer bemächtigen wollten, und sagte schnell: »Einverstanden. Ich vertraue Ihnen.«

»Großartig! Sie sind jetzt schon meine Lieblingsautorin. Ich melde mich dann wieder, sobald die ersten Exemplare aus der Druckerei da sind. Soll ich sie an Ihre Adresse schicken lassen?«

»Ich … äh …« Die Vorstellung, dass zu Hause jemand anderes als sie selbst das Paket in die Hände bekam und öffnete … »Nein! Schicken Sie sie an den Kiosk. Die Adresse ist fast dieselbe wie meine, nur mit einer 13 anstelle der 24.«

»Ist notiert. Ich melde mich!«

Damit legte er auf und ließ Vera im Freudentaumel zurück. Mehr als eintausend Buchverkäufe in den ersten vier Wochen. Und nun würde auch noch ein echtes gedrucktes Buch folgen. Sie war fassungslos vor Glück und meinte beinahe zu explodieren.

Vera musste jemandem davon erzählen! Und zwar *subito*.

4

Leider war in der nächsten Stunde überhaupt nicht daran zu denken, irgendwem von der unglaublichen Neuigkeit zu berichten. Denn als Vera, immer noch zittrig und aufgeregt von dem Anruf, aus dem Haus stürmte, stieß sie beinahe mit Hassan, dem Paketzusteller, zusammen.

»Ah, Frau Renzi! Ich habe die Sendungen da abgestellt.« Er deutete auf einen Stapel vor der geschlossenen Tür des Kiosks, der nur wenige Meter vom Wohnhaus der Renzis entfernt war. Kalle, der fette Dackel, mühte sich gerade ab, das Beinchen zu heben und gegen den Stapel zu pinkeln, was ihm dank des beachtlichen Übergewichts jedoch kaum gelang. Trotzdem erreichten ein paar Tropfen die Ecke des unteren Pakets. Sigrid Beyse stand gelassen daneben und suchte irgendwas in ihrem Geldbeutel.

»Haben Sie etwas, das ich mitnehmen soll?«, fragte Hassan.

In diesem Augenblick bog auch schon Lennard um die Ecke, vor sich her schob er einen Einkaufswagen, den er irgendwann mal vom Discounter in der Hauptstraße »ausgeliehen« hatte, der bis oben hin mit Paketen beladen war. »Warte, Hassan! Ich bin gleich da.«

In Windeseile schloss Vera die Tür zum Kiosk auf, Hassan stapelte das Dutzend Paketsendungen, die meisten für Lennard Nothnagel, auf dem Tresen und begann, die neuen Päckchen von ihm abzuscannen. Unterdessen öffnete Vera ein Glas

Knackwürstchen, fischte eine Wurst aus dem trüben Wasser, halbierte sie und hielt sie den Dackeln hin. Frau Beyse blätterte in der »Neuen Revue«, Lennard half beim Verladen der Pakete, dann ging die Tür schon wieder auf, und Fabiola und ihre Freundinnen trudelten ein, weil sie das neuste Fanmagazin irgendeiner Boyband durchblättern wollten – natürlich ohne es zu kaufen, nur kichernd in einer Ecke stehend und nach künstlichem Erdbeeraroma stinkende Kaugummis kauend. Als dann auch noch die ewig gestresste Mutter mit den fünfjährigen Drillingen erschien, von denen mindestens einer immer am Heulen war, und um drei gemischte Tüten sowie eine Kopfschmerztablette bat, hatte Vera den Anruf ihres Verlegers schon wieder vergessen.

Kaum dass die Glocke über der Eingangstür final klingelte und sich endlich eine beinahe ohrenbetäubende Ruhe über den Kiosk legte, sank Vera auf den Stuhl hinter ihrem Tresen und schoss sofort wieder in die Höhe. Der Roman! Die Verkaufszahlen! Ihr Herz begann erneut zu schlagen, und sie bekam Schluckauf, wie immer, wenn sie aufgeregt war. Mit zitternden Händen und sich unkontrolliert zusammenknüllendem Zwerchfell griff sie nach ihrem Mobiltelefon. Ein Anruf in Abwesenheit, Manfred Hülsenbeck um 13:55, also hatte er es tatsächlich zuerst auf dem Handy versucht.

Vera setzte sich wieder hin und befahl sich, tief durchzuatmen. Carlo musste endlich erfahren, was seine Frau in den vergangenen Monaten getrieben hatte. Zwar hatte sie gehofft, einen anderen Moment dafür zu erwischen, vielleicht sogar einen, wenn sie beide endlich mal allein waren, aber nun ja, so war es eben mit dem Leben, das ließ sich nicht immer planen.

Hastig drückte Vera auf seinen Namen im digitalen Adressbuch. Es tutete. Hicks. Mehrmals. Dann war die Verbindung unterbrochen.

War das Telefon kaputt? Sie schaute fragend auf das alte Handy, das ihr eine Antwort jedoch schuldig blieb. Schließlich wählte sie erneut, diesmal sprang sofort die Mailbox an. Merkwürdig. War er in einer Sitzung? Hicks. Einem Kundengespräch? Wo war Carlo momentan überhaupt? Vielleicht in Belgien oder den Niederlanden, dorthin hatte er letztes Jahr expandiert, »neue Märkte erschlossen«, wie er das nannte. Sie würde es später noch einmal versuchen.

Vera legte das Handy zur Seite und versuchte, »Antipasti d'Amore« und die baldige Print-Veröffentlichung zu vergessen. Nervös stand sie auf und lief zum Zeitschriftenregal, sortierte die Magazine neu, richtete sie an den Kanten aus, stellte schnaubend fest, dass ihre Tochter und deren Freundinnen alle kostenlosen Proben aus den Frauenzeitschriften mitgenommen hatten, stellte sich ans Fenster, seufzte tief und wartete.

Die gute Nachricht war: Der Schluckauf war weg. Allein, das Vergessen stellte sich nicht ein. Es war sogar so, dass sie, seitdem sie sich vorgenommen hatte, geduldig zu sein, nur noch an ihren Roman denken konnte. Ich werde platzen, wenn ich es nicht irgendwem erzähle, dachte sie einen Augenblick später, wirbelte herum und hastete hinter den Tresen. Wen sollte sie anrufen? Mit wem würde sie über ihr Schreiben, die E-Book-Verkäufe und nun den Druck des richtigen Buches sprechen?

Mit ihrer erzkonservativen Schwiegermutter, die drei Kreuze schlug, wenn Fabiola in einem zu kurzen Rock in die Schule ging? Ihrem grünschnäbligen Sohn Federico, der seine Hormone eindeutig nicht im Griff hatte? Oder doch Guntero, der als Einziger wenigstens in der Lage sein würde, die Bedeutung der

Neuigkeit zu begreifen? Nein, das war nicht richtig. Es musste jemand sein, dem sie vertraute, der sie nicht belächeln würde – und damit blieb tatsächlich nur ihre beste Freundin Simone übrig. Die hatte überproportional oft Liebeskummer und war meistens nicht die beste Zuhörerin, weil sie in einer sehr anstrengenden On-off-Beziehung mit einem Mann festhing, von dem sie eigentlich schon vor drei Jahren geschieden worden war. Aber soweit Vera sich erinnerte, lief es in letzter Zeit nicht schlecht mit Markus. Und überhaupt, es war ja nicht so, dass sie immer nur über Simone sprechen mussten.

Entschlossen griff sie nach dem Handy. Im selben Moment klingelte es. Gedankenübertragung! Es war Simone. Vera nahm den Anruf entgegen.

»Hallo?«

»Ich bin's«, erklang es schniefend am anderen Ende der Leitung, dann brach Veras beste Freundin in Tränen aus. »Er hat mich verlaaahaaaahaaaasseeen …«, stieß sie schluchzend hervor und hörte sich dabei wie ein heulender Welpe an.

»Markus? Schon wieder?«

Oft hatte Vera Probleme, dem Auf und Ab in der Beziehung zu Simones Exmann folgen zu können. Dass die Freundin immer dann, wenn Markus sie mal wieder abgesägt hatte, andere Typen anschleppte, um die Zeit bis zum nächsten hoffnungsvollen Anlauf zu überbrücken, machte die Sache nicht besser. Simone war wie Vera Anfang vierzig, hatte in der Liebe bislang aber gar kein Glück gehabt, vor allem nicht mit ihrem Ex, was sie jedoch nicht davon abhielt, zweimal im Jahr einen neuen Versuch mit ihm zu starten – nur um immer wieder aufs Neue von ihm enttäuscht zu werden. Es war zum Verrücktwerden. Manchmal fragte sich Vera, ob es Simone jemals kapieren oder ob sie noch in fünfzehn Jahren diesem Schmierlappen auf den Leim gehen würde. Gerade hatten sie die siebzehnte, einundzwanzigste oder dreiundvierzigste Wiedervereinigung gefeiert – zumindest war das der Stand vor Weihnachten gewesen. Aber in der Lichtgeschwindigkeit, wie sich die Verhältnisse in Simones Leben änderten, konnte Mitte Januar schon wieder alles anders sein.

»Was ist denn passiert? Es klang doch alles so … vielversprechend«, flunkerte Vera.

»Ach, das ist doch egal!«, rief Simone ungeduldig und schniefte laut. »Jetzt ist er auf jeden Fall weg. Er hat gesagt, dass er mich nicht liebt, und ist gegangen.«

»Das wissen wir doch aber, dass er dich nicht liebt«, gab Vera jetzt sehr ehrlich zu bedenken. »Deswegen hat er sich doch schon die letzten Male von dir getrennt.«

»Diesmal ist es aaaaanders«, jaulte Simone erneut los und putzte sich anschließend lautstark die Nase.

Kurz kam Vera ihr eigenes Anliegen in den Sinn: »Antipasti d'Amore«. Es brannte ihr unter den Nägeln, davon zu erzählen, und Simone wusste eigentlich alles von ihr. Dann aber dachte Vera darüber nach, dass sie keine Ahnung hatte, wo sie anfangen sollte, denn so oder so hatte sie der besten Freundin über Monate so einiges vorenthalten. Simone wusste nicht mal, dass Vera den Schreibwettbewerb gewonnen und direkt danach mit dem Roman begonnen hatte, heimlich, nur für sich. Also würde sie sich erst einmal erklären müssen. In dem Zustand, in dem Simone gerade war, war das vermutlich keine gute Idee.

Entschlossen schob Vera den Roman gedanklich zur Seite, setzte sich auf den wackligen Stuhl hinter dem Tresen und ließ sich von ihrer Freundin in epischer Breite erzählen, was passiert war.

Eine Dreiviertelstunde und drei Schokoriegel aus ihrem Kioskregal später war Simone wieder so stabil, dass sie nicht mehr eruptionsartig zu weinen anfing, und versprach: »Ich lösche seine Nummer.«

»Heute noch«, setzte Vera sanft nach.

»Mach ich.«

»Am besten jetzt.«

» … «

»Simone?«

»Okay.«

Es folgte noch ein Moment der Stille. Dann sagte Simone: »Ich weiß sie auswendig.«

Vera seufzte. »Dann vergiss sie. Und ihn. Am besten machst du erst mal eine Pause von den Männern.«

»Und was soll ich stattdessen tun?«, wollte Simone etwas entrüstet wissen. »Du stellst dir das so einfach vor. Du bist ja nicht einsam! Du hast ein ganzes Haus voller Leute, die dich brauchen. Du bist verheiratet, während ich schon zufrieden bin, wenn meine nächste Runde mit Markus die Haltbarkeit von Joghurt überdauert …« Ihre Stimme fing wieder zu zittern an.

»Wenn du wüsstest, wie oft ich mir eine Stunde allein wünsche!«, entgegnete Vera. »Keine Kinder, kein Ehemann«, sie senkte die Stimme, »keine Nonna.« Dann hielt sie kurz inne. War jetzt ihr Moment gekommen? »Mach doch was draus. Lies ein gutes Buch.«

»Ein Buch?« Aus Simones Mund klang das Wort irgendwie unanständig. Wenn die wüsste …

»Ja.« Vera nahm all ihren Mut zusammen. »Ich habe gerade von einem Buch gehört, das könnte dir gefallen. ›Antipasti d'Amore‹.«

»Ich soll ein Kochbuch lesen?!«

»Nein! Es ist kein Kochbuch. Es ist ein Roman«, beeilte Vera sich zu sagen. Das Gespräch driftete ja in eine ganz andere Richtung als geplant ab. »Ein bisschen frivol, wenn du es genau wissen willst.« Sie errötete allein beim Aussprechen des Wortes.

Simones Aufmerksamkeit schien jedoch geweckt. »Es geht um Sex?«

»Nein, nein«, beeilte Vera sich zu sagen. »Eher um Erotik.« Und etwas leiser fügte sie hinzu: »Sex, schön wär's.«

»Wieso? Habt ihr keinen mehr, du und Carlo?«

Vera schnaubte. »Ich hatte schon so lange keinen Sex mehr, ich weiß gar nicht mehr, wie das geht.«

»Das verlernt man nicht«, versuchte Simone zu beruhigen. »Ist wie Fahrradfahren.«

»Ich brauche einen Helm?!«

Simone musste lachen, und Vera war froh, dass ihre beste Freundin den Kummer wenigstens für eine kurze Zeit vergessen konnte.

»Von wem ist es?«

»Eine unbekannte Autorin. Wirst du nicht kennen.«

Wieder dachte Vera: Wenn du wüsstest!

»Hm.« Simone schwieg einen Moment. »Und worum geht es in dem Buch?«

»Also«, holte Vera tief Luft und wollte gerade loslegen, da hörte sie, wie die Tür des Kiosks aufging und eine Frau den Laden betrat. Na klar.

»Das, ähm …« Vera drehte sich weg. Sie konnte unmöglich vom Inhalt des Buches – oder mehr! – erzählen, wenn eine Kundin mithörte. Schnell sagte sie: »Vergiss das Buch. Du bist ja eh nicht so eine Leseratte. Wie wäre es mit einem Urlaub? Du fährst doch so gern Ski. Wenn du dich gleich darum kümmerst, findest du vielleicht noch eine Gruppenreise, an der du teilnehmen kannst.«

Simone schniefte wieder, sagte dann jedoch: »Das ist eine gute Idee. Ich danke dir, Vera. Du bist so eine gute Freundin. Ich melde mich nächste Woche, ja? Auf ein Glas Wein bei mir?«

»Natürlich. Und Kopf hoch! Das wird schon.«

Sie verabschiedeten sich voneinander, und Vera legte auf. Dann betrachtete sie einen Moment lang nachdenklich das Telefon in ihrer Hand. Die arme Simone. Dass sie auch immer an die Falschen geriet – oder vielmehr *den* Falschen. Was fand sie bloß an Markus? Er sah noch nicht mal besonders gut aus. Ihr fiel eines von Nonna Ginas Lieblingszitaten von Anna Magnani ein: »Der Alltag der meisten Menschen ist ein stilles Heldentum in Raten.« Wie wahr dieser Satz doch war. Wer Simone kennenlernte, diese lebenslustige, humorvolle und eigentlich so vernünftige Person, konnte sich ganz sicher nicht vorstellen, dass sie sich seit Jahren für ihren Exmann zum Affen machte.

»Entschuldigung?«

Vera zuckte zusammen. Die Kundin stand vor dem Tresen und sah sie aufmerksam an.

»Oje, Verzeihung.« Vera legte das Handy weg und schüttelte den Gedanken ab. »Was kann ich für Sie tun?«

Zwei Minuten später war sie die Frau, die ein paar Briefmarken und eine Packung Zigaretten hatte kaufen wollen, wieder los und allein. Sie überlegte, es noch einmal bei Carlo zu versuchen. Komisch, dass er sie noch nicht zurückgerufen hatte. Vera wählte seine Nummer, aber ein weiteres Mal nahm er nicht ab. Also rief sie im Büro an. Nach dem dritten Tuten wurde abgenommen.

»Carlo Renzi, Gitta Gegner am Apparat, hallo?«, hauchte eine rauchige, weibliche Stimme in den Hörer.

»Vera Renzi, hallo«, erwiderte Vera etwas verblüfft. Wieso ging die Kollegin bei Carlo ans Telefon? Und wieso klang sie so dermaßen attraktiv? Sie klang nicht so, als sei sie hässlich wie die Nacht, wie Carlo gesagt hatte. Eher so, als arbeitete sie nebenberuflich bei einer Telefonhotline ... mit Abrechnung im Sekundentakt. »Kann ich bitte meinen Mann sprechen?«

»Carlo ist momentan leider nicht abkömmlich«, raunte Gitta Gegner, und Vera malte sich aus, wie die Kollegin bei diesen Worten prüfend auf die perfekt lackierten roten Fingernägel blickte. Dann hielt Vera irritiert inne. Carlo?! Waren die beiden schon beim Du angekommen, oder was?

»Abkömmlich?«

»Er ist in einer wichtigen Sitzung. Ich kann ihm sagen, dass Sie angerufen haben, Frau Renzi. Dann ruft er Sie zurück. Das macht er sicher gern.«

Vera suchte nach ihrer Sprache, fand aber nur ein Stammeln wieder. »Äh ... ja. Tun Sie das. Danke.«

Klick, und schon hatte die Gegner eingehängt und hinterließ Vera mit dem unguten Gefühl, dass sie etwas sehr Entscheidendes nicht mitbekommen hatte.

Febbraio

5

Das kleine Glöckchen bimmelte, als Hassan die Tür aufstieß und den Kiosk betrat. Der kalte Februarwind peitschte eine weitere eiskalte Böe zu Vera hinein, und der Paketzusteller beeilte sich, samt seinem Bollerwagen voller Postsendungen ins Warme zu kommen. Innerhalb weniger Wochen war es wirklich Winter geworden. Wie jedes Jahr hätten sie an Weihnachten eigentlich im Garten feiern können, wohingegen die Februare immer kälter zu werden schienen. Die Temperaturen fielen Woche für Woche, als ob sie bei der Weltmeisterschaft im Kältelimbo mitmachten.

»Guten Morgen, Frau Renzi«, begrüßte sie Hassan. Er war Mitte dreißig und sprach mit einem starken Dialekt grammatikalisch einwandfreies Deutsch und hatte immerzu gute Laune, weshalb ihn auch jeder im Viertel mochte. Außerdem nahm er seinen Job sehr ernst. Sommers wie winters trug er Lauftights und Turnschuhe und war selten in einer anderen Gangart als leichtfüßig joggend anzutreffen. Das gefiel natürlich allen: ein Paketzusteller, der sich wirklich Mühe gab, die Arbeit schnell zu erledigen, und dabei immer noch Zeit fand, ein paar nette Worte dazulassen. »Wunderbarer Tag, nicht wahr?«

Vera warf einen skeptischen Blick durch die Glasfront des Ladens nach draußen, wo der heftige Wind gerade ein Fahrrad umkippte, das an der Hausfront gegenüber gestanden hatte. Hassans Gemüt konnte man nur als sonnig bezeichnen. Wer aus Syrien kam und dem Monheimer Februar etwas abgewinnen konnte, der war schon aus sehr optimistischem Holz geschnitzt. »Na ja.« Sie nickte in Richtung der Pakete. »Lennards Sendungen?«

Hassan nickte. »Das meiste.« Dann begann er, die Pakete von seinem Wagen zu laden und im hinteren Bereich des Kiosks zu verräumen. Als nur noch ein Paket übrig war, stemmte er die Hände in die Hüften und sagte: »Und das ist für Sie, Frau Renzi. Es ist das schwerste.«

Vera zog die Augenbrauen zusammen. Eine Lieferung? Für sie? Sie hatte doch gar nichts bestellt. Sie beobachtete Hassan, wie er die Sendung auf ihrem Tresen abstellte und ihr den Handapparat zur digitalen Unterschrift hinhielt.

»Oder soll ich das Paket zu Ihnen nach Hause bringen? Es ist wirklich nicht leicht zu tragen.«

Vera hielt Ausschau nach einem Absender. Irgendeine Verlagsauslieferung. Was sollte das denn sein? Welcher Verlag … »Antipasti d'Amore«!, fiel es ihr in dieser Sekunde wieder ein. Das hatte sie ja vollkommen vergessen, dass der Verleger versprochen hatte, ihr ein paar Exemplare ihres Romans zukommen zu lassen, sobald sie aus dem Druck kamen.

»Nein, nein«, antwortete sie hastig. »Das mache ich lieber hier auf. Ist was für den Kiosk.«

Seitdem sie und Manfred Hülsenbeck das letzte Mal miteinander telefoniert hatten, hatten sie nichts mehr voneinander gehört. Ein-, zweimal war Vera Ende Januar im Buchladen in der Innenstadt von Monheim herumgestreunt und hatte die Regalreihen abgesucht. Fand sich schon irgendwo das Buch einer gewissen Lucia Barone? Doch nirgends hatte sie das Cover ihres Romans erblickt, und zu fragen hatte sie sich nicht getraut. Am

Ende dachte man, sie selbst würde eine solche Literatur lesen. Und das würde in einer so kleinen Stadt doch sicher rasch die Runde machen. Außerdem hatte sie auch gar keine Ahnung, wie lange es dauerte, ein Buch drucken lassen.

Vera hob das Paket hoch. Es war wirklich schwer. Mindestens zehn Kilo. Und da waren nur ihre Bücher drin? Ihr Roman? Ihre Hände wurden feucht, und sie spürte, wie ihr Puls sich beschleunigte. Sie wünschte sich, Hassan würde auf der Stelle den Kiosk verlassen, damit sie das Paket aufmachen und endlich ihr erstes eigenes Buch in den Händen halten konnte.

Aber der schien heute in Plauderlaune zu sein. »Wie geht es denn der Familie, Frau Renzi? Sind alle gesund und munter? Die Kinder, alles in Ordnung? Und Ihre reizende Schwiegermutter. Ist sie bei guter Gesundheit?«

Vera hätte sich beinahe verschluckt. Reizende Schwiegermutter? Da musste es wohl noch eine geben, die sie nicht kannte.

»Es geht allen ganz ausgezeichnet, vielen Dank«, erwiderte sie schnell und trat um den Tresen herum, um Hassan aus dem Laden zu manövrieren.

Der machte keine Anstalten, den Kiosk zu verlassen. »Und Ihrem Mann?«

Vera erstarrte. Warum wollte Hassan das wissen? Aus beruflichem Interesse ja wohl nicht. Vielleicht aus romantischem? Aber was für ein Unsinn, sie war ja viel zu alt für ihn. Oder er zu jung für sie. Weshalb bohrte er dann so nach? Möglicherweise, weil den Nachbarn mittlerweile aufgefallen war, dass Herr Renzi nur noch selten der Familie einen Besuch abstattete. Vera nahm sich schon seit einiger Zeit vor, ihren Mann endlich darauf anzusprechen, dass er sich kaum noch zu Hause blicken ließ, und ihm bei dieser Gelegenheit auch von ihrem Roman zu erzählen. Vor vier Wochen, nachdem sie diese affektierte Gitta Gegner an der Strippe gehabt hatte, hatte sie eigentlich geplant, direkt Nägel mit Köpfen zu machen.

Doch dann war wie immer alles drunter und drüber gegangen. Fabiola kam kurz darauf mit einem blauen Brief aus der Schule nach Hause, heulend und in Tränen aufgelöst, weil sie in Mathe und Französisch den Anschluss offenbar komplett verpasst hatte. Seitdem paukte Vera mit ihrer Tochter mindestens zwei Stunden Vokabeln am Tag und hatte sich noch einmal komplett von vorn in die Algebra eingegraben, um Fabiola zumindest den Unterschied zwischen einem x und einem u in einer mathematischen Gleichung erklären zu können. Federico hatte wieder mal Liebeskummer, weil seine neue Freundin mit einem anderen ins Kino gegangen war, und war zu gar nichts zu gebrauchen. Leider redete er auch nicht mit seiner Mutter darüber, sosehr die sich das wünschte. Nur einmal hatten sie einen kleinen gemeinsamen Moment gehabt, als Vera ihn kurz und unbemerkt in den Arm nehmen durfte – Federico sich danach aber direkt von ihr losmachte und die Umarmung abschüttelte wie die Dackel von Frau Beyse den Regen von ihrem Fell. Den Rest der Zeit schloss er sich in seinem Zimmer ein. Und schließlich hatte Simone einen weiteren Versuch mit Markus gestartet und deshalb Veras komplette Aufmerksamkeit in Anspruch genommen. Statt mit einer Gruppe in die Alpen zu fahren, hatte sie sich mit dem Ex in einem romantischen Strandresort an der Nordsee eingebucht – also nicht mal die geografische Richtung hatte gestimmt, von der Begleitung ganz abgesehen.

Und in dem ganzen Tohuwabohu hatte Vera den Moment verpasst, mit Carlo zu sprechen. Nun ja. Verdrängt, wohl eher. Doch wenn jetzt schon die Leute zu reden anfingen …

»Mein Mann hat sehr viel zu tun. Er expandiert ja in die Beneluxländer und kommt kaum hinterher«, meinte sie und kleisterte sich ein breites, falsches Lächeln ins Gesicht. War immerhin noch nicht mal gelogen. »Wie heißt es so schön? Man soll die Kuh melken, solange sie Milch gibt.«

»Da hat Ihr Mann recht. Grüßen Sie schön.« Hassan erwiderte ihr Lächeln – allerdings schien seines echt – und öffnete mit Schwung die Tür. »Schönes Wochenende!«

»Danke, bis Montag.« Vera schloss mit Nachdruck die Tür hinter ihm und tat dann etwas, was sie eigentlich nur am Morgen und am Abend tat: Sie drehte das Schild von Offen auf Geschlossen und den Schlüssel im Schloss um.

In Windeseile war sie hinter ihren Tresen gerast, hatte sich eine Schere aus der Schublade geholt und durchtrennte das Paketband, mit dem der Karton verklebt war, hob den Deckel an und kam sich wie Giovanni Battista Belzoni bei der Grabfreilegung von Ramses I. vor. Das Herz schlug ihr bis zum Hals, als sie das braune Recyclingpapier zur Seite schob.

Und dann lag es vor ihr. Das ganz in Schwarz gehaltene, wunderschöne Cover, in dessen Mitte eine geöffnete, silbrig glänzende Auster prangte. Die Muschel war von oben fotografiert und erinnerte beim ersten, flüchtigen Anblick an das weibliche Geschlecht – kaum sah man näher hin, sah man in der oberen Hälfte des weißen Muschelfleischs eine Perle ruhen. Die Assoziation war durchaus erwünscht, das hatte Hülsenbeck ihr erklärt, als er Vera den Coverentwurf damals per Mail zugesandt hatte. Bezeichnenderweise war die Nachricht erst einmal im Spam-Ordner gelandet, und Vera hatte Tage gebraucht, um sie dort zu entdecken und herauszufischen.

Doch die Auster – und die gedankliche Verbindung, die man

als Betrachter unweigerlich machte – gefiel Vera. Genauso übrigens der kaum sichtbare Schattenriss des sich küssenden Paares im Hintergrund und die geschwungenen Lettern darüber: Lucia Barone, »Antipasti d'Amore«.

Mit zitternden Fingern strich sie über eines der Buchcover, die wie Goldbarren nebeneinander in dem Karton lagen. Dann nahm sie ein Exemplar heraus. Es war schwer, viel schwerer, als sie gedacht hatte. Hülsenbeck hatte sich nicht lumpen lassen und eine ordentliche Ausstattung spendiert.

Sie blätterte durch die Seiten. Da standen sie, ihre Worte. Ein Schauder jagte ihren Rücken hinunter. Vera drehte und wendete das Buch in den Händen, als würde sie zum ersten Mal eines berühren. Nicht anders konnte sich Guttenberg persönlich gefühlt haben! Es war ein heiliger Moment – auch wenn der Inhalt ihres Romans das genaue Gegenteil von »heilig« war.

Sie hob das Buch und steckte die Nase zwischen die Seiten. Einen Hauch von Druckerschwärze konnte sie noch riechen. Dann schlug sie das Buch auf einer beliebigen Stelle auf und fing an zu lesen: *Er räusperte sich, und sie drehte sich zu ihm um. In ihrer perfekt ausgeleuchteten Küche sah er sogar noch besser aus als bei Kerzenschein. Ohne sie aus den Augen zu lassen, kam er langsam auf sie zu und blieb viel zu dicht vor ihr stehen. In der Hand hielt er den Löffel mit einer Kostprobe ihres Desserts. »Das«, flüsterte er mit belegter Stimme, »das ist kein Nachtisch. Das ist Sex.«*

Es war ein wunderbares, ein erhabenes, ein geradezu beflügelndes Gefühl, durch das eigene Buch zu blättern. Während sie die Seiten durch ihre Fingerspitzen laufen ließ, fühlte sie eine merkwürdige Mischung an Emotionen in sich aufsteigen. Da war zum einen die grenzenlose Verblüffung, dass sie, Vera Renzi, diesen Roman geschrieben hatte – Wort für Wort, Seite für Seite. Da war aber auch ein anderes Gefühl, das sie leise in sich anklopfen spürte. War das … Stolz? Vera war schon so lange nicht mehr stolz auf etwas gewesen, das sie getan hatte, dass sie beinahe vergessen hatte, wie sich das anfühlte.

Nachdem sie die Betrachtung des Buches von allen Seiten abgeschlossen hatte, ließ sie sich auf ihren Stuhl hinter dem Tresen sinken, schlug das erste Kapitel auf und begann zu schmökern. Doch, das las sich wirklich nicht schlecht. Vielleicht hätte sie den Einstieg noch etwas eleganter gestalten können, aber es war ja ihr erstes Werk, und Herrn Hülsenbeck hatte der Anfang gefallen. Vera las die Seite zu Ende, blätterte um – und zuckte zusammen, als es plötzlich an der Tür klopfte. Beinahe hätte sie das Buch fallen lassen, aber sie bekam es gerade noch so zu fassen und sprang gleichzeitig vom Stuhl auf, hob den Kopf und sah ihre Schwiegermutter, die mit grimmiger Miene durch die Scheibe ins Innere des Kiosks starrte.

Vera entglitten die Gesichtszüge. O nein.

Sie eilte um den Tresen herum, entriegelte die Tür und öffnete sie. »Gina. Das ist ja eine … Überraschung.«

Die Nonna zog lautstark die Nase hoch und musterte das kleine Ladenlokal, als wäre sie in irgendeinem zwielichtigen Schuppen gelandet. »Warum hast du geschlossen? Es ist doch helllichter Tag.«

Vera sah sich hilfesuchend um. »Nun ja, ich … also, ich brauchte einen Augenblick Ruhe, weil … weil …«

Die Schwiegermutter drängte sich an ihr vorbei und lief schnurstracks auf den Tresen zu, wo das Paket mit »Antipasti d'Amore« lag. »Was willst du mit so vielen Büchern?«, fragte sie grimmig und griff in das Paket.

Vera hustete vor Schreck. »Das sind … also …« Sie kramte

verzweifelt in ihrem Hirn nach einer Ausrede. »Das ist eine neue Idee, um den Verkauf anzukurbeln«, bastelte sie sich eine Erklärung zusammen. »Ich dachte, ich könnte mal Bücher ins Sortiment aufnehmen.«

Nonna Gina funkelte sie aus misstrauisch zusammengezogenen Augen an. »Bücher?«

Vera nickte eifrig.

»Aber das ist nur ein Buch«, stellte die Schwiegermutter fest. »Immer dasselbe.«

Vera nickte noch eifriger. »Das stimmt. Ich wollte mal mit einem Titel anfangen und schauen, wie es so läuft.«

Die Nonna tippte auf das Cover, direkt in die Mitte der Auster. »Ist das eine Liebesgeschichte?«

Vera riss die Augen auf. »Eine Liebesgeschichte? Äh, ja. Nein. Auch. Aber …« Sie machte einen Satz nach vorn und wollte der Nonna das Buch aus der Hand nehmen. »Die wird dir nicht gefallen.«

»Ach nein?« Nonna Gina hielt das Buch fest. »Warum nicht?«

»Äh …« Vera wurde heiß und kalt. »Ist für ein jüngeres Publikum.«

»Bah«, machte die Schwiegermutter und zog noch etwas fester am Buch, so dass Vera loslassen musste. »Ich lese es und sage dir dann, wie es ist.«

»Das musst du nicht.« Sie versuchte, das Buch wieder in die Finger zu bekommen, doch es war bereits in der geblümten Tragetasche verschwunden, die am Arm der Nonna baumelte. Darin befand sich, das wusste Vera, neben einer kleinen Schaufel und einer dazu passenden Harke ein in rotes Plastik eingefasstes, nagelneues Grablicht, das ihre Schwiegermutter dem verstorbenen Mann wie jeden Samstag aufs Grab stellen würde. Oder besser gesagt: auf die Steinplatte, auf der sein Name stand. Emilio Renzi war nämlich in seinem Heimatdorf in der Nähe von Rom begraben, wie sich das für einen echten Italiener gehörte. Damit die Nonna aber einen Ort zum Trauern hatte, hatte Carlo, als sie nach Deutschland kam und beschloss, nicht mehr zurückzugehen, mit dem katholischen Pfarrer der Gemeinde einen »Sonderdeal« gemacht: keine Asche, kein Sarg, aber eine Steinplatte mit Emilios Namen und Lebensdaten darauf. Eine Pilgerstätte für die arme Nonna, die seit nunmehr fünfundzwanzig Jahren an jedem verdammten Samstagnachmittag auf den Friedhof ging, um ihrem verstorbenen *marito* zumindest ideell nah zu sein. Es konnte stürmen, es konnte schneien, Feuer und Asche konnten vom Himmel fallen: Nonna Gina ging Emilio einmal die Woche besuchen und trug am Tag darauf Schwarz, als Zeichen ihrer niemals endenden Trauer. Vermutlich würde sie sich selbst nach ihrem eigenen Tod noch aus dem Sarg erheben und eine frische Ladung Erde auf die Steinplatte nebenan werfen.

»Ich gehe jetzt«, grummelte die Schwiegermutter, nicht ohne Vera einen letzten vernichtenden Blick zuzuwerfen. Dann öffnete sie die Tür, ließ eine weitere eiskalte Windböe herein und verschwand aus dem Laden.

Vera starrte der in einen dicken Mantel eingemummelten Gestalt hinterher, die immer noch so gerade, als ob sie einen Besenstiel verschluckt hätte, die Straße entlanglief. Die Tragweite dessen, was sich gerade abgespielt hatte, dämmerte ihr langsam. Die Nonna hatte ihr Buch mitgenommen. Das Buch, das sie geschrieben hatte … und in dem es, nun ja, nicht gerade katholisch zuging. Reflexhaft schlug Vera ein Kreuz und versuchte, sich zu beruhigen. Nach drei tiefen Bauchatmern war sie wieder einigermaßen bei Sinnen und sagte sich: *Nonna Gina weiß ja nicht, dass ich das Buch geschrieben habe.*

Wenn sie es überhaupt las. Tat sie es doch, hätte sie sicher eine dezidierte Meinung über den »Schund«, den Vera da klammheimlich produziert hatte. Denn genau wie eine ihrer Hauptfiguren im Buch war die Nonna eine ausgesprochen scharfe Kritikerin – selbst wenn sie mit Stefano Conte sonst nichts, aber wirklich rein *gar* nichts gemein hatte …

Antipasti d'Amore. Uno

»Panzerotti? Perché panzerotti? Sono vuoti!«

So gut wie jeder Gast hatte heute Abend als *Primi Piatto* die frittierten Teigtaschen gehabt, so dass sie längst von der Tageskarte hätten genommen werden müssen. Das hätte Gianluca bei all den Bestellungen doch auffallen müssen.

»Gianluca! Denkt denn hier niemand mit?!«

Elisabettas Stimme überschlug sich fast, als sie ihren Kellner in den Senkel stellte. Der zog instinktiv die Schultern nach oben und den Kopf ein bisschen ein. Derart in Rage hatte er seine Chefin noch nicht erlebt – vor allem aber nicht in der Lautstärke.

Sie wollte eigentlich nicht, dass die Gäste die Unstimmigkeiten in der Restaurantküche mitbekamen. Denn auch wenn jeder wusste, dass es hinter den Schwingtüren auch mal heiß hergehen konnte, war es doch das A und O in ihrem Job, die teils wilden Auseinandersetzungen niemals in den Gastraum zu tragen. Unglücklicherweise hätte Elisabetta ausgerechnet heute das Gefühl gebraucht, dass es außer ihr noch einen Menschen gab, auf den sie sich verlassen konnte.

Dabei hatte sich Gianluca seit der Eröffnung ihres Restaurants vor etwa einem Jahr stets als zuverlässiger Mitarbeiter erwiesen. Er hatte seine Abschlussprüfung im Restaurantfach mit Auszeichnung bestanden, und als er sich bei Elisabetta mit einer astrein geschriebenen Bewerbung vorgestellt hatte, fühlte sie sich sofort an ihren kleinen Bruder erinnert. Gianluca sollte, beschloss sie, solange sie seine Chefin war, Welpenschutz genießen, falls ihm doch einmal ein Fehler unterlaufen würde.

Na ja. Bis auf heute. Da war sie wirklich sauer auf ihn. Oder besser gesagt: sauer auf alles und jeden, der ihren Weg kreuzte.

Elisabetta wusste so gut wie ihr Kellner, dass er nicht der Grund für ihren Gefühlsausbruch gewesen war. Und auch nicht die zu geringe Menge an Panzerotti. Ein Gericht weniger auf der Tageskarte, das war ein bisschen ärgerlich und sollte nicht zu häufig vorkommen. Doch weder die Gäste nahmen einem so etwas übel, noch kratzte es mehr als nötig an ihrer Ehre als Köchin. Viel eher improvisierte Elisabetta in solchen Ausnahmefällen normalerweise eine kleine Antipasti-Spezialität, die sie dann mit einem zufriedenen Strahlen selbst an die Tische brachte. Gegrillte Austernpilze vom Wochenmarkt mit einer unverschämt samtigen Gorgonzolasauce etwa. Oder im Ofen geschmorte Datteltomaten verfeinert mit einer Prise Zucker, Meersalz und hauchdünnen Knoblauchraspeln. Wenn man diese Tomaten auf eine Scheibe gegrilltes Brot gab und ein bisschen plattdrückte, ergoss sich der aromatische Sugo darüber.

Leider war heute alles anders. Heute war gewiss nicht der Tag für kulinarische Ergüsse oder Geistesblitze. Es irgendwie durch den Abend zu schaffen, ohne in Tränen auszubrechen – das war Elisabettas Mission für heute. Noch etwa drei, vielleicht vier Stunden, bis die letzten Gäste gegessen hatten, dann könnte sie Gianluca und Francesca hinter der Bar nach Hause schicken und den Laden abschließen. Elisabetta spürte, wie sich ein Kloß in ihrem Hals formierte, der wie Feuer brannte. Gleich würde es ihr dieser Kloß unmöglich machen, auch nur noch ein weiteres Wort herauszubringen. Diese Schmach wollte sie sich vor dem zwanzigjährigen Gianluca ersparen. Also presste sie nur die Lippen aufeinander und drehte sich wieder zum Herd um. Für den Kellner das unmissverständliche Zeichen, sich mit seinen drei gefüllten Pasta-Tellern in den Gastraum zu trollen.

»*Uno, due, tre*, einatmen«, sagte sich Elisabetta im Geiste und tat, wie sie sich selbst befohlen. Und dann: »Eins, zwei, drei und vier und ausatmen.«

Aus dem Restaurant nahm sie die vertraute Geräuschkulisse von Stimmen wahr, die sich etwas zu sagen hatten, von klimpernden Gläsern, von *Salute!* hier und *Buon appetito* da. Elisabetta atmete weiter. Der Kloß in ihrem Hals hielt sich beständig, aber immerhin füllten sich ihre Augen nicht wieder mit Tränen. Dafür ließ es der römische Sommer seit Tagen wie aus Eimern regnen. Elisabetta öffnete das gekippte Fenster, das von der Küche zur Straße hinaus ging, ganz, um etwas von der regengekühlten Luft einatmen zu können. *Dio mio*, tat das gut.

Glücklicherweise hielt Regen die Römerinnen und Römer nicht davon ab, abends in die Via dei Cappuccini in der Nähe der Piazza Barberini zu spazieren, um sich von Elisabetta Bernardi im »Insieme« bekochen zu lassen. Eine Berühmtheit war Elisabetta in Rom nicht, aber man kannte das Restaurant der 38-Jährigen. Pünktlich zur Eröffnung hatte die »Repubblica«, Roms auflagenstärkste Tageszeitung, in der Rubrik »Neu in der Stadt« darüber berichtet. Und obwohl sie erst seit einem Jahr Chefköchin war, hatte es Elisabetta mit ihrem Laden schon in den ein oder anderen Rom-Reiseführer geschafft. Zudem lag die Via dei Cappuccini unweit des Fontane di Trevi. Neben ihren kulinarischen Kreationen sorgte die gute Lage mit dafür, dass Elisabettas kleines Reich mit vier Tischen im Innenraum und fünf draußen vor dem Restaurant stets bis auf den letzten Platz belegt war.

Von den schiefergrau glasierten Steinguttellern über die gemütliche Sitzecke für den Aperitivo bis zum Schirmständer hatte Elisabetta damals alles selbst ausgesucht. Jedes Gericht auf der Karte stammte von ihr. Das meiste waren traditionelle italienische Rezepte, die sie mit mindestens einer überraschenden Zutat versah, um sie im Aroma noch feiner zu machen. Den Namen ihres ersten eigenen Restaurants, »Insieme«, stammte allerdings nicht von ihr. Pepe hatte ihn sich ausgedacht. »Zusammen« – pah, das war das genaue Gegenteil von dem, was sie und Pepe nun waren! *Bastardo*, dieser unsägliche Scheißkerl.

Elisabetta biss die Zähne fest aufeinander, während sie das Wort mehrfach vor sich hin zischte. Nicht mal zwei Jahre war es her, da hatte dieser Typ das Bestreben gehabt, ihr die Sterne vom Himmel zu holen. Diesen Satz hatte er wirklich zu ihr gesagt, und zwar nach dem ersten weinseligen Kuss in ihrem paprikaroten Fiat. Die Sterne vom Himmel holen – so etwas sagte man in Filmen mit Sophia Loren, aber doch nicht im echten Leben! Warum hatte sie seine aufschneiderische Art eigentlich nie stutzig gemacht? Im Gegenteil, nach ein, zwei verknallten Wochen fingen die beiden an, das Bett miteinander zu teilen und sich gegenseitig von ihren Träumen zu erzählen. Elisabettas war schon immer ein eigenes Restaurant gewesen. Das klitzekleine Erbe ihres Großvaters, das sich ihr Bruder und sie geteilt hatten, reichte aber nicht für einen Traum dieser Größenordnung. Und als der Laden in der Via dei Cappuccino damals gerade frei wurde, Elisabetta aber nicht genug Startkapital auf der hohen Kante hatte, schlug Pepe großmütig vor, das Restaurant für sie zu pachten. Weil ihre Sinne damals wohl vor Verliebtheit vernebelt waren, schlug sie ein und machte sich auf eine Art und Weise von ihrem neuen Freund abhängig, die sie nie für möglich gehalten hatte.

Ein blöder Fehler. Blöd – idiotisch.

Denn ebendieser selbstgerechte Typ von damals hatte ihr heute Morgen mit ungeputzten Zähnen verhältnismäßig entspannt mitgeteilt, dass er vor drei Wochen, als er abends mit Freunden unterwegs gewesen war, eine Frau getroffen habe. Hin und weg sei er nach dem ersten Tanz gewesen. Er habe aber nichts gemacht, gar nichts – nur ihre Handynummer eingesackt. Erst als er in den folgenden Tagen bemerkt habe, dass er sie nicht mehr aus seinem Kopf bekomme, habe er ein weiteres Treffen in die Wege geleitet, um seinem Verlangen auf den Grund zu gehen. Und dann noch eines. Und noch eines. Und noch eines. Während Elisabetta das »Insieme« schmiss, morgens in der Früh auf den Markt fuhr, um die besten Lebensmittel zu ergattern, den ganzen Tag über in der Küche das Mise-en-place vorbereitete und nie vor Mitternacht den Schlüssel im Schloss herumdrehte, hatte er sich also mit einer anderen Frau herumgetrieben. *Bastardo, bastardo, bastardo!* Elisabetta zwang sich erneut, tief ein- und wieder auszuatmen. Sie musste Pepe jetzt erst einmal Pepe sein lassen. Die Bestellzettel auf dem Küchentresen wurden auch nicht weniger. *Andiamo.*

Energischer als sonst pfefferte sie zwei in Olivenöl und Minze marinierte Artischockenhälften auf den Grill, die gleich an den Gast von Tisch vier gehen sollten, der vermutlich seinem *Secondo* entgegenfieberte. Hungrige Gäste waren ihr die liebsten. Als *Antipasti* hatte der Gast von Tisch vier ihr hauchdünnes Rindercarpaccio mit Sommertrüffel geordert, so dünn, dass man eine Zeitung durch die Struktur lesen könnte. Theoretisch. Aber heute hatte sie nicht die Geduld und erst recht nicht die ruhigen Finger gehabt und das Rindfleisch deshalb etwas zügiger geschnitten, weshalb es dicker als sonst geraten war. Als *Primo Piatti* wollte Tisch vier, ebenso wie drei weitere Tische, die Parmigiana di Melanzane, ihren süditalienischen Auberginenauflauf. Leider waren die Auberginen heute Abend ziemlich salzig geworden – das war Elisabetta durchaus bewusst. Sie war wohl, als sie in das Fässchen mit dem Fleur de Sel gegriffen hatte, nicht ganz bei der Sache gewesen, weil sie sich darauf konzentriert hatte, nicht in Tränen auszubrechen.

Wäre sie doch einfach zu Hause geblieben, hätte die Vorhänge zugezogen und Gianluca gebeten, das Schild mit dem Aufdruck »Geschlossene Gesellschaft« an die Tür zu hängen! Immerhin hatte sie noch eine eigene Wohnung und war nicht blindlings zu Pepe gezogen. Doch das war ein schwacher Trost, denn Elisabetta war in Gedanken nicht in der Küche, nicht am Herd, nicht am Backofen, sondern die ganze Zeit bei diesem Schwein Pepe gewesen. Was unter anderem versalzene Auberginen zur Folge gehabt hatte. Sei's drum, die Teller waren trotzdem an die Tische gegangen. Morgen würde sie sich wieder besser im Griff haben.

Als nächsten Gang, den *Secondo*, hatte Tisch vier bei Gianluca nun noch ihre Artischocken *alla Elisa* bestellt. Tisch drei wartete bereits seit einiger Zeit auf zwei Stücke Zitronenkuchen und Pannacotta mit Brombeerpüree, während die Panzerotti immer noch auf der Karte standen und von den Neuankömmlingen des Abends munter weiterbestellt wurden. Was für ein Desaster!

Elisabetta versuchte, sich zu konzentrieren, doch durch ihren Kopf jagten unentwegt Fetzen aus ihrem Streit mit Pepe. Eigentlich war es ja gar kein Streit gewesen, sondern lediglich ein Gespräch, und das machte die ganze Sache noch viel, viel schlimmer. Pepe hatte ihr in einer solchen Seelenruhe geschildert, dass er sie betrogen hatte und sich von ihr trennen werde, dass sie sich wirklich fragen musste, ob seine Gefühle für sie je echt gewesen sein konnten.

Vom Gastraum aus reckte Gianluca vorsichtig seinen Kopf durch das Bullauge in der dunkelbrauen Schwingtür zur Küche und trat dann mit ängstlichem Blick ein. »*Scusa*, Chefin, es tut mir wirklich leid, aber der Gast von Tisch vier beschwert sich.«

Zwischen dem zweiten und dem dritten Gang lagen nun schon fünfzig Minuten Wartezeit. Mist, das war eindeutig zu lang, das wusste Elisabetta. Im selben Moment fiel ihr etwas auf.

Es roch angekokelt.

Ihr Kopf fuhr herum. Die Artischocken! Wenn die Dinger zu lang auf dem Grill lagen, wurden sie bitter, das durfte auf keinen Fall passieren. Elisabetta schnappte sich die Grillzange und bugsierte die Artischockenhälften auf die nebenan bereitgestellte Servierplatte. Ein paar der Blätter waren zu dunkel geraten, dabei hätten sie doch nur eine leichte Grillnote bekommen sollen. Die Köchin in ihr hätte eine neue Artischocke aufgeschnitten, doch als betrogene Frau, die sich heute Abend um Kopf und Kragen kochte, beschloss sie, den Teller für den Gast an Tisch vier trotz der, nun ja, sehr intensiven Röstaromen und vermutlich abenteuerlichen Bitterstoffe darin anzurichten. Noch ein bisschen Sugo darüber und dann raus damit, *e basta.* Das würde schon gehen, mit etwas Glück würde es vielleicht gar nicht erst auffallen, oder die Gäste würden es für Absicht halten. Auch wenn es Elisabetta im Herzen schmerzte, ein nicht perfektes Gericht aus der Küche gehen zu lassen: Heute war einfach der Wurm drin, und sie war froh, dass sie überhaupt etwas zustande bekam. Ihre Kundschaft, die meisten davon Stammgäste, würden es ihr hoffentlich verzeihen.

Sie schob Gianluca den Teller über die Anreiche, dann wischte sie gedankenverloren beide Hände an ihrer Kochjacke ab, ganz so, als wollte sie etwas abschütteln. Eine der ersten Regeln ihres internen Küchen-Knigge war eigentlich, die Hände niemals an einer Kochjacke abzuwischen, sondern immer an einem extra dafür vorgesehenen Geschirrtuch.

Trotz Wasserdampf, Grillrauch oder Ofenhitze sah Elisabetta, seit sie ihre Kochlehre vor zwanzig Jahren gemacht hatte, mit ihrem akkurat gebundenen Pferdeschwanz immer wie aus dem Ei gepellt aus. Ob sie nun gerade über den Nuovo Mercato Testaccio, ihren Lieblingsmarkt in Rom, schlenderte oder ob sie in blütenweißem Kochgewand im »Insieme« seit Stunden Focaccia geknetet, Arancini frittiert oder Ei, Zucker und Marsala zu Zabaione geschlagen hatte.

Aber eben nicht heute. Während Gianluca mit dem Teller Artischocken die Küche verließ, grinste er mit leicht nach oben gezogenem Mundwinkel und wirkte dabei so zerknirscht, als trüge er irgendeine Mitschuld an Elisabettas Gemütszustand.

Sie stand seit der Eröffnung vor einem guten Jahr allein in der Küche, sie war gern ungestört bei der Arbeit. Während ihr Gianluca – an den Wochenenden half ein weiterer Kellner im Service und einer hinter der Bar – im Minutentakt die Bestellungen in die Küche brachte, stellte sie sich immer vor, wie die Gäste zu den jeweiligen Gerichten wohl aussahen. Das war für sie eine Art Hobby geworden. Wenn der Abend fortgeschritten und die Gäste gut gesättigt waren, linste sie mindestens durch das Bullauge in der Schwingtür, manchmal drehte sie auch eine kleine Runde durch den Gastraum und freute sich über die entspannten Gesichter der Menschen, die sie gerade mit ihren Gerichten nicht nur satt, sondern auch glücklich gemacht hatte. Mit dem schmutzigen Kittel und ihren sicherlich verheult aussehenden Augen wäre das heute auf keinen Fall drin.

Aber wie der Gast von Tisch vier aussah, interessierte sie nun doch. Dass er sich über die lange Wartezeit zwischen den Gängen beschwert hatte, ließ sie zugegebenermaßen nicht völlig kalt. Ja, fast eine Stunde war nicht wenig, aber hatte der Typ denn noch nie etwas von *dolce far niente*, dem süßen Nichtstun, gehört? Und außerdem: Wenn man schon allein in ein gehobenes Restaurant ging, könnte man sich doch eine Zeitung oder ein Buch mitnehmen, um ebendiese Wartezeiten zu überbrücken, oder nicht?

Ein Blick durchs Bullauge eröffnete Elisabetta die unverstellte Sicht – und gab ihr recht. Selbstverständlich sah er genau so aus, wie sie sich ihn vorgestellt hatte. Ein Mann in Hemd und Jackett, schätzungsweise Ende vierzig, mit viel zu perfekt sitzendem, leicht grau meliertem Haar. Wie viel Zeit musste dafür vor dem Spiegel draufgegangen sein? Sie verdrehte die Augen. Und sein weißes Herrenhemd erst, kein einziges Fältchen war zu sehen. Zudem trug er eine Fliege. Peinlich.

Was man ihm lassen musste: Sein Haar sah ungemein voll und griffig aus, nicht so schütter wie das von Pepe, obwohl der erst Ende dreißig war. Ob es wohl gut duftete? Vermutlich. Im warmen Licht des Gastraums wirkte seine Haut gleichmäßig gebräunt. Die Mundpartie konnte Elisabetta im Halbdunkel nicht gut erkennen, doch er trug Bart. Eigentlich gar nicht Elisabettas Fall. Doch auf einmal war sie sich sicher, noch nie einen so gut gestutzten Dreitagebart gesehen zu haben.

Irritiert blinzelte sie. Was war denn bitte in sie gefahren? Gingen ihr jetzt die Hormone durch? Das musste an dem Gefühlschaos liegen, das in ihrem Körper für Unruhe sorgte. Denn so einen Typen konnte sie nicht attraktiv finden! Wie er da kerzengerade saß und seinen Teller anschaute, als würde er ägyptische Hieroglyphen entziffern. Sein Blick ruhte auf den Artischocken. Er hatte noch nicht zu essen begonnen, sondern sah sich den von Elisabetta angerichteten Teller kritisch an, drehte ihn einmal im Uhrzeigersinn, dann wieder zurück.

Sie schnaubte. Es war ein Jammer, dass die Unsympathen zugleich auch immer die attraktivsten Typen waren. Wie er das erste

Artischockenblatt kosten würde, wollte sie auf keinen Fall miterleben! Was für ein Snob.

Während sie zurück zur Anreiche ging, spürte sie, wie die Wut, die schon den ganzen Tag mit dem grenzenlosen Entsetzen in ihr um die Vorherrschaft gerungen hatte, durchbrach. Was bildeten sich Männer wie Pepe oder dieser Schnösel überhaupt ein? Die liefen durch die Welt, als ob sie eigens für sie erfunden worden wäre, und trugen die Nase so hoch, dass man ihnen eigentlich bis ins Stammhirn hätte schauen können. Pf! Und sie, Elisabetta, sollte derartigen Idioten zu Füßen liegen? Sollte dankbar sein für ihre Gnade, dass sie die Pacht für ihr hervorragendes Restaurant bezahlten, ihr formidables Essen genießen durften? Sie war so sauer! Darauf, dass sie von Pepes Sponsoring abhängig war. Aber auch darauf, dass Typen wie der an Tisch vier ihre Artischocken begutachteten, als würden sie ein seltenes Insekt sezieren. Wenn sie doch bloß unabhängiger gewesen wäre!

Obwohl auf dem Stapel mit den Bestellungen noch drei offene Nachtischwünsche lagen, marschierte Elisabetta wutentbrannt an die Spüle und fing an, eine der Pfannen zu schrubben. Mit Eifer und einer Drahtbürste bearbeitete sie das Metall, bemerkte jedoch schnell, dass das ihre Wut nicht schmälerte, sondern vielmehr verstärkte. Sie blickte auf die Pfanne in ihrer Hand – dann ließ sie sie mit etwas Abstand von der Spüle und ausgestrecktem Arm mit einem lauten Rumms in das Becken fallen. Ob die Gäste es hören würden? Und wenn schon – *dio mio*, ein befreiendes Gefühl! Weshalb hatte Pepe eigentlich gar nichts weiter über die Frau gesagt, für die er sie nach zwei Jahren Beziehung verlassen würde? Wenn er es über sich brachte, wochenlang mit einer anderen zu schlafen und trotzdem nachts zu Elisabetta ins Bett zu steigen, dann hatte er in diesem Punkt vielleicht auch gelogen. Elisabetta nahm die nächste Pfanne vom Herd. Diesmal trat sie noch einen Schritt weiter vom Spülbecken weg, nur um die Pfanne erneut mit Getöse in die Spüle pfeffern zu können. Womöglich war diese andere Frau gar keine neue Bekanntschaft, sondern jemand aus ihrem gemeinsamen Umfeld. Handelte es sich vielleicht um die beste Freundin seiner Schwester? Die hatte ihn bei der letzten Familienfeier schon so aufdringlich angeglotzt. Elisabetta schmiss noch eine Pfanne obendrauf. Oder um diese Lola, die bei ihm im Immobilienbüro arbeitete? Eigentlich nicht weiter von Belang, denn der Schuldige war ja nicht die Frau, sondern Pepe selbst! Dieser Widerling, dieser *stronzo*! Bah!

»Elisabetta?«

Sie nahm Gianluca zuerst gar nicht wahr, als er auf einmal wieder mitten in der Küche stand. Stattdessen starrte sie mit namenlosem Zorn im Bauch auf das Spülbecken, in dem sich die fettigen Pfannen stapelten.

»Elisabetta!«, sagte Gianluca, jetzt etwas lauter, auch wenn es immer noch nicht mehr als ein Flüstern war. »Bitte, schnell! Stefano Conte. Stefano Conte ist hier!«

Sie ließ von den Pfannen im Spülbecken ab und drehte sich zu Gianluca um. »Was?« Elisabetta war so sehr mit den Pfannen und den vielen offenen Fragen, die ihr Leben auf einmal barg, beschäftigt gewesen, dass sie Gianluca gar nicht richtig zugehört hatte.

»Der Mann an Tisch vier, Elisabetta. Das ist kein Gast, das ist Stefano Conte!«

Sie griff nach dem rot-weiß karierten Geschirrtuch, das sie sich neben der Spüle bereitgelegt hatte. Aber weniger, um sich die Hände abzutrocknen, sondern eher, um etwas zu haben, an dem sie sich festhalten konnte. Elisabetta brauchte einen Augenblick, um den Namen, den sie schon so oft schwarz auf weiß gelesen hatte, zuordnen zu können. Und zwar ... im Genussteil der »Repubblica«!

Wenn in der Stadt ein neues Restaurant eröffnete, das etwas auf sich hielt, konnte man sicher sein, dass der Restaurantkritiker Stefano Conte eines Tages dort speisen würde, um in den darauffolgenden Tagen sein Urteil in der Zeitung zu veröffentlichen. Sie selbst verschlang jeden Samstag seinen Artikel im Blatt, um zu erfahren, wie sich ihre Kolleginnen und Kollegen unter Contes strengen Geschmacksnerven geschlagen hatten.

Und nun war er hier. In ihrem Restaurant. Ausgerechnet am schlimmsten Tag ihres Lebens.

Nein. Das konnte nicht sein. Das durfte nicht sein!

Gianluca fing an, wild vor ihr herumzufuchteln und immer wieder nach draußen in den Gastraum zu deuten. Sie sah zwar, dass sich sein Mund bewegte, hörte aber nicht, was er sagte. Viel mehr begriff sie in diesen Sekunden, dass dieser Kritiker mit der riesigen Zeitung im Rücken die Macht hatte, sie als Köchin ungespitzt in den Boden zu rammen. Und für ebendiesen Stefano Conte hatte sie heute Abend zu dickes Carpaccio, versalzene Parmigiana und bittere Artischocken zubereitet? Elisabetta wurde schwummrig. Ihr Herz pochte so sehr, dass es sich anfühlte, als würde es ihr gleich aus der Brust springen.

Gianluca fasste sie mit beiden Händen bei den Schultern und sah ihr mit festem Blick in die Augen: »Du musst da raus. Sag ihm irgendwas!«

»Ich kann nicht.«

»Er hat sich über jeden einzelnen Gang beschwert, Elisabetta. Jeden einzelnen! Geh jetzt, geh da raus! Oder willst du das ›Insieme‹ dichtmachen?«

Der Regen hatte aufgehört, und durch das offene Küchenfenster strömte kühle Luft herein. Elisabetta versuchte, einen klaren Gedanken zu fassen. Auf einmal fing sie an zu verstehen. Wenn dieser Scheißkerl Pepe jetzt auch noch indirekt dafür sorgen würde, dass ihr das »Insieme«, ihr Baby, ihre Existenz, genommen werden würde, dann wüsste sie nicht weiter. Dann wäre alles verloren. Dann war sie am Ende.

Sie wischte sich einmal mit den Händen übers Gesicht, strich sich ihre schmutzige Kochjacke glatt, so gut es eben ging, gab sich einen Ruck und drückte die Schwingtür zum Gastraum energisch auf. Bereit, diesem Conte gegenüberzutreten, auch wenn sie in dieser Sekunde noch keinen blassen Schimmer hatte, was sie ihm sagen würde. Aber ihren Ruf als ausgezeichnete Köchin würde dieser bornierte Schreiberling nicht so einfach kaputtmachen! Elisabetta erschrak selbst ob der Energie, mit der sie die Tür aufgestoßen hatte, um nun wie bestellt und nicht abgeholt im Gastraum zu stehen. Vom Tisch, der der Küche am nächsten war, schauten sie drei Frauen in ihrem Alter erwartungsfroh an. Die anderen Tische aber waren leer – auch Tisch vier. Von Stefano Conte keine Spur. Und die Artischocken hatte er noch nicht einmal angerührt. Sie lagen da und sahen genauso jungfräulich, verbittert und angekokelt aus, wie Elisabetta sie aus der Küche geschickt hatte.

In diesem Moment wusste sie, dass Pepes Betrug an ihr und ihrer Liebe gar nicht die größtmögliche Katastrophe war, die ihr hätte widerfahren können. Es war Stefano Contes Verriss über ihre Kochkünste, der ihre Welt in zwei, vielleicht drei Tagen ins komplette Chaos stürzen würde.

6

Sie wollte sich gerade wieder ihrem Buchpaket zuwenden, als sie Carlos Mercedes um die Ecke biegen sah. Ihr Mann parkte das Auto vor dem Wohnhaus und stieg aus. Schick kam er daher in seinem Wollmantel und den Lederschuhen, einen eleganten Schal um den Hals gewickelt. Das Haar an seinen Schläfen wurde immer grauer, aber es war immer noch voll und dicht und glänzte auf dem Kopf in dunklem Blauschwarz. Unwillkürlich richtete Vera sich auf und lächelte. Carlo war ein attraktiver Mann, und wie so oft freute sie sich darüber, dass er sich damals ausgerechnet für sie entschieden hatte. Klar, sie hatten sich verliebt, aber es war nun auch kein Geheimnis, dass zwischen dem ersten aufregenden Gefühl des Verliebtseins und einer Entscheidung, die den Rest des Lebens beeinflusste, ein gewisser Unterschied lag. Und dennoch war seine Wahl auf sie gefallen. In den ersten Jahren hatte Carlo sie auf Händen getragen, vor allem als die Kinder gekommen waren. Italiener waren ja so verrückt nach einer eigenen Familie, und ihr Ehemann betete sie geradezu an, weil sie zwei Schwangerschaften samt schmerzhaften Entbindungen mit teutonischer Disziplin und stoischer Gelassenheit ertragen hatte. Sie erinnerte sich noch gut an den Moment, als Carlo im Kreißsaal bei der Geburt von Federico ihre Hand gedrückt und ihr zugeraunt hatte: »Du bist eine Göttin, *cara! Ti amo, ti amo, la mia amore!*« Und die Hebammen hatten alle Herzchen in den Augen gehabt und Vera danach, als Carlo den Neugeborenen im Arm hielt und dicke Freudentränen vergoss, ohne sich dafür zu schämen, zu diesem Prachtexemplar von Ehemann gratuliert.

»Die meisten Kerle fallen in Ohnmacht«, lästerte die eine, eine Hebamme kurz vor der Rente, die es wissen musste. »Oder sie rennen bei der ersten Wehe in die Kneipe und fangen an zu saufen.«

»Oder«, fügte die junge Auszubildende hinzu, »sie müssen von uns irgendwann sediert werden, weil sie so eine Nervosität ausstrahlen, dass sie die Frauen ganz verrückt machen.«

Ja, Vera hatte Glück gehabt. Zumindest am Anfang ihrer Ehe. Mittlerweile fühlte sie sich wirklich nicht mehr wie seine Göttin. Sie war seine Frau, viel mehr aber die Mutter seiner Kinder und eine angenehme Mitbewohnerin, sofern er sich denn mal anschickte, sie mit seiner Anwesenheit zu beglücken.

Ob sie ihm endlich von ihrem Buch erzählen wollte? Dass das Paket heute angekommen, die Nonna gerade zum Friedhof aufgebrochen, Federico vermutlich schmollend und mit gebrochenem Herzen in seinem Zimmer und Fabiola bei einer Freundin war, das konnte doch kein Zufall sein. Es war niemand da, der ihr Gespräch stören konnte.

Also gut. Jetzt oder nie, sagte sie sich selbst, schnappte sich eines der Bücher, schlüpfte in den Mantel und schloss den Kiosk ab.

Sie fand ihren Mann im Wohnzimmer wieder. Er saß in einem der beiden Lesesessel und sah kurz von seiner Zeitung auf, als Vera eintrat. »Ah, *ciao*, Vera, mein Engel, wie geht es dir?«

Sie ließ sich nervös auf die Couch sinken. »Sehr gut, danke.« Vera wartete einen Moment, dass ihr Mann sie auf das Buch in ihrer Hand ansprach – aber er war schon wieder in der Lektüre versunken. »Ich habe heute ein Paket bekommen.«

»Ah. Schön. Hast du dir was Hübsches bestellt? Ich wusste gar nicht, dass du online shoppst.« Er blickte kurz über den Rand des rosafarbenen Papiers, anhand dessen Vera erkannte, dass es sich um Carlos heißgeliebte »La Gazzetta dello Sport« handelte. »Apropos. Was ist denn da bei Fabiola los?« Er ließ die Zeitung einen Zentimeter weit sinken. »Ein blauer Brief?«

Vera sank tiefer in die Sofakissen. Konnte es wirklich sein, dass ihr Mann und sie erst *jetzt* über die schulischen Noten ihrer Tochter sprachen? Es war doch bald schon einen Monat her, dass Fabiola mit mascaraverheultem Gesicht nach Hause gekommen war. Sie überlegte, wann sie sich das letzte Mal gesehen hatten, Carlo und sie, und die Gelegenheit gefunden hatten, über so etwas Elementares wie ihre Familie zu sprechen. Dann riss sie sich los und antwortete: »Tja. Das zweite Schulhalbjahr hat noch nicht richtig begonnen, da gilt unsere Tochter schon als versetzungsgefährdet.« Sie zuckte mit der Schulter und sah aus dem Fenster. »Na ja. Sie quasselt zwar den ganzen Tag am Telefon, aber in Fremdsprachen ist sie eine Null. Von mir hat sie das nicht.«

»Hm«, brummte Carlo.

»Ich übe jetzt auf jeden Fall Vokabeln mit ihr. Ist ein ganz gutes Training, so frische ich meinen Wortschatz auch mal wieder auf. In Englisch ist sie immerhin nicht so schlecht. Vermutlich kommt das, weil sie den ganzen Tag im Internet englische Lieder hört. Wir mussten ja damals noch Karteikärtchen schreiben.« Sie hielt inne und blickte in Richtung ihres Mannes, der wieder vollständig hinter der Zeitung verschwunden war. »He, Carlo! Hörst du mir überhaupt zu?«

Er ließ raschelnd das Papier sinken. »Aber ja. Karteikärtchen. Wie geht es denn mit Federico? Ist er noch mit seiner kleinen Freundin zusammen?«

»Welcher kleinen Freundin?«

»Dieser Lucy.«

»Lucy?« Vera schlug sich ungläubig auf die Schenkel. »Carlo, Lucy war schon nach drei Monaten abgemeldet. Danach kamen Estelle und Bibi. Kennst du Bibi? Das ist die mit der hohen Stimme. Nein?«

Anstelle einer Antwort hob Carlo nur entschuldigend die Schultern und verschwand erneut hinter der Zeitung.

Vera nagte an ihrer Lippe. Ihr Blick wanderte über das Buch, das wie eine stille Aufforderung in ihrer Hand lag. Sie war ja so aufgeregt! Das Erscheinen ihres ersten Romans war ihr ein kleines bisschen wie die Geburt ihrer Kinder vorgekommen. Natürlich viel weniger schmerzhaft. Aber vom Glücksgefühl her vergleichbar und vor allem ohne Dammriss. Ihr eigener, erster, selbst verfasster Roman. Ein echtes Buch! Mit Seitenzahlen und einem Impressum und zwei Buchdeckeln. Es kostete Geld. Man konnte es kaufen. Im Buchhandel und im Internet. In der digitalen Welt fühlte sie sich immer noch wie in einem fremden Land und hatte manchmal Angst, dass sie auf einen falschen Knopf drücken und alles löschen oder ihre Daten an Unbefugte verraten könnte. Es kam ihr seltsam vor, Dinge online zu kaufen, wenn es alles doch auch in den Geschäften um die Ecke gab, und noch viel merkwürdiger fand sie es, ein Buch auf einem dieser digitalen Leseapparate zu verschlingen, ganz ohne Knick im Buchrücken, Eselsohren und Lesezeichen, die sie Jahre später zwischen den Seiten herausfischen und bei denen sie sich an den Moment, in dem sie den Roman gelesen hatte, erinnern konnte. Deswegen freute sie sich auch umso mehr über die gedruckte Ausgabe von »Antipasti d'Amore« – und sie wollte ihr Glück verdammt nochmal mit jemandem teilen!

»Also, weißt du, Carlo«, fing sie scheu an, legte das Buch auf dem Wohnzimmertisch ab, so dass ihr Mann das Cover sehen konnte, und knetete sich die eiskalten Hände. Die Aufregung stieg ihr langsam in der Kehle hoch, und sie hatte Mühe, sich zu beherrschen. »Ich finde es schön, dass wir mal wieder einen Moment für uns haben. Ich muss dir nämlich etwas sagen.«

»Hm.«

»Ich ...« Sie atmete tief ein und aus. Nun fühlte es sich doch ein wenig wie Presswehen an. »Ich habe ein Buch geschrieben.«

»Das gibt es ja nicht!«, entfuhr es Carlo. Er schien dermaßen erschüttert, dass das Papier zitterte.

»Ja. Es fing in einem dieser VHS-Kurse an, die ich manchmal besuche. Ich kann dir selbst nicht sagen, wie ich auf die Idee für die Geschichte gekommen bin. Sie kam ... mir einfach so in den Sinn.« Verträumt blickte sie wieder aus dem Fenster, wo eine Sturmböe mit Nachdruck an einem Ast rüttelte, um auch das letzte verbliebene Blatt, das sich verzweifelt festklammerte, zu lösen. »Es geht um Elisabetta und Stefano. Sie ist Köchin mit einem eigenen Restaurant, er Kritiker. Sie lernen sich kennen, als er vorbeikommt, um ihre Kochkünste für die Zeitung zu testen. Elisabetta hat so viel Angst, ihr Restaurant zu verlieren, dass sie ihm ein aphrodisierendes Menü zubereitet, und schließlich landen sie im Bett ... Na ja, also es geht dann natürlich noch weiter. Auch außerhalb des Bettes.«

Endlich wagte sie es, aufzuschauen. Während ihres kleinen Vortrags hatte ihr das Herz bis zum Hals geschlagen. Nun hob sie den Kopf – und blickte in das riesige Konterfei eines grauhaarigen Mannes. Direkt über seinen grimmig zusammengezogenen Augenbrauen stand in fetten Lettern: *Arrivederci, Ancelotti!*

»Carlo?«

»Ich fasse es nicht. Die entlassen den Trainer. Einfach so! Wegen drei Niederlagen in Folge. Kannst du dir das vorstellen?« Carlo ließ die Zeitung sinken und starrte seine Frau fassungslos an. »Die können den doch nicht einfach so feuern!«

»Was? Wer hat wen gefeuert?« Vera war im ersten Augenblick zu verblüfft, um sich aufzuregen, dass ihr Mann ihr offenbar gar nicht zugehört hatte.

»Der AS Rom! Einfach so. Dreimal verlieren, und ciao.« Er knüllte die Zeitung verärgert zusammen und verschränkte die Arme vor der Brust. »Also, noch ist es nicht passiert. Aber das zeichnet sich ab, das liest man hier ganz deutlich zwischen den Zeilen. Und so einen wie den, den finden sie nicht wieder. Das ist das Ende. Das sag ich dir. Der Verein kann dichtmachen. Und mein Tippspiel für die Saison kann ich auch vergessen.«

»Ähm … ja.« Vera richtete sich erneut auf, lächelte breit und meinte dann: »Auf jeden Fall sind heute die ersten gedruckten Exemplare angekommen.«

Carlo blickte sie vollkommen verständnislos an. »Was?«

Sie nickte in Richtung des Buches. »Da. Mein Buch. Ist heute angekommen.«

Ihr Mann stand auf. »Schön. Das freut mich.« Er trat um den Wohnzimmertisch herum und auf seine Frau zu, drückte ihr einen flüchtigen Kuss auf den Scheitel und lief in Richtung Tür. »Viel Spaß beim Lesen.«

Beinahe wäre Vera vom Sofa gefallen, als sie sich nach ihm umdrehte. »Carlo? Carlo! Ich habe einen erotischen Roman geschrieben. ICH! Er wurde veröffentlicht. Mit Sexszenen!«

»Was?« Er blieb noch einmal stehen und drehte sich um. »Hör mal, Schatz, darum kann ich mich jetzt grad nicht kümmern.« Er zog sein Handy aus der Tasche. »Ich muss Antonio anrufen und ihm sagen, dass ich aus dem Tippspiel aussteige. Das wird nix mehr diese Saison, wenn sie den Ancelotti einfach so feuern!«

»Aber … ich …« Vera war ebenfalls aufgestanden und ihrem Mann ein paar Schritte hinterhergelaufen.

Er hob demonstrativ sein Handy in die Luft und drehte sich wieder um. »Wir reden später weiter, ja?« Nur eine Sekunde später war er verschwunden.

Vera sank zurück auf die Couch. Es war ja nicht so, dass sie nicht wusste, dass Carlos Herz für den Verein von Rom schlug. Aber *das*? Er hatte sie eiskalt ignoriert! Abgefrühstückt, ausgewechselt, auf die Bank verwiesen. Wegen eines x-beliebigen Fußballtrainers. Wer war dieser Ancelotti überhaupt? Und wieso war er ihrem Ehemann wichtiger als sie? Oder ihr Buch?

Sie stand auf, kurz davor, Carlo hinterherzulaufen und ihm unmissverständlich klarzumachen, dass sie maßlos enttäuscht von ihm war. Doch dann hörte sie, wie die Haustür ins Schloss fiel. Carlo war verschwunden. Vermutlich verdrückte er sich in die Bar von Tommaso am Ende der Straße, ebenfalls einem Italiener, in dessen Laden in allen Ecken Fernseher hingen, über deren Mattscheiben den ganzen Tag lang italienischer Fußball flimmerte. Manchmal zeigten sie sogar Spiele in der Wiederholung, und zwar nicht als Zusammenfassung, sondern in Gänze. Das war wirklich das Blödeste, was Vera sich vorstellen konnte. Nicht nur dass die Männer, die sich bei Tommaso herumtrieben, die Ergebnisse der Begegnungen vermutlich selbst dann hätten auswendig sagen können, wenn man sie nachts aus dem Tiefschlaf geweckt hätte. Nein, sie regten sich sogar mehrfach an exakt denselben Stellen auf – obwohl sie schon wussten, dass der AC Rom die Ecke nicht bekam oder Florenz den Elfmeter versemmelte. Dort, an diesem Hort der einfältigen Männlichkeit, dem Epizentrum des italienischen Machismos, bei Tommaso und dem Fernsehabo der Serie A, suchte ihr armer, gebeutelter Ehemann in seiner unendlichen Not vermutlich gerade nach Trost und Grappa.

Wenn die Gondeln Trauer tragen: Der Lieblingsverein war drauf und dran, den Trainer fristlos zu entlassen. Da konnte Vera noch so viele erotische Bücher auf den Markt werfen, das würde Carlo nicht im Geringsten interessieren.

Obwohl sie meinte, jeden Moment platzen zu müssen vor Wut und Enttäuschung, atmete sie tief durch und besann sich aufs Wesentliche. Sie, Vera Renzi, hatte einen Roman geschrieben. Vor ihr lag der buchgewordene Beweis. Und sie würde sich diesen Augenblick *nicht* kaputtmachen lassen. Vor allem nicht von einem Fußballtrainer!

Vera grollte. Carlo musste es sich nun erst einmal *verdienen*, erneut in ihr Vertrauen gezogen zu werden. Ihm würde sie auch weiterhin nichts von ihrem Machwerk erzählen, selbst wenn er eigentlich alt genug und der Einzige war, den es zu interessieren hatte. Nun denn, der richtige Moment würde schon noch kommen. Vielleicht gab es dann sogar ein paar Besprechungen. Oder positive Rezensionen. Sie hatte es nicht nötig, mit ihrer Arbeit bei der eigenen Familie hausieren zu gehen. Sie nicht! Sie war Vera Renzi. Sie war jetzt Autorin. Gut, das wusste bis zu diesem Zeitpunkt niemand. Aber trotzdem: So ließ sie sich garantiert nicht behandeln.

Entschlossen griff sie nach dem Buch, stand vom Sofa auf und stellte sich vors Bücherregal. Es war das beste Versteck, denn in ihrer Familie war sie die Einzige, die las. Fabiola interessierte sich nicht die Bohne für Literatur, Federico hatte die Aufmerksamkeitsspanne eines Goldfisches, ihr Mann begeisterte sich nur für Fußball, und die Nonna, nun ja, die hatte ja ihr eigenes Exemplar und würde es sicher bald ins Altpapier pfeffern. Vera würde ihren Schatz gut vor den Augen der Renzis verstecken. Fünf Monate lang hatte sie niemandem von ihrem Roman erzählt – da kam es auf ein paar Wochen mehr oder weniger auch nicht an.

Marzo

7

Ein Geschäftsessen. So was hatte Vera noch nie gehabt. Überhaupt gingen die Renzis sehr selten auswärts essen, vor allem weil die Nonna das als Majestätsbeleidigung betrachtete und die Kinder so dermaßen wählerisch waren, dass es kaum auszuhalten war. Umso aufgeregter war sie, als sie jetzt durch die Innenstadt von Düsseldorf hastete. Die Luft war mild, endlich hatte der Winter entschieden, sich zu verabschieden und dem Frühling Platz zu machen. In den noch kahlen Bäumen zwitscherten zaghaft die ersten Vögelchen, die Sonne ließ sich heute auch ausnahmsweise blicken.

»Wir müssen uns sehen, Frau Renzi!«, hatte ihr Verleger am Telefon gesagt und sie eingeladen, sich mit ihr in einem der besseren Restaurants in der Nähe der Kö zu treffen. Sie hatte Lennard Nothnagel darum gebeten, heute den Kiosk zu übernehmen und Vera bis zu ihrer Rückkehr zu vertreten.

In Düsseldorf war sie selten, diese Welt der Schönen, Reichen und ganz schön Reichen machte Vera unsicher. Monheim war zwar verschlafen und oft auch etwas langweilig, aber immerhin kannte sie sich dort aus, war vertraut mit den Straßennamen und wusste, wie lange sie für welche Strecken brauchte. In Düsseldorf war alles anders, beinahe kam es ihr vor, als wäre sie auf einem anderen Planeten gelandet, auf dem die Zeit schneller verstrich als auf der Erde. Allein für die Parkplatzsuche hatte Vera zwanzig Minuten gebraucht, obwohl sie einen Fiat Panda, das beinahe kleinste Auto der Welt, fuhr, und dann, als sie endlich einen gefunden hatte, entsetzt festgestellt, dass sie bereits zehn Minuten zu spät war – und nicht mal in der Nähe des Restaurants, in dem Hülsenbeck sie treffen wollte.

Mit strammem Schritt hastete sie an elegant gekleideten Damen vorbei, die offenbar gar kein Problem damit hatten, ihre Nerze und Füchse auszuführen, ironischerweise oft mit einer kleinen felligen Fußhupe an der Leine. Dann endlich sah sie die große Fensterfront und den Schriftzug des Bistros »Chez Maurice«, beschleunigte noch einmal ihre Schritte und stieß mit einem Hechtsprung die Tür zum Restaurant auf. Drinnen war es warm, es herrschte eine gedämpfte Atmosphäre. Leise Klaviermusik klimperte im Hintergrund, Gläser klirrten aneinander, selbst das Geräusch der über Porzellan kratzenden Silbermesser klang hochwertig.

»Frau Renzi!«, zerriss eine Stimme den Klangteppich. »Hier drüüüben!«

Vera entdeckte ihren Verleger und lief zügig zu ihm an den Tisch. Ein livrierter Kellner eilte herbei und half ihr aus der Jacke, schenkte ihr ein Glas Wasser ein und machte eine kaum merkliche Verbeugung, während er ihr das Menü hinlegte. Das Restaurant war so edel, dass nur vier Gerichte auf der Karte standen. Vera hatte keinen Hunger, im Gegenteil, ihr war sogar etwas übel, also tippte sie wahllos auf eine der vier Zeilen und trank gierig einen Schluck Wasser. Täuschte sie sich, oder schmeckte es anders als das aus dem Hahn zu Hause? Teurer irgendwie?

»Wie schön, dass Sie es einrichten konnten, Frau Renzi.« Herr Hülsenbeck wirkte aufgekratzt, beinahe ein wenig … nervös? Wieso war ihr Verleger nervös? O nein, sicher war ihm die

Kohle ausgegangen, ihr Honorar war futsch, die Erstauflage lag wie Blei in den Regalen …

»Champagner!«, rief Hülsenbeck in diesem Moment, und der Kellner trug einen Sektkübel an den Tisch. Das Ploppen der Flasche ließ Vera zusammenzucken, aber die Nervosität legte sich, als die Gläser aneinanderklirrten und der erste Schluck der perlenden Flüssigkeit durch ihre Kehle rann. Wenn Hülsenbeck schlechte Nachrichten hätte, hätte er sie weder in ein teures Restaurant eingeladen noch den edelsten Tropfen auf der Karte bestellt. Wieder wurde Vera unruhig, diesmal jedoch aus einem anderen Grund.

»Nun spucken Sie es schon aus, Herr Hülsenbeck«, bat sie schließlich, nachdem sie das Glas auf der weißen, gestärkten Tischdecke abgestellt hatte. »Ist etwas mit meinem Buch?«

Der Verleger grinste von einem Ohr zum anderen, sein Gesicht hatte eine bedenkliche rote Farbe angenommen. »In der Tat, Frau Renzi. In der Tat.« Er schloss die Augen, atmete tief durch. »Ich kann es selbst fast nicht glauben. Aber heute Morgen habe ich einen Anruf erhalten, vom ›Börsenblatt für den Deutschen Buchhandel‹. Wissen Sie, was das ist?«

»Keine Ahnung«, erwiderte Vera ehrlich, aber verunsichert. Ihr Buch war doch wegen der expliziten Szenen nicht etwa auf dem Index gelandet?

Er lehnte sich vor und senkte die Stimme. »Wir haben etwas ganz und gar Unglaubliches geschafft, Frau Renzi.«

»Wir?« Sie hatte sich ebenfalls in seine Richtung gebeugt.

»Na ja, Sie, vor allem. Und vielleicht meine Nichte Henriette mit ihrem Video zu Ihrem Buch. Es war das perfekte Timing! Ein appetitanregender Liebesroman am Valentinstag – ich wette, an diesem Abend wurde es in einigen Haushalten etwas … heißer.«

»Wovon reden Sie, Herr Hülsenbeck?!«

»Ach so! Ja.« Er wurde noch leiser und hauchte über die gedeckte Tafel: »Bestsellerliste, Frau Renzi.«

Vera blinzelte. In ihrem Hirn drehten sich die Rädchen, aber sie bekam die Information einfach nicht verarbeitet. »Ich verstehe nicht.«

»Ihr Buch! ›Antipasti d'Amore‹! Es ist auf der Bestsellerliste gelandet!«

Vera klappte die Kinnlade runter. Reflexhaft griff sie zu ihrer Champagnerflöte und kippte den Inhalt in einem Zug in den Rachen. Sofort kam der Kellner herbeigeeilt und schenkte nach, und Vera trank auch dieses Glas in einem Rutsch leer. Sie stellte es ab, schüttelte sich und sagte dann: »Sie scherzen.«

»Wie käme ich dazu? Frau Renzi, Ihr Buch verkauft sich wie geschnitten Brot!«, rief Hülsenbeck laut, und Vera machte: »Pssschhht!«

»Ah ja, Verzeihung.« Er senkte die Stimme wieder. »Wir haben knapp dreitausend Exemplare in einer Woche verkauft! Tendenz steigend. Und da wir jetzt auf der Liste eingestiegen sind, bekommt Ihr Werk noch mehr Aufmerksamkeit.«

Kurz wurde Vera schwummrig, was am Champagner liegen konnte, vermutlich aber eher am Wort »Aufmerksamkeit«. Nein! Sie wollte keine Aufmerksamkeit! Im Gegenteil. Gleichzeitig war ihr Buch auf der Bestsellerliste eingestiegen, und am liebsten hätte sie sich von ihrem Stuhl erhoben, mit dem Dessertlöffel gegen das leere Glas geschlagen und gerufen: »Alle mal herhören! Ich habe ein Buch geschrieben, und es ist auf der Bestsellerliste gelandet!«

Natürlich tat sie nichts dergleichen, sondern starrte Hülsenbeck einfach nur aus weit aufgerissenen Augen an.

»Das Beste habe ich mir aber zum Schluss aufgehoben«, meinte der und grinste, soweit es anatomisch möglich war, noch breiter. »Sie sind nicht irgendwo auf der Liste eingestiegen, Frau Renzi. Sondern auf Platz …«.

Vera sah die Finger seiner rechten Hand einen Trommelwirbel auf der Tischdecke aufführen.

»Fünfzehn!«, rief er plötzlich laut, und die Damen am Nebentisch blickten irritiert in ihre Richtung. »Das heißt, Sie bekommen einen orangefarbenen Aufkleber, man wird Sie lesen, Ihr Buch besprechen, es weiterempfehlen, in Buchhandlungen wird es eine besondere Präsentation bekommen …«

Vera musste sich an der Tischplatte festhalten. »Wie ist denn so was möglich? Ist es denn so leicht, auf diese Liste zu kommen?«

»Im Gegenteil!«, rief ihr Verleger jubelnd. »Es ist sogar außerordentlich schwierig, vor allem für einen Newcomer. Im Prinzip müssen alle Planeten in einer Reihe stehen, damit das Werk eines Neulings überhaupt Sichtbarkeit bekommt.«

»Und das habe ich Ihrer Nichte zu verdanken?«

Hülsenbeck wiegte den Kopf hin und her. »Und dem Cover, dem Titel, Ihrer Geschichte, meiner bescheidenen Expertise in Sachen Lektorat, den Buchhändlern, den Lesenden …«

Ihr wurde ganz schwummrig im Kopf, wenn sie daran dachte, wer alles zum Erfolg ihres Romans beigetragen hatte. Und so recht konnte sie es immer noch nicht glauben. »Antipasti d'Amore« sollte ein Bestseller sein? Das Buch, das sie auf ihrem Laptop im Kiosk getippt hatte, aus Langeweile, wenn sie ehrlich war? Das war doch … also nein. Das war doch ganz und gar unmöglich.

»Und was passiert jetzt?«, wollte sie vorsichtig wissen.

»Was jetzt passiert? Sie werden berühmt, Frau Renzi!«, rief Hülsenbeck laut und griff noch einmal nach seiner Champagnerflöte. »Und darauf stoßen wir an.«

Vera spürte, wie sich ihr Magen in Richtung Boden bewegte, als flöge sie gerade durch ein Luftloch. Sie schlug die Hand vor den Mund und musste sauer aufstoßen.

»Ist Ihnen nicht gut?« Hülsenbeck hatte das Glas wieder sinken lassen und sah sie eindringlich an. »Kann ich irgendetwas tun, Frau Renzi? Das alles ist möglicherweise etwas … überwältigend.«

»Sie … Sie müssen mir etwas versprechen«, hauchte Vera, der immer noch kotzübel war, und beugte sich über den Tisch zu ihrem Verleger.

»Alles, was Sie wollen!«

»Sie dürfen niemandem, nicht einmal dem Heiligen Vater, verraten, wer Lucia Barone ist. Niemals!«

»Aber … aber …« Auch Hülsenbeck wurde bleich. »Was ist denn mit der PR? Und den Lesungen? Wen schicke ich in die Interviews, wenn wir Anfragen bekommen? Und die werden kommen, Frau Renzi, verlassen Sie sich drauf.«

»Dann sagen Sie, Frau Barone sei nicht abkömmlich«, beschloss sie.

»Nicht abkömmlich?«

»Jawohl. Nicht zu erreichen. Inkognito. Herrgott, wenn es sein muss, sagen Sie halt, ich wäre im Zeugenschutzprogramm.«

Herr Hülsenbeck entgegnete nichts, starrte lange seinen Champagner an und nickte schließlich. »In Ordnung. Ich kann nicht sagen, dass ich überrascht bin, aber wir haben uns ja von Anfang an darauf verständigt, dass wir Ihre Identität schützen. Es wird nicht leicht, aber …« Sein Gesicht hellte sich auf. »Vielleicht macht ja auch gerade das den Reiz aus. Dass die Autorin nicht in den Talkshows und auf den Lesefestivals sitzt. Dass sie ein Phantom bleibt. Eine Unbekannte.« Er nickte heftiger. »Ja, je länger ich darüber nachdenke, desto besser gefällt mir die Idee.«

Vera konnte ihm nicht folgen, es war ihr aber egal. Ihr war immer noch schlecht, sie spürte Aufregung, Unwohlsein und Hunger in ihren Gedärmen gegeneinander kämpfen und verspürte keine Kraft, sich mit den Plänen ihres Verlegers auseinanderzusetzen.

»Dann hätten wir das ja geklärt«, gab sie stattdessen seufzend von sich und bemerkte Erleichterung in sich aufsteigen.

Hülsenbeck nickte wieder. »Noch eine Frage, Frau Renzi. Die wichtigste, um genau zu sein.«

Vera schluckte.

»Bis wann kann ich mit dem nächsten Manuskript rechnen?«

Sie erstarrte. »Wie meinen?«

»Na, Ihr Nachfolger! Jetzt, wo wir mit ›Antipasti d'Amore‹ so erfolgreich sind, wollen wir doch nicht schon wieder aufgeben, sondern den Fans so schnell wie möglich Nachschub liefern. Den *Secondo* servieren, wenn Sie verstehen, was ich meine.« Er lachte jovial.

»Fans?!«, rief Vera schrill.

»Natürlich! Sie haben Fans. Haben Sie sich die Rezensionen mal angesehen? Die Leserinnen überschlagen sich vor Begeisterung. Ihr Buch wird bereits in vielen Foren als Geheimtipp gehandelt.«

Sie spürte, wie ihre Wangen rot wurden. »Oh.«

»Und deswegen müssen wir jetzt auf die Tube drücken. Also Sie. Haben Sie schon eine Idee?«

»Eine … Idee?«

»Ja. Worum es in Ihrem nächsten Buch gehen wird.«

»Nein. Selbstverständlich nicht. Ich wusste ja bis eben nicht mal, dass ich ein zweites Buch schreiben werde.«

»Frau Renzi, Sie werden nicht nur ein zweites Buch schreiben – das sagt mir mein Bauchgefühl. Sie werden vom Schreiben leben können. Und ich vom Verlegen. Vielleicht miete ich Büroräume an. Oder stelle jemanden ein. Es ist ja alles so aufregend!«

Vera griff nach der Champagnerflasche im Kühler, zögerte einen Moment, als sie darüber nachdachte, ihr Glas wieder zu füllen, und setzte die Flasche schließlich direkt an die Lippen. Nach zwei Schlucken war die Flasche leer, Vera dafür noch schwindliger, und sie hickste.

»Halten Sie Ende März als Abgabe für realistisch?«

Sie überlegte. »Nächstes Jahr? Ja, das kann ich schaffen.«

Hülsenbeck lachte laut. »Nein, nicht nächstes Jahr. Dieses Jahr.«

»Verzeihung?«

»Frau Renzi!«

Sie schnaufte. Sammelte sich. Schloss die Augen und öffnete sie wieder. Dann sagte sie: »Juni. Frühstens.«

»Anfang April«, forderte ihr Verleger. »Bei Ihrem Naturtalent …«

»Mai. Mein letztes Wort.«

»Ach, ich habe ganz vergessen zu erwähnen, dass ich Ihnen nächste Woche endlich Geld überweisen kann. Da wären zum einen die Tantiemen aus dem ersten Buch sowie der überfällige Vorschuss, und dann würde ich Ihnen gern einen Vorschuss für das neue Werk zahlen. Sind 25 000 Euro in Ordnung? Sie bekommen dieselben Prozente wie bei ›Antipasti‹.«

Vera wurde wieder flau im Magen. Noch nie hatte sie so viel Geld verdient, geschweige denn auf ihrem Konto gehabt.

»Ende April kriege ich hin«, hauchte sie atemlos.

»So sei es!« Hülsenbeck drehte sich um. »Noch eine Flasche Champagner, bitte!«

8

So viel Geld. Auf einen Schlag. Für eine Arbeit, die sich nicht wie Arbeit anfühlte, sondern wie ein angenehmer Zeitvertreib.

Vera taumelte durch die Innenstadt von Düsseldorf. Sie war beschwipst vom Champagner, aber vor allem besoffen vor Glück und meinte, jeden Moment platzen zu müssen. Sie hatte etwas erschaffen – einen Roman, das ja, aber vor allem: etwas, das nur ihr gehörte, ihr allein. Es war ihr Triumph, ein stiller, leiser zwar, aber dennoch etwas, das sie nicht teilen musste. Ja, genau genommen nicht einmal teilen wollte!

Mit jedem Schritt, den sie durch die Fußgängerzone machte, fühlte sie sich besser. Beinahe kam es ihr vor, als würde sie sich Meter für Meter ein wenig von ihrem alten Ich entfernen. Von der Vera, die von ihren Kindern für einen liebenswerten Trottel gehalten wurde. Der Vera, die es ihrer Schwiegermutter nie recht machen konnte, egal, wie viele Silberlöffel sie polierte. Der Vera, die immer im Schatten ihres erfolgreichen Mannes stand, der die Familie versorgte, der ihr früher jeden Wunsch von den Lippen abgelesen hatte und ihr heute manchmal das Gefühl gab, sie sei ein Möbelstück: schon seit langem im Haus, irgendwie auch liebgewonnen und noch bequem, aber eben nichts Besonderes mehr.

Vera blieb vor einer schicken Modeboutique stehen und betrachtete nachdenklich die Kostüme im Schaufenster. Ihr war bewusst, dass sie eigentlich gar nicht der Typ Frau war, den ihr

Mann begehrenswert fand. Er mochte selbstbewusste Frauen, Frauen auf Augenhöhe – das hatte Vera heraushören können, wenn er in den vergangenen Jahren über Kolleginnen oder Kundinnen sprach. Und allzu oft hatte sie sich, wenn er wieder einmal in Lobeshymnen verfiel, gefragt: Warum ist er dann überhaupt mit mir zusammen, wenn er doch in Wahrheit auf Vollblutweiber steht, die sich mit ihm messen können?

Nun, offenbar war das, was sie beide verband, stärker als jede Attraktion. Und möglicherweise, hoffentlich, ach was: sicher schwärmte Carlo für diese Superfrauen, wusste aber insgeheim genau, was er an ihr, Vera, hatte.

Oder er … war es möglich, dass Carlo doch etwas in ihr sah – dass er schon immer gewusst hatte, wozu Vera in der Lage war? Hatte er ihr den Freiraum gegeben, den sie brauchte, um ihre Fähigkeiten selbst zu entdecken? Nach so vielen Jahren kannte man sich ja in- und auswendig … Den anderen manchmal besser als sich selbst. Konnte es nicht sein, dass Carlo nie irgendwelche Ansprüche an Vera gestellt hatte, weil er immer wusste, dass sie eines Tages über sich hinauswachsen würde, wenn sie den Platz dafür hatte?

Vera spürte ein tiefes Gefühl der Liebe und Zuneigung in ihrem Bauch und begann unvermittelt zu lächeln. Sie hatte es begriffen. Sie würde endlich aufhören, das hässliche Entlein zu sein, und sich zum wunderschönen Schwan mausern. Und dann, ja, dann würde sie wieder nach Düsseldorf fahren und in einer Boutique wie der, vor der sie gerade stand, ein Kleid kaufen, das Carlo den Atem raubte.

Bis dahin, nahm sie sich vor, würde sie aber Vera Renzi bleiben, Ehefrau, Mutter, Kioskbetreiberin und Hobby-Autorin. Eines nach dem anderen. Sie fühlte sich gut, sie fühlte sich gewachsen, und doch wusste sie, dass alle guten Dinge ihre Zeit brauchten. Bevor sie Carlo in ihrer neuen Pracht gegenübertreten wollte, würde sie mit ihm über »Antipasti d'Amore« sprechen – und den Folgeauftrag.

Worüber sollte sie nur schreiben? Vor einigen Tagen war ihr eine lustige Meldung in der Zeitung in die Hände gefallen. Eine Chocolaterie in der Schweiz, bekannt für ihre außergewöhnlichen Pralinés und Schokoladenkunstwerke, hatte sich an einer Interpretation des Osterhasen versucht. Unter dem Namen »Fifty Shades of Easter« hatte der Süßwarenhersteller Osterhasen im Sadomaso-Stil in das Schaufenster gestellt: mit blankem Busen, Augenbinde und gefesselten Pfötchen. Als Vera die Bilder der Hasen sah, die in Luzern für Aufsehen und Erregung gesorgt hatten, kam sie sofort auf eine Idee. Wie wäre es mit einer Geschichte über eine Frau, eine Chocolatiere, die diese anzüglichen Häschen erfindet und es sich dabei mit der halben Stadt verscherzt, während die andere Hälfte der Stadt gar nicht genug von den versauten Schokohasen bekommen kann …

Ja, vielleicht war genau das der Stoff, aus dem sie ihren nächsten Roman basteln konnte. Viel Zeit, sich etwas anderes zu überlegen, blieb Vera ohnehin nicht, denn die Abgabe des Manuskripts war gefühlt schon übermorgen. Bei dem Gedanken spürte sie Nervosität in sich aufsteigen, und die altbekannte Sorge, dass sie den Erwartungen nicht gerecht werden würde. Was, wenn sie den Roman nicht so schnell fertig bekam? Oder sie eine Schreibblockade heimsuchte? Kam ja immer wieder vor, dass Künstler und Kreative plötzlich in einem großen, dunklen Loch endeten, in das sich keine einzige Idee mehr hineinverirrte. Und dann? Dann würde sie Hülsenbeck enttäuschen müssen, aber nicht nur ihn. Auch ihre Leserinnen. (Allein die Vorstellung, dass es Leserinnen gab, denen sie ein Possessivpronomen verpassen konnte: *ihre.*) Und all diejenigen, die von ihrem sensationellen Überraschungserfolg wussten. Dann würde es heißen: Schuster, bleib bei deinen Leisten, war doch klar, dass du so einen Erfolg nicht noch einmal wiederholen kannst, Vera, du naive Kuh …

Sie atmete tief ein. Nein, heute war nicht der richtige Tag, um sich den Kopf über ihr mögliches, wahrscheinliches Scheitern zu zerbrechen. Heute war viel zu besonders, zu funkelnd und einzigartig – das würde und wollte sie nicht durch ihre Selbstzweifel zerstören.

Vera wandte sich vom Schaufenster ab und sah sich um. Auf der gegenüberliegenden Straßenseite leuchtete der Schriftzug eines eleganten, hochpreisigen Kaufhauses. Dort würde sie jetzt hineingehen und sich alle Mühe geben, sich nicht wie eine verirrte Hausfrau vom Land zu fühlen, sondern wie die Bestsellerautorin, die sie seit heute war. In ein paar Wochen war Ostern, und sie brauchte noch Geschenke für die Familie. In Italien wurde dieses Fest ja frenetischer gefeiert als in jedem anderen Land, das sie kannte, weshalb es bei den Renzis auch dazugehörte, sich größere Geschenke zu machen als an Weihnachten. Normalerweise konnte Vera dabei keine großen Sprünge machen, aber sie wusste ja, dass bald richtig Geld reinkommen würde – also wollte sie ihren unverhofften Reichtum mit denen teilen, die ihr am liebsten waren.

Sie riss sich los und marschierte mit strammen Schritten auf den Eingang des Kaufhauses zu. Das Licht aus dem Inneren schimmerte golden, und als Vera die Tür aufstieß, wurde sie vom herrlichen Odeur eines teuren Raumdufts und einem Herrn in dunklem Anzug und mit grüner Fliege begrüßt. Er legte den Kopf zur Seite und lächelte sie freundlich an, als sie eintrat, und hatte sogar den Anstand, den Blick nicht über ihr etwas bieder wirkendes Outfit wandern zu lassen, vor allem im Vergleich zu den Damen in Nerz, Pelz und was man sonst noch so alles erlegen konnte.

»Herzlich willkommen«, säuselte er stattdessen und wies mit der Hand in Richtung der funkelnden Vitrinen und Tische, auf denen Kaschmirpullover, edle Seidenschals und kokette Hüte ausgestellt waren.

Vera verlangsamte ihren Schritt und schlenderte mit großen Augen durch die Ausstellung. Ihre Finger strichen über die kostbaren Stoffe, die hochwertigen Intarsien und das zarte Leder, sie nahm jede Empfindung überdeutlich wahr und musste ein aufgeregtes Frösteln unterdrücken.

»Einen wunderschönen guten Tag«, flötete in diesem Augenblick eine Stimme, die zu einer matronenhaften Verkäuferin mit riesigem Busen gehörte, auf dem eine Perlenkette ruhte. Sicher echt. »Darf ich Ihnen behilflich sein? Oder wollen Sie sich nur umsehen?«

Vera knetete etwas verlegen die Hände. »Ich bin auf der Suche nach Geschenken für meine Familie. Für Ostern.«

»Wie wunderbar! Haben Sie etwas Bestimmtes im Kopf?«

»Äh ...« Vera zögerte. Sie erinnerte sich daran, dass ihre Tochter etwas von einem neuen Handy gesagt hatte. Und wollte Federico nicht eine Spielekonsole? Ob man so etwas in diesem Kaufhaus bekam? Eher nicht. Dafür musste sie dann wohl noch in einen Elektrofachhandel oder einen dieser riesigen Märkte, in denen Federico immer ganz aufgeregt wurde. Oder Lennard Nothnagel fragen, ob er ihr bei der Online-Bestellung half (wie jedes Mal, wenn es ein Update in der Software ihres Abrechnungsprogramms im Kiosk gab, was sie an den Rand eines

Nervenzusammenbruchs beförderte, den Lennard mit einer Papiertüte zum Atmen und seiner ruhigen, nachsichtigen Art doch stets zu verhindern wusste). Aber für die Nonna und Carlo würde sie hier doch sicher etwas finden.

»Haben Sie italienische Damenschuhe? Ich möchte meiner Schwiegermutter ein besonderes Geschenk machen. Sie kommt aus Rom.«

Das Gesicht der Verkäuferin erhellte sich. »Aber natürlich! Darf ich Sie in die Abteilung begleiten? Was genau suchen Sie denn? Und kennen Sie die Größe? Falls nicht, ist das kein Problem, wir gewähren unseren Kunden vier Wochen Rückgaberecht. Falls der Schuh also doch drückt«, sie lachte jovial und stupste Vera leicht an, während sie sie behutsam in den hinteren Teil des Ladens lotste, »können Sie einfach mit Ihrer lieben Schwiegermutter herkommen und sich ein anderes Paar aussuchen. Schauen Sie mal hier.« Die Verkäuferin griff zu einem klassischen, wenn auch etwas langweiligen Halbschuh in Cognacbraun, welcher der Nonna garantiert gefallen würde. »Kalbsleder, ganz weich und doch sehr strapazierfähig. Gibt es auch mit kleinem Absatz …«

Es dauerte nicht lange, und Vera hatte sich für ein Paar Schuhe für die Nonna entschieden und der Verkäuferin, sie hieß Margit Bäuerlein, von ihrem Mann und den Kindern erzählt, denen sie dieses Jahr eine besonders Freude machen wollte. Margit Bäuerlein war gut in ihrem Job, denn sie schien Veras Gedanken lesen zu können, beriet sie fachkundig, ließ die Waren, für die Vera sich entschieden hatte – das wunderschöne Paar Schuhe für die Nonna, einen schweineteuren Füllfederhalter für Carlo und ein unauffälliges, aber sehr schönes Notizbuch für sich selbst –, an die Kasse bringen, so dass Vera nie das Gefühl hatte, es zu übertreiben bei ihrem Einkauf.

Mit zwei vollen Tüten in der Hand verließ sie das Kaufhaus und machte sich auf den Weg zum Auto. Die Fußgängerzone hatte sich gefüllt, sie begegnete jungen Familien mit Kinderwagen, Paaren, die Arm in Arm oder Hand in Hand an ihr vorbeischlenderten, älteren Herrn in Kamelhaarmänteln. Und bei jedem Einzelnen fragte sie sich: Bist du einer der dreitausend Käufer und Leser meines Buches?

Sie war schon beinahe am Parkplatz angekommen, da blieb sie unvermittelt vor einer Buchhandlung stehen. Ob sie ... Nein. Das wäre ja eitel. Und noch dazu äußerst riskant. Was, wenn man sie erkannte – weil sie sich verriet? Obwohl sie wirklich kein gesteigertes Interesse daran hatte, jemandem zu erzählen, dass sie Lucia Barone war, war die Anspannung in ihrem Körper beinahe nicht auszuhalten. Sie wollte es jemandem sagen, sie *musste* es jemandem sagen ... Und vielleicht lieber jemand Fremdem als einer Person, die sie kannte?

Bevor Vera es sich anders überlegen konnte, hatte sie die Buchhandlung betreten und steuerte zielsicher auf das Regal mit den Bestsellern zu. Veras Herzschlag setzte für einen Moment aus. Tatsächlich. Hülsenbeck hatte nicht gelogen. Da stand ihr Buch – auf Platz fünfzehn! Eingebettet zwischen den Profis, den richtigen Autorinnen und Autoren. Das Cover hob sich eindrücklich von den anderen ab, es wirkte elegant und zugleich verwegen, geheimnisvoll und doch ... ja, ansprechend.

Veras Herz hatte sich wieder in Gang gesetzt und klopfte ihr nun bis zum Hals. Langsam, fast in Zeitlupe, streckte sie die Hand aus, um das Cover zu berühren, die Finger über die geprägten Buchstaben des Titels fahren zu lassen ...

Jemand rempelte sie an.

»Oh, Entschuldigung, ich habe Sie nicht gesehen«, sagte eine

Frau in den Fünfzigern und wandte sich gleich darauf ihrer Freundin zu, die sie im Schlepptau hatte. »Ich sage dir, du *musst* das lesen! Es ist unglaublich gut geschrieben, eine wunderschöne Liebesgeschichte mit der nötigen Prise … na ja, du weißt schon.«

Dann griff sie – Vera konnte ihren Augen nicht trauen – nach »Antipasti d'Amore« und zog es aus dem Regal. Vera hickste, schlug sich die Hand vor den Mund. Sie begegnete gerade ihrer ersten Leserin. Und die wusste nicht einmal davon.

»Die Geschichte handelt von einer Frau, die ein Restaurant in Rom hat, und einem Kritiker, der sie zerreißt, so dass sie dichtmachen muss. Die beiden beginnen eine leidenschaftliche Affäre, es geht richtig zur Sache«, schwärmte die Frau ihrer Freundin vor, die ganz rote Ohren bekam. Dann senkte die Frau die Stimme: »Ich kann dir sagen, seitdem ich das Buch gelesen habe, schaue ich meinen Jürgen mit ganz anderen Augen an. So richtig lecker ist der plötzlich. Der weiß vermutlich gar nicht, was mit mir los ist!« Sie kicherte und drückte der Freundin Veras Buch in die Hand, die es unauffällig in ihrem Einkaufskorb verschwinden ließ.

»Ich bin gespannt! Ist es auch was für unseren Buchclub?«

Vera riss die Augen auf und drehte sich schnell zur Seite. Die Vorstellung, dass man ihre Geschichte in einem Buchclub besprach … Sie schauderte vor Glück.

»Aber absolut! Viel besser als dieses Ding aus Amerika«, plapperte die Frau weiter. »Ich würde ja zu gern wissen, wer die Autorin ist. Wie sie aussieht. Es ist kein Foto von ihr im Buch, und im Internet findet man rein gar nichts über sie.«

Vera verschluckte sich und fing an zu husten.

»Geht es Ihnen gut?«, wollte die Frau wissen und begann damit, Vera auf den Rücken zu klopfen.

»Ja, ja, alles in Ordnung«, krächzte sie, während sie überlegte, ob sie ihre Leserin nach Einzelheiten fragen sollte. Was hatte ihr gefallen? Wo gab es Raum für Verbesserungen? »Sagen Sie, dieses Buch …«, begann sie zögerlich.

»›Antipasti d'Amore‹? Das müssen Sie lesen!«, sagte die Frau jubelnd.

Vera spürte, wie ihr die Röte in die Wangen schoss. »Was genau … also was hat Ihnen denn daran gefallen?« Es interessierte sie so sehr, mit einer anderen Frau darüber zu sprechen. Bisher kannte sie ja nur Hülsenbecks Meinung.

Die Frau überlegte nicht lange. »Na, einfach alles! Die Story, die Figuren, die Romantik … und die tollen Rezepte darin.« Sie beugte sich verschwörerisch zu Vera vor. »Ich weiß ja nicht, ob Sie schon mal ein erotisches Menü für jemanden gekocht haben, aber ich kann Ihnen sagen! Die Gerichte im Buch haben es richtig in sich.«

Vera konnte nicht anders: Sie musste lächeln. Genauer gesagt wie ein außer Kontrolle geratenes Honigkuchenpferd grinsen. Sie hatte das Gefühl, die ganze Welt umarmen zu wollen. Weil die Welt aber nicht zur Verfügung stand, stattdessen jedoch diese Leserin direkt vor ihr, machte sie einen Schritt nach vorn, breitete die Arme aus und fiel der unbekannten Frau um den Hals.

»Danke«, hauchte sie der Dame ins Haar, die etwas überrumpelt anfing, Vera die Schulter zu tätscheln.

»Ja. Nichts zu danken«, murmelte die Frau. »Ich teile gern meine Leseerfahrungen.«

Vera löste sich von der Fremden, nickte noch einmal entschieden und sagte mit leuchtenden Augen: »Ich wünsche Ihnen einen famosen Tag.« Dann drehte sie sich um und ging davon – und fühlte sich zum ersten Mal in ihrem Leben wie eine Königin.

9

»Vera? Hallo?«

Sie schrak zusammen, klappte vor Schreck den Laptop zu und sah auf. Vor dem Tresen stand Guntero und lächelte sie aufmunternd an.

»Huch, ich habe dich gar nicht gesehen«, murmelte Vera verlegen. »Stehst du schon lange hier rum?«

Er zuckte mit den Achseln. »Na ja, vielleicht so eine halbe Minute. Du schienst ja sehr … vertieft.«

Sie bemerkte, dass sie rot wurde. Tatsächlich war sie inmitten einer Online-Recherche zum Thema Sadomaso-Osterhasen (denn immerhin die Suchmaschinen konnte sie mittlerweile einigermaßen sicher bedienen). Sie war eigentlich nicht verklemmt, aber *dabei* wollte sie sich nun wahrlich nicht über die Schulter gucken lassen. Vor allem nicht von einem Kunden. Obwohl Guntero mehr als ein normaler Kunde war. Eher ein Freund. Oder ein Kollege – nur dass er nichts von seinem Glück wusste. Er dachte ja immer noch, sie schriebe einfach nur aus Jux und Tollerei … nun ja, so hatte es im Grunde ja auch angefangen. Dass sie in der Zwischenzeit einen Verlag gefunden, einen Roman veröffentlicht und versehentlich auf die Bestsellerliste eingestiegen war, davon wusste Guntero genauso wenig wie alle anderen.

Vera richtete sich auf und lächelte. Sie freute sich über seinen Besuch – auch wenn sie wusste, dass ihr nun eine weitere

Stunde für die Entwicklung des Plots fehlen würde. An ihrem zweiten Manuskript konnte sie nämlich nur während ihrer Arbeitszeiten im Kiosk arbeiten. Zu Hause war die Atmosphäre nicht nur unkreativ, sondern geradezu verstörend. Die Nonna pflaumte sie dieser Tage besonders häufig an, sogar für Dinge, für die Vera nun wirklich nichts konnte, beispielsweise Federicos Vier in Sport, die er nur deswegen bekommen hatte, weil er seine ganze Energie in den Liebeskummer statt in den Hürdenlauf steckte, oder die Tatsache, dass Fabiola sich weigerte, mit der Oma in deren Muttersprache zu reden. Wenn Nonna Gina normalerweise jede Frechheit der Kinder mit einem »Lass sie doch!« abtat, war für die Dinge, die ihr wichtig waren, mit einem Mal Vera verantwortlich. Es war genauso himmelschreiend unfair, wie es auf irrwitzige Art beliebig war.

Carlo hatte Vera auch schon seit einer Weile nicht mehr gesehen. Am Wochenende nach ihrem Ausflug nach Düsseldorf war er mit Freunden Segeln gegangen. Da Vera selbst auf einer Luftmatratze im Pool seekrank wurde, ging sie nie mit Segeln, und eigentlich war es im März auch noch ziemlich frisch, vor allem an der Nordsee. Aber gut – *sie* musste sich ja nicht die Zehen abfrieren! Kaum dass er am Sonntagabend nach Hause gekommen war, hatte er auch schon wieder gepackt, ihr von einer vielversprechenden Kooperation mit einem Delikatessenhändler aus Belgien erzählt und war gleich am nächsten Morgen nach Antwerpen aufgebrochen. Wieder hatte es keine Gelegenheit gegeben, ihm von »Antipasti d'Amore« zu erzählen – denn zwischen Tür und Angel wollte Vera nun wahrlich nicht blankziehen. Doch sie war guter Dinge. Es würde schon noch der richtige Moment für die große Offenbarung kommen, und dann würde ihr Ehemann Bauklötze staunen!

»Schreibst du an deinem Buch?«, wollte Guntero wissen und sah Vera neugierig an.

»An meinem Buch? Ja, nein, ich meine, nein, ich mache Buch...haltung«, faselte Vera, sprang von ihrem Stuhl auf und lief in die winzige Küche im Hinterraum, auf dem sich ein elektrischer Zweiplattenherd befand. Stammkunden wie Guntero bot Vera gern einen Cappuccino an, weshalb sie nun zur kleinen Bialetti griff, sie auseinanderdrehte und mit Wasser und Espressopulver befüllte. »Aber ich habe da mal eine Frage!«, rief sie in den Verkaufsraum.

»Immer raus damit.«

»Wenn du eine Idee hast, für einen Roman, meine ich, wie gehst du dann vor? Fängst du einfach an mit dem Schreiben? Oder machst du dir eine Kapitelübersicht?«

Sie hing fest in ihrem Plot. Zwar wusste sie schon, wie ihre Hauptfigur heißen würde und in welchem erotischen Verhältnis sie zum Bürgermeister der Stadt stand, in Sachen Dramaturgie fühlte Vera sich aber wie eine Sextanerin, die zum ersten Mal in der »Bravo« blätterte. Bei »Antipasti d'Amore« hatte sie einfach den Handlungsbogen aus dem Kurs der VHS genommen und auf ihre Geschichte übertragen. Aber das konnte man doch nicht immer so machen. Oder? Würden dann nicht alle Romane gleich klingen?

»Das fragst du ausgerechnet mich?«, wollte Guntero lachend wissen. »Du weißt doch, ich mache eine Wissenschaft aus meinem Roman. Ich habe mehr recherchiert, als einem einzigen Menschen guttut, und mir so viele Gedanken über die Figuren gemacht, dass ich manchmal glaube, sie wären echt.«

»Das beantwortet nicht meine Frage«, erwiderte Vera lächelnd und schlüpfte an ihm vorbei, um einen Liter Milch zu holen.

Guntero seufzte und strich sich über den Schnurrbart. Warum er an dem Ding hing, war Vera ein Rätsel. Nur ein einziges Mal hatte sie Guntero vor einigen Jahren ohne Schnauzer gesehen – dank eines Rasierunfalls – und hatte gedacht: gar nicht mal so schlecht ohne die Bürste. Oder *Il Schnoretti*, wie Federico den Schnauzbart heimlich nannte, weil Guntero ja halber Italiener war.

»Ich glaube, es ergibt schon Sinn, wenn man die Handlung erst mal auf die Kapitel aufteilt und sich dann ans Schreiben setzt«, sagte Guntero langsam. »Zumindest in der Theorie. In der Praxis pfeif ich drauf und tippe einfach drauflos.«

Was wohl der Grund war, weshalb er bereits tausendeinhundert Seiten fabriziert und laut eigener Aussage gerade einmal mit der Exposition fertig geworden war. So gern Vera Guntero hatte, sie hoffte inständig, er würde sie niemals darum bitten, sein Mammutwerk zu lesen.

»Ich frage mich, wie das die anderen Autoren machen«, dachte Vera laut nach. »Also die richtigen.«

»Moment, Moment, was ist denn ein ›richtiger‹ Autor?«, wollte Guntero wissen.

»Na, einer, der davon leben kann. Der regelmäßig schreibt.«

Guntero verkniff den Mund, und Vera konnte ihm ansehen, dass er sich gerade von der Liste der möglichen »richtigen« Autoren strich. Dann hob er die Augenbrauen. »Kennst du zufällig ›Antipasti d'Amore‹?«

Vera hätte beinahe die Milch fallen lassen. »Wie bitte?«, hauchte sie matt und spürte, wie sich ihr Zwerchfell unheilvoll zusammenknüllte.

»Das ist mir neulich in die Hände gefallen, ein Kollege hat es in einer Literaturkolumne besprochen.«

»In einer … was?!« Sie spürte, wie ihre Hände zu zittern begannen. Man besprach ihr Buch … nicht nur in irgendwelchen privaten Buchclubs oder über den Gartenzaun hinweg? Öffentlich? Sie hickste.

»Einer Kolumne. Er hat sie seit Jahren und rezensiert darin alles Mögliche, von hoher Literatur bis zum leichten Urlaubsroman. Jedenfalls hat er dieses Buch gelesen und darüber geredet, und er war so begeistert, dass ich es mir gekauft habe.«

Vera stand vor dem Zweiplattenherd und starrte auf die Milch, die im Topf zu sieden begann. Das war ja völlig unglaublich. Und wie groß war bitte der Zufall, dass ausgerechnet ein Kollege von Guntero ihr Buch las und bewertete, noch dazu gut, und Guntero diese Bewertung anschließend mitbekam?

»Ich muss sagen, für einen Liebesroman ist das richtig gut gemacht«, fachsimpelte Guntero weiter. »Dieses Genre ist eigentlich nicht so meins. Ich finde die Handlung oft so … erwartbar. Man weiß ja, dass sich das Paar am Ende immer kriegt, und da frage ich mich schon manchmal, warum liest man es dann?«

Vera schwieg. Sie würde ganz sicher nicht mit jemandem wie Guntero über die Sinnhaftigkeit von Liebesromanen diskutieren. Was wusste er bitte von dem Vergnügen, sich in einer richtig schönen romantischen Geschichte völlig zu verlieren, mit den Figuren mitzuleiden, ihre Dummheiten zu verfluchen und sich mit ihnen zu freuen, wenn sie sich endlich in die Arme sanken …

»Aber dieses Buch«, fuhr Guntero fort, denn er hatte Veras Gedanken natürlich nicht gelesen, »ist anders. Ein kluger Aufbau, interessante und glaubwürdige Charaktere, und die Handlung regt … die Gedanken an. Sagen wir mal so.«

Täuschte sie sich, oder wirkte Guntero mit einem Mal verlegen? Veras Finger krallten sich an der Küchenarbeitsplatte fest, und ein weiteres Hicksen entrang sich ihrer Kehle.

»Wwwwer …« Vera musste sich arg konzentrieren, um die Worte herauszupressen. »Wer ist denn die Autorin?«

Guntero zuckte mit den Schultern. »Keine Ahnung. Eine Deutsche mit italienischen Wurzeln, heißt es in der Biographie. Lucia Barone. Ich habe nichts im Netz über sie gefunden.«

»Ach nein?« Sie spürte, wie sich das leise Gefühl der Erleichterung in ihr breitmachte.

»Nein.« Guntero zog sein Smartphone aus der Tasche. »In den Foren und Blogs rätseln sie schon, wer diese Lucia Barone sein könnte. Es gibt mittlerweile sogar ein Hashtag: #weristlucia.«

Vera wusste dank Fabiola so ungefähr, was ein Hashtag war. Und dass es nun einen gab, der sich um die Identität der Autorin drehte, die unglücklicherweise sie selbst war, ließ sie kurz nach Luft schnappen. Ihr Herz schlug schneller, und die Nervosität kehrte mit der Wucht eines Paukenschlags und drei Schluckaufhicksern direkt hintereinander zurück. »Und du weißt auch nicht, wer sie ist?«

»Nein, wie gesagt. Ich habe schon recherchiert …«

O Gott, bitte nicht!, dachte Vera.

»… jedoch nichts gefunden. Vielleicht schreib ich mal den Verlag an und frage nach einem Interview. Das zieht eigentlich immer, denn auf die Presse will normalerweise keiner verzichten.«

Doch, ich!, hätte Vera am liebsten gerufen, biss sich aber rechtzeitig auf die Lippen.

»Und was ist überhaupt mit dir los?«, fragte Guntero unvermittelt.

Sie riss den Kopf herum. »Mit mir? Wieso?«

Mit einem Kopfnicken deutete er auf den Topf auf dem Zweiplattenherd. »Die Milch.«

»Welche Milch?«

»Deine Milch kocht über.«

»Ach du je.« Hastig zog Vera den Topf von der Platte, aber die Sauerei war schon episch. Der Geruch von verbrannter Milch stieg ihr in die Nase, und mit hektischen Handbewegungen versuchte sie, die Flüssigkeit im Topf abzukühlen. Natürlich war ihr klar, dass kein Milchschäumer der Welt dieses traurige Etwas noch irgendwie retten könnte. Im selben Moment begann die Bialetti einen hohen Pfeifton von sich zu geben, und heißer Kaffee brodelte aus der kleinen Öffnung.

Guntero drängte sich neben Vera, berührte sie an der Hüfte und schob sie vorsichtig zur Seite. »Du bist ja völlig durch den Wind.«

Vera blinzelte. Die Berührung von Guntero hatte sich sehr merkwürdig angefühlt. Ganz fremd und gleichzeitig angenehm vertraut. Was war nur los mit ihr? Wieso reagierte sie so sensibel auf seine Nähe? Sie hatten doch schon hundert-, ach was, tausendmal nebeneinander oder voreinander gestanden, ohne dass sie seine Anwesenheit so überdeutlich gespürt hatte! Sicher lag das an ihrer allgemeinen Gereiztheit. Sie befand sich in einer Art dauerhaftem Erregungszustand, seitdem »Antipasti d'Amore« derart sichtbar geworden war. Vielleicht sollte sie doch aufhören, solche Geschichten zu erfinden, und sich eher auf sterbenslangweilige Gedichte konzentrieren, die sich nicht reimten.

»So, und jetzt geh mir mal aus den Füßen, ich übernehme ab hier«, beschloss Guntero und wedelte sie aus dem Hinterzimmer. »Du kannst dir ja mal die Rezensionen von diesem Buch durchlesen. Vielleicht ist es ja auch was für dich. Ich kann es dir ausleihen, wenn du magst.«

Verwirrt und ermattet sank Vera auf den Stuhl hinter dem Tresen und klappte den Laptop wieder auf. Das Dokument mit ihrem Plot für Roman Nummer zwei speicherte sie ab, dann öffnete sie den Browser und gab in die Suchleiste »Antipasti d'Amore Rezensionen« ein.

Die Kinnlade fiel ihr auf die Brust, als sie sah, wie viele Menschen ihr Buch bereits gelesen und ihre Meinung dazu im Internet kundgetan hatten. Es waren Hunderte. Und die meisten schienen wirklich begeistert.

Toll geschrieben, eine spannende, prickelnde Geschichte – bitte mehr davon!, schrieb zum Beispiel eine Person mit dem Namen Leseratte1983.

Absolute Suchtgefahr!, meinte eine andere.

Blümchensex für frustrierte Hausfrauen, verkündete Hotlikefire69, und allein die Überschrift der Rezension versetzte Vera einen Stich.

Sie zögerte. Am liebsten hätte sie sich sofort auf die Meinung von Hotlikefire69 zu ihrem Roman gestürzt, denn sie platzte fast vor Neugier. Aber sie befürchtete, dass die vermutlich negative Rezension ihrem Ego nicht nur ein paar Kratzer verpassen würde, sondern aus ihrer zarten, jungen Schriftstellerseele womöglich einen Totalschaden machte. Im Grunde wusste sie, dass sie ja nicht jeden Gusto treffen konnte, den es auf diesem Planeten gab. Also warum sich mit Leuten aufhalten, die nichts Nettes zu »Antipasti« zu sagen hatten?

Vera riss sich los und scrollte weiter nach unten. Ihre Augen flogen über die Bewertungen, die fast nur noch Komplimente und Freundlichkeiten beinhalteten, während sich in ihrem

Bauch eine angenehme Wärme ausbreitete. Noch nie waren Wildfremde, Menschen, die sie nicht kannte, so nett zu ihr gewesen. Vera erwischte sich bei dem Gedanken, dass sie sicher nicht mehr so begeistert wären, wenn sie die echte Autorin kennenlernen würden. Doch dann setzte sie sich aufrecht hin, legte die rechte Hand auf ihr klopfendes Herz und sagte in Gedanken zu sich: Doch, *ich* bin gemeint. Es ist mein Buch, und es scheint verdammt gut zu sein. Das wohlige Gefühl im Magen wurde von einem aufgeregten Flattern abgelöst, und Vera spürte, wie sich die Euphorie in alle Fasern ihres Körpers ausbreitete.

»Das klingt ja wirklich toll«, murmelte sie leise, als Guntero eine Tasse mit Cappuccino vor ihr abstellte.

»Zu Recht.« Er grinste. »Ich bring dir das Buch morgen vorbei.«

»Ach, nein«, erwiderte Vera. »Ich kauf es mir lieber. Wir Autoren müssen ja zusammenhalten.«

Guntero lachte, nickte und trank einen Schluck von seinem Cappuccino. Als er die Tasse wieder sinken ließ, sah Vera, dass etwas Milchschaum in seinem Schnorres hing.

»Du hast da was«, sagte sie und zeigte mit dem Finger auf sein Gesicht.

Er strich sich verlegen über den Bart. »Findest du, ich sollte mich trennen?«

»Von deinem Schnauzbart?«

Guntero wirkte überrascht. »Ich dachte eigentlich von meinem Roman. Was stimmt nicht mit dem Schnauzbart?«

»Ich ...« Sie senkte den Blick und starrte auf den Milchschaum in ihrer Tasse. Er war perfekt. »Mit dem Schnauzbart ist alles in Ordnung. Er gehört zu dir. Und man soll doch an dem festhalten, was man liebgewonnen hat, oder?«

Guntero sah sie lange an. »Oder gerade nicht. Damit Platz für Neues entsteht.«

Und mit einem Mal wusste Vera nicht mehr, ob Guntero nun über seine Oberlippenbehaarung, seinen Roman oder doch etwas ganz anderes sprach.

Aprile

10

Einhundertfünfzig Seiten – in drei Wochen. Das war neuer Rekord. Vera hatte die erste Hälfte ihres neuen Romans »I Dolci della Seduzione« gerade mit klopfendem Herzen an Manfred Hülsenbeck geschickt. An den letzten Kapiteln hatte sie noch einmal die halbe Nacht herumgeschraubt, weil sich Emilia, die hübsche Chocolatiere mit den frivolen Osterhasen, und Urs, der Bürgermeister, einander viel zu schnell bekommen hatten. Also hatte Vera sich am Abend, als die Nonna, Federico und Fabiola endlich im Bett gewesen waren, noch einmal an den Schreibtisch ihres Mannes gesetzt, den Laptop aufgeklappt und ihren Hauptfiguren noch ein paar Steine in den Weg gelegt.

Sie atmete tief aus, klappte den Deckel des Laptops wieder zu und streckte sich. Der Morgen brach bereits an, irgendwo vor dem Fenster zwitscherte ein Vogel. Vera sah auf die Uhr. Es war Viertel vor fünf. Jetzt musste sie sich auch nicht mehr hinlegen. Und selbst wenn sie es tat, um spätestens sieben wäre sie wieder hellwach, weil die Kinder durchs Haus polterten und ihre Schwiegermutter garantiert mit einer sehr lautstarken Haushaltstätigkeit beginnen würde, einfach nur um Vera zu ärgern.

Sie lehnte sich im Stuhl zurück und ließ den Blick in die fahle Morgendämmerung wandern. Das war ein guter Arbeitsplatz, den Carlo da hatte, mit Sicht auf die begrünten Hinterhöfe und eine große Linde, die hoch über das Nachbarhaus aufragte.

Warum saß er hier so selten? Ja, warum war er überhaupt so selten zu Hause?

Sie runzelte die Augenbrauen. Wann hatte sie ihren Mann das letzte Mal gesehen? War er schon wieder auf einer Geschäftsreise? Er machte dieser Tage ziemlich viele Geschäftsreisen. Vera kniff die Augen zusammen und überlegte. Letzte Woche Luxemburg, danach Frankreich, die Schweiz ... vielleicht war er ja in Luzern gewesen und hatte die versauten Osterhasen gesehen. Möglicherweise hatte er sich darüber amüsiert. Oder sie als süße Schweinerei abgetan. Würde er ihr eventuell sogar einen mitbringen?

Früher, als sie noch jünger und verliebter gewesen waren, hatte er ihr oft etwas von seinen Reisen mitgebracht. Kleinigkeiten wie ein goldenes Armband, hauchzart und feingliedrig, oder eine kulinarische Spezialität aus der jeweiligen Stadt. Nürnberger Lebkuchen. Lübecker Marzipan. Oder eine Kanelsnegl aus Kopenhagen. Doch das war lange her. Genau wie die Sehnsucht, mit der sich Vera nach ihrem Mann verzehrt hatte. Drei Tage, eine Woche hatten sich vor Jahren wie eine Ewigkeit angefühlt. Sie hatte die Nächte gezählt, bis Carlo wieder heimkehrte, die Stunden der Tage hatten sich wie Kaugummi gezogen. Sie hatte seinem Geruch entgegengefiebert, dem Schnarchen auf der anderen Seite des Bettes, seinen weichen Lippen und seinem sie in der Nacht wärmenden Körper.

Und wie war es jetzt? Seine Besuche fühlten sich nicht wie ein Heimkehren, sondern wie eine Stippvisite an. Tür auf, großes Hallo, Tasche neu packen, Essen herunterschlingen, Zeitung lesen, und schon war er wieder raus aus der Tür.

Vera kaute an ihrer Unterlippe. Wann hatten sie und ihr Mann eigentlich das letzte Mal Zeit miteinander verbracht? Wirklich miteinander verbracht, ungeteilt, ohne die Kinder, ohne die »Gazzetta dello Sport« und vor allem ohne sein Handy in der Hand? Wann war zuletzt eine Gelegenheit gewesen, einmal in Ruhe mit Carlo zu sprechen? Warum war er immer unterwegs? Floh er vor der Familie – oder vor ihr?

Und wann, fragte sich Vera plötzlich, und eine kalte Hand legte sich um ihr Herz, wann hatten sie beide eigentlich das letzte Mal Zärtlichkeiten ausgetauscht? Sich geküsst, sich umarmt, sich geliebt? War das Monate her – oder schon Jahre?

Sie kramte in ihrem Gedächtnis, suchte nach einem Ereignis in der Vergangenheit. Er und sie im Bett, innig, leidenschaftlich, sinnlich ... aber so sehr sie auch grübelte, es fiel ihr einfach nicht mehr ein. Ja, da waren Erinnerungen, an damals, als sie die Finger nicht hatten voneinander lassen können, selbst nach der Geburt der Kinder. Es stimmte, was man über die Italiener sagte, sie waren feurige Liebhaber, die sich nicht zweimal bitten ließen. Doch wie lange war es her, dass Vera ihn *gebeten* hatte? Ihn eingeladen, in ihr Bett zu kommen?

Vera stemmte sich aus dem Schreibtischstuhl hoch und strich sich müde die Haare aus der Stirn. Die Erkenntnis, dass sie sich viel zu lange nicht um ihre Ehe gekümmert hatte, dass sie ihren eigenen Interessen nachgegangen war und Carlo hatte gewähren lassen, vielleicht sogar froh gewesen war, dass er sich selbst genug zu sein schien, wog schwer auf ihren Schultern.

In Situationen wie diesen gab es meist nur zwei Dinge, die halfen: eine heiße Dusche und einen noch heißeren Cappuccino. Also verließ Vera das Arbeitszimmer ihres Mannes, schlich ins Bad und entkleidete sich leise. Sie hatte gerade die Duschtür geöffnet, als die Badezimmertür aufschwang und ihr siebzehnjähriger Sohn verschlafen in den Raum trat. Als er seine nackte

Mutter sah, riss er die müden Augen auf, und sein Kopf wurde rot wie ein Feuermelder.

Vera versuchte, schnell ihre Blöße zu bedecken.

»Mama! Warum …?« Federico schlug sich hektisch atmend die Hände vors Gesicht.

Hastig grapschte sie nach einem Handtuch, um es sich um den Leib zu wickeln. Es war aber leider eines dieser Gästehandtücher, viel zu klein, um ihren Körper auch nur ansatzweise zu verhüllen.

»Warum schließt du nicht ab?!«

»Nun mach nicht so eine Welle«, entrüstete sich Vera und drehte ihrem Sohn den Rücken zu … und damit auch ihren blanken Po.

Federico brachte nur noch ein panisches Summen zustande, machte auf dem Absatz kehrt und raste aus dem Badezimmer. Die Tür ließ er offen stehen, und gerade als Vera sich anschickte, sie wieder zu schließen, tauchte ihre Tochter im Türrahmen auf.

»Mama?« Auch sie machte große Augen. »Oh.«

»Was soll das heißen, ›Oh‹?«

Fabiola betrachtete ungeniert Veras Brüste. »So sehen die aus, wenn man alt wird?«

»Ich … also … raus!«, donnerte Vera in dem Augenblick, als die Nonna im weißen, langen Baumwollnachthemd im Flur erschien und nicht weniger entsetzt über den bloßen Anblick der Schwiegertochter war. Immerhin schien sie nicht überrascht über den Zustand von Veras Brüsten. Dennoch schlug sie gleich drei Kreuze nacheinander und gab das für sie typische »Bah!« von sich.

Als die Tür wieder geschlossen und Vera endlich allein war, klopfte ihr das Herz immer noch bis zum Hals. Langsam ließ sie das Gästehandtuch sinken und warf einen prüfenden Blick in den Spiegel. Also, soooo schlimm, wie Federico und Fabiola taten, war es nun wirklich nicht. Klar, die Brüste hatten sich den physikalischen Gesetzen unterworfen, mit Betonung auf dem ersten Wortteil. Und auch ihr Hintern, der mal rund und prall gewesen war, wirkte mittlerweile eher wie ein Ballon, der ein bisschen zu lange in der Sonne gelegen hatte: etwas verschrumpelt und mit deutlichen Materialermüdungen. Aber das war noch lange kein Grund, so zu reagieren.

Vor langer Zeit hatte Carlo ihre Kurven vergöttert. Er hatte ihr gehuldigt – und ihren Körper einen Tempel genannt. Nun, ein Tempel war ihr Körper immer noch. Aber heute eher aus der Antike. Ob es daran lag, dass Carlo sie schon länger nicht mehr berührt hatte? War sie nicht mehr sexy?

Sie schüttelte die schweren Gedanken ab. An einem Morgen wie diesem war es unmöglich, eine zufriedenstellende Antwort auf die Frage zu finden. Vera trat in die Dusche, seifte ihre Haare und ihren Körper ein und wusch sich ab. Anschließend cremte sie sich ein, schlüpfte in den Bademantel und trippelte ins Schlafzimmer, um sich anzuziehen.

Fünf Minuten später betrat sie die Küche und stieß auf die Nonna, die mit vor der Brust verschränkten Armen am Herd lehnte und Vera böse anfunkelte.

»Muss das sein? Dass meine Enkel ihre Mutter nackt sehen! Bah!«

»Das war doch keine Absicht«, murmelte Vera und machte sich an der Siebträgermaschine zu schaffen. »Federico ist einfach reingekommen und dann … fluchtartig weggerannt.«

Die Schwiegermutter verkniff den Mund zu einem dünnen Strich und atmete so heftig aus, dass ihre Nasenflügel sich aufblähten. Dann fing sie auf Italienisch an zu murmeln: »Emilio, hast du Worte? Diese Frau ist einfach unmöglich. Läuft splitterfasernackt in der Wohnung herum, als ob der Herrgott das nicht sehen könnte.«

»Der Herrgott kann vielleicht alles sehen, aber ich kann auch noch sehr gut hören!«, sagte Vera mit einer leisen Entrüstung in der Stimme.

Als Antwort klatschte die Nonna ihr einen Zettel auf die Küchenarbeitsplatte. »Das wird gekocht. Fürs Wochenende.«

Vera blinzelte, warf einen Blick auf die elegant geschwungenen handschriftlichen Bögen der Nonna. Erst da fiel es ihr wieder ein: Morgen war Karfreitag! Und dann folgte das lange Osterwochenende, eines der wichtigsten Feste in der italienischen Kultur. Die Auferstehung Christi wurde in dem Land, das den Vatikan und den Heiligen Stuhl von allen Seiten umkreiste, mehr gefeiert als alle anderen katholischen Feste zusammen. Nicht mal Weihnachten konnte da mithalten. Und sie, Vera, hatte den Termin verbummelt, weil sie sich in den vergangenen Tagen ausschließlich in ihrer Romanwelt aufgehalten hatte. Bei Emilia und Urs und den Sadomaso-Osterhasen.

Sie seufzte ergeben. Von heute bis Montag würde sie nicht ein einziges Satzzeichen in ihrem Manuskript schreiben können, dafür würde Nonna Gina ihr gar keine Zeit lassen. Stattdessen würde sie Eier abkochen, Lamm würzen, Kartoffeln schälen, Nudelteig walzen und mit etwas Glück und nur dank der Gnade ihrer Schwiegermutter Zabaione aufschlagen, bis sie ihre Finger nicht mehr spürte. Im Anschluss würde die Nonna sie einmal durchs Haus jagen und alles abstauben lassen, was nicht bei drei auf dem Baum war – denn als echte Römerin war es für sie eine

Frage der Ehre, dass das Haus am höchsten Feiertag der eigenen Kultur und Religion blitzte.

Ergeben griff Vera nach der Schürze, die Nonna Gina ihr hingelegt hatte, und zog sie sich über den Kopf. Immerhin ein Gutes hatte die unplanmäßige Beschäftigung: Sie hätte in der Küche jede Menge Zeit, um sich gedanklich mit ihrem Plot zu beschäftigen und sich vielleicht ein paar anzügliche Ideen einfallen zu lassen. Vera grinste in sich hinein und stellte sich vor, dass nach ihrem Buch die Leserschaft nicht die Baumärkte stürmen, sondern die Haushaltswarenabteilungen leer kaufen würde. Wunderbar, auf die Art würde sie die stundenlange Knechtschaft in der Küche und im Haus sicher besser ertragen.

Sie rollte den Nudelteig gerade ein achtes Mal durch die Presse, als es an der Haustür klingelte. Die Nonna sah griesgrämig auf und warf einen scheelen Blick auf die unfertige Pasta.

»Ist sicher für die Kinder«, sagte Vera.

Doch nur wenige Sekunden später stand ihr Sohn in der Küche. Er konnte seiner Mutter immer noch nicht in die Augen schauen und schien sichtbar zu frösteln, als er meinte: »Mama, für dich. Es ist der Schnoretti.«

Vera runzelte die Stirn und warf der Nonna einen entschuldigenden Blick zu. »Vielleicht braucht er was aus dem Laden.«

Die Schwiegermutter schnalzte missbilligend und ruckte mit dem Kopf, womit sie Vera zu verstehen gab, dass sie sich beeilen sollte.

Vera klopfte die mehlbestäubten Hände ab und eilte zur Haustür. Da stand Guntero und lächelte sie an.

»Entschuldige bitte die Störung. Ich war etwas verwirrt, weil der Kiosk zu ist.«

Sie nickte. »Gründonnerstag. Ich hatte ganz vergessen, einen Zettel in die Tür zu hängen.«

»Ach so! Stimmt ja.« Guntero grinste etwas verlegen. Dann holte er tief Luft. »Ich hab dir doch von diesem Roman erzählt, den ich neulich gelesen habe. Erinnerst du dich?«

Und ob sie sich erinnerte. Es war ja ihr eigener.

»Du wirst es nicht glauben, aber ich habe gerade einen Anruf aus Rom bekommen! Ein Freund von mir führt dort einen Verlag und hat mich wegen einer Übersetzung angefragt.«

Vera zog die Augenbrauen zusammen. »Einer Übersetzung?«

»Ja, ich habe das früher schon mal gemacht, noch während ich als Journalist gearbeitet habe. Ist eine schöne Beschäftigung, gerade über den Sommer, wenn es wenig zu berichten gibt.«

»Aha.« Vera hatte keinen Schimmer, weshalb Guntero ihr das alles erzählte. »Und?«

»Es ist ein merkwürdiger Zufall, aber der Verleger, mit dem ich befreundet bin, möchte, dass ich den Roman übersetze. ›Antipasti d'Amore‹! Ist das zu glauben?«

Vera drängte sich an ihm vorbei auf die Straße und schloss die Haustür. Nein, das war überhaupt gar nicht zu glauben! Wieso sollte ihr Roman ins Italienische übersetzt werden? Und dann auch noch von Guntero? Hatte Hülsenbeck die Übersetzungsrechte verkauft? Wieso wusste sie nichts davon? Das war ja eine Katastrophe! Was, wenn der Übersetzer, also Guntero, Kontakt zur Verfasserin haben wollte? Sie hatte als Lucia Barone noch nicht mal eine Mailadresse! Geschweige denn eine Ahnung, wie sie dieses doppelte Spiel überleben sollte.

»Und hast du zugesagt?«, fragte Vera mit gesenkter Stimme und deutlich erhöhtem Puls.

»Ob ich zugesagt habe? Natürlich habe ich zugesagt!«

Aus dem erhöhten Puls wurde ein unnatürliches Herzrasen. Hoffentlich bekam sie jetzt keinen Infarkt. War ihr linker Arm taub? Wenn, dann vom Pastateigrollen.

»So eine Chance lasse ich mir doch nicht entgehen«, ereiferte Guntero sich. »Hasenzüchtervereine, Neuwahlen im Sportverein, Reportagen über verkehrsberuhigte Bereiche – ich bitte dich! Endlich kann ich wieder etwas wirklich Sinnvolles tun.«

Vera versuchte sich an einem Lächeln, bemerkte jedoch schnell, dass es ziemlich angestrengt wirkte. »Das ist ja … toll.«

»Vor allem will ich aber mit der Autorin sprechen. Und mit der werde ich ja vermutlich Kontakt haben.«

Vera spürte, wie ihr aufgesetztes Lächeln zerbröselte.

»Ich habe so viele Fragen an sie. Wie ist sie auf die Idee gekommen? Wie ist sie vorgegangen? Sind das auch ihre eigenen Wünsche und Begierden, über die sie da schreibt?« Guntero redete immer schneller, es war ihm anzusehen, wie aufgeregt er war. »Wie stelle ich mir das vor, wenn sie eine dieser …« Er zögerte. »… knisternden Szenen verfasst? Ist sie allein? Sitzt sie in einem großen Haus am Meer und blickt auf den stürmischen Ozean, während ihr Liebhaber noch die weißen Satinlaken im Schlafzimmer wärmt?«

Nee, wollte Vera antworten. Sie hockt auf einem wackligen Stuhl, hinter sich die Wand mit den Zigaretten, vor sich die tausendundeins Pakete von Lennard Nothnagel! Sie spürte, wie die Panik in ihr hochblubberte, und musste sich arg zusammenreißen, um Guntero nicht mit einer herrischen Geste, die eindeutig von der Nonna inspiriert war, zum Schweigen zu bringen.

»Ich freue mich sehr für dich, mein Lieber«, sagte sie stattdessen schnell und zwang sich erneut zu einem Lächeln. »Aber vielleicht ist die Autorin an so einem Austausch nicht interessiert.

Sie lebt ja offenbar eher zurückgezogen und scheut die Öffentlichkeit.«

Guntero nickte wild. »Genau das will ich auch herausfinden. Ist Lucia Barone ein Pseudonym? Warum möchte sie nicht unter echtem Namen veröffentlichen? Schämt sie sich? Wer ist sie wirklich? Vielleicht ja eine von uns. Eine ganz normale Person, wie du und ich.«

Vera schluckte trocken. »Oder eine erfolgreiche Schriftstellerin, die einfach mal was anderes schreiben wollte.«

Guntero legte den Kopf schief. »Denkst du?«

Sie zuckte mit den Schultern. »Alles ist möglich«, krächzte sie.

Er sah sie eindringlich an. Kniff die Augen zusammen, kräuselte die Nase und sagte dann: »Geht es dir gut?«

Vera nickte so heftig, dass sich eine Strähne aus ihrem Dutt löste, den sie sich vor Antritt in der Küchenstrafkolonie gebunden hatte.

»Bist du sicher?« Er trat einen Schritt auf sie zu. So nah, dass sie die einzelnen Haare seines Schnurrbarts sehen konnte – und den Duft seines Aftershaves riechen. Guntero roch überraschend gut. Frisch, irgendwie. Und männlich. Sie blinzelte. Und war so verwundert wie irritiert über die Erkenntnis, dass Guntero offenbar ein Mann war. Also, natürlich hatte sie das schon vorher bemerkt, wenngleich sie ihn eher als Mensch wahrgenommen hatte. Aber nun, da er plötzlich so nah vor ihr stand und sie mit seinen grünen Augen hinter den dicken Brillengläsern anstarrte, fiel ihr auf, dass er tatsächlich gar nicht so unattraktiv war. Seine Gesichtszüge waren ebenmäßig, sein Haar voll, und er musste es offenbar noch nicht einmal färben – oder schrödern, wie Federico gesagt hätte. Nur die Schläfen waren ein wenig ergraut, was Guntero ein seltsam weltmännisches Auftreten verlieh. So von nahem beurteilt. Von Simone und ihren Frauenzeitschriften wusste Vera, dass man das den »Clooney-Effekt« nannte: Männer mit ergrauten oder ergrauenden Haaren gewannen an Attraktivität. Das war hundsgemein und aus feministischer Sicht eine Katastrophe, aber eben nicht von der Hand zu weisen.

Guntero sah sie immer noch an. Sie konnte beobachten, wie sein Blick, der sich in ihre Augen gebohrt hatte, langsam über ihr Gesicht, die Nase entlang, in Richtung Mund wanderte, in dem sich auf wundersame Weise binnen Sekunden keine Spucke mehr zu befinden schien. Wieso sah er sie so an? Und warum zum Teufel gefiel ihr das so gut?

»Ich kenne sie«, polterte es aus Vera heraus, ehe sie auch nur in Betracht ziehen konnte, die Antwort zu überdenken.

Guntero wich vor ihr zurück. »Wen?«

Ihr Mund öffnete sich »Lucia. Barone«, stammelte sie.

»Nein.«

»Äh ... doch?«

Was. Hatte. Sie. Getan?!

»Und das sagst du mir jetzt? Nachdem ich dir so von ihr vorgeschwärmt habe?«

»Ich ...« Sie schloss ergeben die Augen. Mitgehangen, mitgefangen. Jetzt musste sie es durchziehen. »Es ist ein Geheimnis. Ich musste schwören, es zu wahren, komme, was wolle.«

Guntero sog die Luft ein. »Vera! Das heißt, es ist jemand aus deinem Umfeld?«

»Ja. Nein! Nein. Niemand, den du kennst.«

Er verkniff das Gesicht. »Sicher?«

Entschieden nickte sie. »Unbedingt.«

Guntero hob den Finger. »Ich warne dich, meine Liebe«,

drohte er, ihr verschmitzt grinsend. »Ich bin für meine Trüffelnase bekannt.«

Und genau das bereitet mir unglaublich große Sorge, dachte Vera, doch es gelang ihr, die Miene nicht völlig entgleiten zu lassen. »Wenn du willst, kann ich ihr ausrichten, dass du … ihren Roman sehr schätzt.«

»Schätzt? Ich vergöttere ihn! Er ist brillant. Appetitanregend. Verführerisch!«

Vera bemerkte, dass sie wieder einmal rot anlief. »Dann sag ich ihr das.«

»Ich kann es nicht fassen! Du kennst Lucia Barone.« Guntero schien ernsthaft aufgebracht. Im positiven Sinne. Vielleicht sogar ein kleines bisschen erregt. »Und richte ihr auch aus, dass ich sie unbedingt sprechen muss. Ja?«

Vera tastete nach der Haustür und öffnete sie. »Ich sage es ihr. Aber sie wird nicht mit dir reden wollen.«

»Sei dir da mal nicht so sicher!«

»Doch.« Sie schob sich ins Innere. »Da bin ich mir sicher. Bedaure.«

»Ich finde heraus, wer sie ist!«, sagte Guntero so laut, dass Vera ihm am liebsten die Hand auf den Mund geschlagen hätte. »Und ich bekomme ein Interview mit ihr. Verlass dich drauf. Ich bin ein Trüffelschwein!«

Du bist mein Untergang, dachte Vera, knallte die Tür vor Gunteros berüchtigter Suchnase zu und war beinahe froh, sich wieder in die Selbstkasteiung bei der Schwiegermutter zu begeben.

Antipasti d'Amore. Due

Antipasti dell' orrore – Antipasti des Grauens. So hatte es in fett gedruckten Lettern oben auf der rechten Seite des Genussressorts in der Samstagsausgabe der »La Repubblica« gestanden. Derart platziert, dass auch garantiert jede Leserin und jeder Leser beim Blättern darüber stolpern würde.

Den Vorspann zu seiner Restaurantkritik hatte Stefano Conte mit einem für seine Ohren vermutlich wohlklingenden Dreiklang begonnen: »Verbrannt, versalzen, verloren: Wie Köchin Elisabetta Bernardi italienische Kulinarik im ›Insieme‹ ad absurdum führt«.

Die Angewohnheit, eine Tageszeitung zu kaufen, anstatt sich der Informationen im Internet zu bedienen, hatte Elisabetta von ihrem Großvater. Jeden Morgen, bevor er in seine kleine Schusterwerkstatt gegangen war, die er tadellos geführt hatte, bis er mit 92 Jahren starb, hatte er sich in seiner Lieblingsbar etwa eine halbe Stunde Zeit an der Theke genommen, um einmal über alle Seiten zu fliegen. Wenn etwas in der Zeitung stand, was dem Nonno nicht passte, hatte er immer gesagt: »In die Zeitung von heute wickelt man morgen schon Fisch ein.«

Damals hatte Elisabetta nie weiter über diese Weisheit ihres Großvaters nachgedacht. Seit Samstag aber dachte sie an nichts anderes mehr. Würden die Römerinnen und Römer wirklich so schnell vergessen, wie es der Nonno zeit seines Lebens prophezeit hatte? Neue Kundschaft könnte sie sich nach diesem schonungslosen Verriss erst einmal abschminken, so viel war sicher. Aber ihre Stammgäste, die würden sich doch wohl nicht von ihr abwenden, nur weil ein Stefano Conte sie und ihre Kochkunst am schlimmsten Tag ihres Lebens kalt erwischt hatte?

Es waren quälende Fragen, die Elisabetta seit *Antipasti dell' orrore* nicht mehr losgelassen und bereits diverse Stunden Schlaf gekostet hatten. Und wenn sie gewusst oder geahnt hätte, wie viel schlimmer es noch kommen würde: Sie hätte sich vermutlich gleich mit der alten Zeitung im Mülleimer entsorgt.

Hatte der alte Römer Cato also doch recht behalten, als er sagte: »Nicht das Schweigen, sondern das Sprechen schadet.«

Und wie es ihr und dem »Insieme« schadete.

Am Tag der Veröffentlichung hatte es lediglich zwei stornierte Reservierungen gegeben. 24 Stunden später aber waren es schon doppelt so viele gewesen. Heute, an Tag drei, war erst gar keine Reservierung im »Insieme« eingegangen. Und auch die Laufkundschaft blieb aus. Es kam einfach niemand vorbei, nicht einmal Pepe. Hatte er den Artikel in der Zeitung nicht gelesen? Er hätte doch sicher wenigstens kurz reingeschaut? Wenn schon nicht ihretwegen, dann doch wohl in seiner Funktion als Pächter des Ladens?

Doch die einzige Person, die außer Gianluca und ihr heute das Glöckchen an der Restauranttür beim Hereinkommen zum Klingen gebracht hatte, war der Postbote gewesen. Und sogar der hatte schief lächelnd abgelehnt, als Elisabetta ihm traditionsgemäß einen kleinen Teller mit herrlich duftender Bruschetta als Kostprobe reichen wollte. Spät dran sei er. Pah, in Rom war niemand spät dran! In dieser Stadt kam und ging jeder gerade so, wie es ihm gefiel, auch die Postboten.

Irgendwann bat Elisabetta Gianluca darum, die Tische und Stühle von draußen zusammenzuräumen. »*Brutto tempo.* Schlechtes Wetter. Es nieselt ja schon den ganzen Abend«, sagte sie zu ihm, auch wenn beide wussten, dass dies nicht der Grund für die leeren Plätze vor dem Restaurant war. Gianluca nickte beflissen, so wie er es immer tat, wenn er einen Arbeitsauftrag seiner Chefin entgegennahm. Elisabetta fing an zu überschlagen, wie viele Wochen sie ihn weiterbezahlen könnte, wenn das Restaurant geschlossen bliebe.

Gegen 22 Uhr dann schickte sie Gianluca nach Hause, der ohne Widerworte, aber sichtlich geknickt durch die geöffnete Tür nach draußen schlich. Ihr alter Nonno, Gott hab ihn selig, würde dieses Mal leider nicht recht behalten, dessen war sie sich mittlerweile sicher.

Elisabetta atmete hörbar durch den Mund aus und ließ bewusst die Schultern fallen. Eine Geste, zu der sie ihr Körper immer verleitete, wenn sie einen Entschluss gefasst hatte. *Allora*, auf geht's. Die Holzstühle mussten auf die Tische gestellt, der Boden einmal rasch nass gewischt und die Lichter und Kerzen gelöscht werden. Und dann bloß raus hier, *tempo di smettere,* Feierabend.

Sie knüpfte ihre schneeweiße Kochjacke auf. Unter der Kluft trug sie ein korallfarbenes Kleid mit schwingendem, kurzem Rock, eines ihrer Lieblingsstücke. Für wichtige Anlässe war es perfekt, es lag eng an ihrem schlanken Oberkörper an und gab ihr durch seinen femininen Schnitt dennoch ein wohliges, selbstsicheres Gefühl. Sie mochte den eher festen Stoff. Zuletzt hatte sie das Kleid bei der Hochzeit ihres Bruders in den Marken getragen. Einen Anlass, der die Robe gerechtfertigt hätte, gab es heute wahrlich nicht. Aber erstens war sie zumindest an diesem Abend niemandem Rechenschaft schuldig. Und zweitens vermochte dieses Kleid ihr auch an miesen Tagen ein einigermaßen gutes Gefühl zu geben.

Mit der rechten Hand schloss Elisabetta die Restauranttür, während sie mit der linken ihr Haargummi aus den Haaren zog. Ihr dicker dunkelbrauner Zopf löste sich, und sie fuhr sich mit den

Fingerspitzen beider Hände durch die Frisur. Eine Wohltat war das, wie wenn man nach einem sehr langen Tag endlich aus seinen Schuhen schlüpfen konnte.

»Verbrannt, versalzen, verloren« – wohl eher »Verraten, verrissen und vernichtet«. Ob dieser Conte eigentlich Freude dabei empfand, Existenzen zu zerstören? Sie hatte seinen Namen am Tag der Veröffentlichung im Internet gesucht und prompt diverse Porträtfotos sowie seine komplette Verlagshistorie bei der »Repubblica« gefunden. Als Volontär hatte er dort begonnen, ab Mitte der 2000er dann für das Genussressort geschrieben, zehn Jahre später hatte man ihm die Ressortleitung überlassen.

Eines der Fotos zeigte Conte mit ebendiesem akkurat gestutzten Bart, den Elisabetta im Schummerlicht neulich abends als attraktiv wahrgenommen hatte. Auch bei guter Beleuchtung musste sie bei ihrem Urteil bleiben. Und sie hasste die Tatsache, dass er ihr optisch so gut gefiel. Zugegeben: Sie hatte am Abend von Contes Überraschungsbesuch die Speisen versalzen und anbrennen lassen. Dass sie als Mitte Zwanzigjährige die verstaubte Hotelküche des »Commodore Hotels« zum Publikumsmagneten gekocht hatte, mit dreißig die Goldene-Aroma-Gabel des römischen Gastronomieverbands in Händen hielt – eine Auszeichnung, die die meisten Köchinnen und Köche erst nach Jahrzehnten bekamen, wenn überhaupt – und mit dem »Insieme« schon zwei Wochen nach Eröffnung für Monate ausgebucht war, all das hatte Conte geflissentlich unter den Tisch fallen lassen. Diesen einen verhunzten Abend hätte er doch in Relation zu ihrer bisherigen Karriere als Köchin setzen müssen. Und dass er genau dies nicht getan hatte, das war die wahre Unmenschlichkeit an der ganzen Sache! *Porca miseria!*

Hinter der Bar im Gastraum stand eine angefangene Flasche

Tonic. Wenn sie nun noch ein Fläschchen weißen Portwein im Spirituosenschränkchen finden würde, wäre das doch wirklich eine nette Geste des Universums. Und tatsächlich: Die Flasche war noch nicht einmal angebrochen. Elisabetta sah die likörartige Konsistenz gern in das Cocktailglas fließen. Zusammen mit etwas Eis und Zitronenzesten würde ihr dieser Drink den bitteren Abend sicher ein wenig versüßen – oder sie zumindest für einige Stunden ihr Elend vergessen lassen.

Die Holzstühle waren fix auf die Tische gestellt. Elisabetta schaute durch den Raum. Im Schirmständer neben der Eingangstür lehnten zwei Schirme, die nicht zum »Insieme« gehörten. Der eine schwarz, der andere kariert – war das nicht dieses berühmte Muster der Marke Burberry? Wenn es mit ihrer Restaurantkarriere nun vorbei sein sollte, könnte sie ein Schirmgeschäft eröffnen, so viele Exemplare waren hier in den vergangenen Monaten stehen gelassen worden. Ein Leben ohne Kochen? Gott bewahre! Aber wenigstens war sie schon wieder zu Scherzen aufgelegt.

Sollte sie jetzt wirklich noch den Boden wischen? Warum noch putzen, wenn hier ohnehin morgen und auch wahrscheinlich sonst nie wieder jemand speisen würde? *No di certo!* Ganz sicher nicht. Keine weiteren Hausarbeiten zu verrichten, empfand Elisabetta als pragmatische Entscheidung.

Was aber sollte sie mit all den frischen Köstlichkeiten anstellen, die in der Küche des »Insieme« darauf warteten, gekocht zu werden? In ihrer Vorratskammer, die von der Küche abging und gerade so groß war, dass sich zwei Menschen nicht gleichzeitig dort aufhalten konnten, ohne sich zu berühren, bewahrte Elisabetta Dutzende eingelegte Gemüse und Sugo auf, die sie zur Verfeinerung ihrer Gerichte verwendete. Ihre Damaszener Pflaumen etwa, eingelegt im eigenen Sud, schmeckten köstlich zu numidischem Huhn. Eine römische Spezialität, die sie von Beginn an auf ihrer kleinen, feinen Speisekarte führte. Oder die in Rotwein eingelegten Zwiebeln, die phantastisch mit saftig gegrilltem Lamm harmonierten. Und ihre Olivenmarmelade erst, die war von so samtiger Textur, dass sie einem buchstäblich vom Löffel floss, wenn man sie sich nicht rasch genug einverleibte.

Ihr Blick fiel von der Vorratskammer in den hinteren Teil der Küche, wo das frische Gemüse lagerte. Da waren leuchtend rote Honigtomaten, die sie beim Großhändler extra für ihre berüchtigten Bruschette bestellt hatte. Die sogenannten Liebesäpfel taten sich diesen Sommer mit einer Süße hervor, die kaum weiterer Würze bedurfte, und machten damit ihrem Namen alle Ehre. Anstelle von Basilikumblättern bröselte Elisabetta immer selbst gepflückte und getrocknete Brennnessel über die gerösteten und mit Knoblauch eingeriebenen Brote. Mit dem leicht nussigen Geschmack verlieh das Kraut den Häppchen eine anregende Note.

Zur Mitte der Woche bestellte sie beim Fischhändler auf dem Markt normalerweise immer eine größere Auswahl an Meeresfrüchten, die sie dann auf die Tageskarte setzte. Wer hätte ahnen können, dass sie in dieser Woche nicht eine einzige Portion davon benötigen würde? Ein sagenhafter Frevel wäre es, das alles verkommen zu lassen. Womöglich könnte sie sich die eine oder andere Eintopfkreation einfallen lassen, um die guten Lebensmittel haltbar zu machen. Die drei Dutzend Austern und die Langusten allerdings wären dem Untergang geweiht, wenn man sie nicht frisch vertilgte.

Das gefällige Klingeln des Türglöckchens riss Elisabetta aus den Gedanken. Sie war sich eigentlich sicher gewesen abgeschlossen zu haben, als Gianluca gegangen war. Wie auch immer. Vermutlich war es Gianluca selbst, der noch mal zurückkam.

»Na, was hast du wieder vergessen, *cuore mio*?«, rief Elisabetta mit einem Lächeln auf den Lippen, während sie die Schwingtür zum Gastraum mit dem Ellbogen aufstieß.

»Meinen Schirm«, rief in diesem Moment eine Männerstimme, die ein Lachen zu unterdrücken schien und dabei sonorer klang, als es Gianlucas Stimme jemals könnte.

Und dann stand er vor ihr – in einem schwarzen Poloshirt mit hochgestelltem Kragen, die gebräunten Arme muskulöser, als Elisabetta es erwartet hätte, und die grau melierten Haare ein wenig nass vom Nieselregen: Stefano Conte.

Elisabetta blinzelte. Oder blinzelte sie gar nicht und stand einfach nur mit weit aufgerissenen Augen in ihrem korallroten Sommerkleid da? Sie hätte sich jetzt gern auf einen ihrer Holzstühle gleiten lassen, aber dummerweise hatte sie ja bereits aufgestuhlt. Also stand sie weiter im Raum, blinzelte auffällig häufig oder vielleicht auch gar nicht und stellte sich vor, wie dieser Mann und sie in einer Art Showdown gleichzeitig nach dem karierten Schirm im Schirmständer greifen würden – das musste seiner sein. Und wie sie einen Tick schneller wäre als er, den Schirm fest mit der Rechten greifen und Stefano Conte damit eine überziehen würde. Ihr Nonno wäre sicher stolz. Elisabetta fragte sich überrascht, ob sie wirklich nur einen einzigen Port Tonic gehabt hatte.

»Elisabetta Bernardi?«, fragte Stefano Conte, während er ein paar Schritte auf sie zuging, um ihr schließlich seine rechte Hand zur Begrüßung entgegenzustrecken.

Sie war nun wieder Herrin ihrer Sinne und sah sich Conte in einer Gefühlsmischung gegenüber, die zu etwa 50 Prozent aus der guten Erziehung bestand, die sie genossen hatte, und zu 50 Prozent aus der Vision vom Schirm-Showdown. Ohne nach Contes Hand zu greifen, verschränkte sie die Arme vor der Brust. »Das kann ja wohl nicht Ihr Ernst sein«, sagte sie beherrscht, aber gut hörbar. Sie hoffte, dass es verächtlich geklungen hatte.

Conte zog die Hand zurück und die Augenbrauen hoch. »Entschuldigen Sie, aber Menschen vergessen eben manchmal Schirme, Signora Bernardi.«

Elisabetta blieb der Mund offen stehen. Dieser Kerl besaß auch noch die Frechheit, sie in ihrem eigenen Restaurant auf den Arm zu nehmen? Na gut, Conte, dachte sie und stemmte die Fäuste in die Hüfte, dann gibt es jetzt auch keinen Grund mehr, dich zu schonen. »Signor Conte«, holte Elisabetta aus. »Ihr karierter Schirm, *scusi*, Ihr kleinkarierter Schirm interessiert mich nicht die Bohne! Was mich interessiert, ist Ihre Antwort auf die folgende Frage: Wie konnten Sie meine Küche, von der Sie vermutlich bereits wussten, wie beliebt sie in Rom ist, in Ihrem Artikel auf Basis eines einzigen Abends derart in Grund und Boden schreiben? Soll das etwa journalistische Sorgfaltspflicht sein?« Elisabetta sprach die Worte scharf und genau aus.

Conte zog die Augenbrauen jetzt noch ein bisschen höher und sah dabei irgendwie süffisant aus. »In Berufsdingen bin ich pragmatisch und der Wahrheit verpflichtet, Signora Bernardi«, fing er an. »Ich bewerte die Situation und die Speisen, die sich mir in diesem Moment bieten. Nichts anderes ist meine Aufgabe als Restaurantkritiker. Ich lebe im Moment.«

Seine Stimme klang gelassen, was Elisabetta ungemein störte. Auch sie liebte das Leben im Moment, als Köchin war dies genau ihr Credo. Auf die Gemeinsamkeiten zwischen diesem Schreiberling und ihr konnte sie sich jetzt allerdings nicht konzentrieren.

»Wissen Sie, worin ich pragmatisch bin, Signore? In meiner Informationszufuhr an Sie. Und wissen Sie, was Sie interessieren sollte? Der Tag, an dem Sie in mein Restaurant kamen, um meine

Antipasti und Hauptspeisen zu verkosten, der hätte schlechter nicht gewählt sein können!«

Elisabetta verstummte und maßregelte sich innerlich für ihren Gefühlsausbruch. *Basta*, Schluss jetzt! Sie würde ihm auf keinen Fall auf die Nase binden, dass sie in den vergangenen zwei Jahren mit einem derart liederlichen Typen liiert gewesen war, der sie auf diese beschämende Art betrogen hatte. Mitleid war das Letzte, was sie wollte.

Conte blickte sie aufrichtig fragend an, diesmal auf eine weniger überheblich wirkende Weise. Sie bemerkte, dass er kristallblaue Augen hatte. Beinahe hätten sie diese kristallblauen Augen für einen Wimpernschlag lang aus dem Konzept gebracht. Elisabetta dachte an das Leben im Moment, an die frischen Austern in ihrer Küche, die süßen Tomaten, das numidische Huhn ... Dann strich sie mit beiden Händen ihr Kleid glatt, atmete bestimmt aus und ließ die Schultern fallen.

»Haben Sie heute Abend schon gut gegessen, Signor Conte?« Sie klang jetzt ein bisschen versöhnlicher, aber sie lächelte nicht.

»Ich befand mich gerade auf dem Weg in die Via ...«, setzte Conte an, doch Elisabetta fiel ihm ins Wort.

»Und die Auswahl der Themen, Signor Conte, die in Ihre Zeitung kommen, diese Entscheidung obliegt als Ressortleiter doch sicher Ihnen, oder etwa nicht?«

»Zu großen Teilen«, entgegnete Conte nickend. Nun verschränkte er die Arme vor dem Körper und spitzte prüfend die Lippen.

Es freute sie, dass er nicht zu ahnen schien, worauf sie hinauswollte. Elisabetta senkte den Kopf ein wenig, jedoch nicht, ohne Contes Blick weiter standzuhalten. Dann sagte sie: »Ich mache Ihnen folgendes Angebot. Ich koche für Sie ein Menü in drei Gängen. Ein besonderes Menü. Heute. Jetzt. Hier. Und wenn es Ihnen mundet, dann, Signor Conte, schreiben Sie einen neuen Artikel über mein Restaurant.«

Conte legte die Stirn in Falten, als er anfing zu verstehen. Sah er sie ungläubig an oder war er doch eher beeindruckt von ihrem Schneid? Pah, das tat doch gar nichts zur Sache. Aber warum fiel es Elisabetta dann bloß so schwer, sich nicht zu fragen, was er von ihr dachte?

Sie warf einen Blick in Richtung Küche und spürte Ungeduld in sich aufsteigen. »*Va bene, Signor Conte?* Schlagen Sie ein?«

Und in einer unerhörten Gleichzeitigkeit streckten beide die rechte Hand dem jeweils anderen entgegen, so dass Elisabetta um ein Haar ein Lächeln über die Lippen gehuscht wäre.

»*Va bene, Signora.*«

11

War sie von allen guten Geistern verlassen? Was zum Teufel hatte sie geritten? Vermutlich der Teufel selbst.

Vera stand in der Küche und walzte mit großem Engagement den Nudelteig durch die Rollen. Wie blöd konnte man eigentlich sein? Warum hatte sie nicht einfach ihre Klappe gehalten? Ausgerechnet Guntero, dem Investigativjournalisten, musste sie auf seine Trüffelnase binden, dass sie wusste, wer Lucia Barone war?! Warum hatte sie ihm nicht gleich gesagt, dass sie hinter dem Pseudonym steckte?

Sie seufzte tief und hängte sich an der Walze noch mehr ins Zeug.

»Bah!«, kommentierte die Nonna, als sie sah, wie dünn die Pasta mittlerweile geworden war. »Wir machen keinen verdammten Strudel!« Sie nahm den Teig prüfend in die Hand, setzte eine strenge Miene auf und wackelte dann leicht mit dem Kopf. »Na gut. So schlecht ist es doch nicht. Aber du kannst jetzt damit aufhören. Die Zabaione wartet, ich muss mich um anderes kümmern.«

Vera riss die Augen auf. »Die Zabaione?! Du willst, dass ich die Zabaione schlage? Allein?!«

Die Schwiegermutter schaute Vera in die Augen, als würde sie ihr noch mal ihren Sohn übergeben. »Sorg dafür, dass ich meine Entscheidung nicht bereue. *Avanti!*«

Als Vera am Nachmittag mit dem Staubwedel durch die Zimmer eilte, hatte sie die Aufregung des Morgens und ihr vorlautes Mundwerk Guntero gegenüber fast schon wieder vergessen. Es war kaum zu glauben, aber der Vormittag mit der Nonna in der Küche war friedlich gewesen. In einer geradezu beängstigenden Ruhe hatten die beiden Seite an Seite nebeneinander gearbeitet, und weil Gina ihre Schwiegertochter nicht unentwegt hatte korrigieren, anschnauzen oder tadeln müssen, waren sie sogar richtig weit gekommen. Das Essen fürs Wochenende war vorbereitet, die Supplì Roma geformt, die Cannoli gerollt, die Porchetta brutzelte im Ofen. Sogar für Biscotti war noch Zeit gewesen, und als Vera endlich den letzten Kupfertopf geschrubbt und die gusseiserne Pfanne wieder an den Haken über dem Herd gehängt hatte, überraschte sie die Nonna mit einem frischen Espresso, sank auf einen der Stühle in der Küche und legte die Beine auf die Bank gegenüber. »*Bene*«, gab sie zufrieden seufzend von sich und nippte an der Tasse.

Vera war so verblüfft gewesen, dass sie gar nicht wusste, was sie mit dem Espresso in der Hand tun sollte. Aber gerade, als sie sich mit dem Hintern auf einen der Stühle sinken lassen wollte, hatte die Nonna kurz mit der Zunge geschnalzt. Vera hatte daher den heißen Kaffee heruntergestürzt und war, erleichtert beinahe, aus der Küche gesprungen, um mit dem Staubwedeln zu beginnen.

Nun stand sie im Wohnzimmer vor den Porträts und Schnappschüssen ihres verstorbenen Schwiegervaters. Vorsichtig arbeitete sie sich voran, Bild für Bild, Rahmen für Rahmen, denn ausgerechnet heute, wo es mit der Nonna mal besser lief als je zuvor, wollte sie keinen unnötigen Ärger verursachen.

Sie betrachtete das Foto Emilios, wie er in den achtziger Jahren auf seiner Alfetta saß und trotzig in die Kamera blickte. So gern hätte sie ihn kennengelernt, diesen Mann, von dem die Nonna bis heute feuchte Augen bekam, wenn sie von ihm sprach. Der Carlo die Statur, die Haare und das spitzbübische Lächeln vererbt hatte, dessen Geist immer noch über der Familie wachte, der überall und doch nirgendwo war. Sie seufzte. Dann räusperte sie sich.

»Also … Emilio«, flüsterte sie in gesenktem Tonfall. »Du bist ja gerade der Einzige, dem ich von meiner, nun ja … Geschichte berichten kann. Vermutlich wirst du es nicht weitererzählen.« Sicherheitshalber schlug sie trotzdem ein Kreuz. Die Wege des Herrn waren bekanntermaßen unergründlich. »Ich habe ein Buch geschrieben. Und es ist ein großer Erfolg, ich verdiene sogar Geld damit«, wisperte sie heiser, während sie mit dem Gesicht näher an die Fotografie trat, um ihrem toten Schwiegervater fest in die Augen zu blicken. »Aber du darfst es wirklich niemandem erzählen. Ich suche noch nach einer guten Gelegenheit, um deinem Sohn davon zu berichten. Er wird ausflippen, wenn er das hört! Hoffe ich zumindest. Und dann …«

Sie hörte Geräusche von der Haustür und richtete sich hastig auf. Fuhr mit dem Staubwedel ein letztes Mal über das Bild Emilios und zischte: »Ich komme wieder! Verrat mich nicht.«

Vera eilte aus dem Wohnzimmer in den Flur – und prallte beinahe mit ihrem Mann zusammen. Carlo stand da, in der Diele, in seinem eleganten italienischen Dreiteiler, schmal geschnitten, das Hemd 1a von seiner Mutter gebügelt, die große, goldene Uhr glänzte an seinem Handgelenk. Vera spürte, wie sich ein Gefühl des Stolzes in ihr breitmachte. Dieser Mann, dieser attraktive Mann, gehörte zu ihr. Und er war ausnahmsweise einmal pünktlich!

»Bin ich zu spät?«, fragte er mit einem breiten Lächeln und trat auf seine Mutter zu, die herbeigeeilt war und ihm die Wange zum Kuss hinhielt.

»*Solo un po'*«, säuselte die Nonna, sichtlich erfreut, ihren Sohn zu sehen. »Wir haben alles vorbereitet. In zwei Stunden gibt es Abendessen. Vera hat mir ... sie hat sich heute nicht ganz so ungeschickt angestellt wie sonst.«

Carlo murmelte verblüfft: »*Fantastico.*« Und selbst Vera staunte ob des Kompliments. Was war bloß mit ihrer Schwiegermutter los? Altersmilde konnte es nicht sein, im Gegenteil, Gina war in den vergangenen Jahren eigentlich immer garstiger geworden, so dass Vera das versteckte Lob durchaus zur Kenntnis nahm.

»Du bist letzte Nacht gar nicht nach Hause gekommen«, fiel der in diesem Moment ein. »Wo warst du denn?«

»Ach, die Arbeit. Frag lieber nicht«, erwiderte ihr Mann, und ihr fiel auf, dass er ihr auswich. Sie stutzte. Es war merkwürdig, dass Carlo nicht mit der Sprache herausrückte.

»Wo sind die Kinder?«, wollte er in diesem Augenblick wissen und schälte sich aus der Anzugjacke. »Ich habe etwas mitgebracht.«

Wie aufs Stichwort polterten Federico und Fabiola die Treppen hinunter. Veras Tochter stürzte sich in die Arme ihres Vaters, der sie herumwirbelte, als wäre sie sechs Jahre alt.

»Du hast uns etwas mitgebracht? Ostergeschenke? Ein neues iPhone?«

»Und eine Playstation für mich?«, fragte Federico, der seine Aufregung nur schwer verstecken konnte.

Carlo legte den Kopf in den Nacken und lachte. Dann streckte er den Arm aus, wuschelte seinem Sohn durch die Haare – und

Vera bemerkte mit einem kleinen Stich, dass Federico sich nicht unwirsch zur Seite drehte, sondern die Liebkosung zu genießen schien.

»Geschenke?« Carlo zog die Augenbrauen zusammen, dann fiel sein hilfesuchender Blick auf Vera.

»Ich habe etwas besorgt«, sagte sie seufzend. »Für jeden ein Ostergeschenk.«

Sie konnte sehen, wie Fabiolas Gesicht vor Enttäuschung in sich zusammenfiel. »Och menno.«

»Was soll denn *das* heißen?«

»Ach, du schenkst uns immer so sinnvolle Sachen.«

»Stimmt«, mischte Federico sich ein. »Ein neuer Rucksack für die Schule? Zu Weihnachten?« Er verdrehte die Augen.

»Mir liegt euer Wohl am Herzen!«, ereiferte sich Vera.

»Und mir ein neues iPhone«, meckerte Fabiola.

Vera wollte den Mund öffnen und ihren Kindern die Meinung geigen, wurde jedoch von Carlo unterbrochen.

»Ich habe euch etwas ganz Tolles mitgebracht. Eine Überraschung.« Dann drehte er sich zur Tür und rief laut: »Komm rein!«

»Ein Gast?« Nonna Gina runzelte die Augenbrauen. »Wir haben nicht genug zu essen«, entschied sie, obwohl Vera wusste, dass sie halb Italien hätten einladen und bewirten können.

Doch weiter kam sie nicht in ihrem Gedanken. Denn die Haustür, die offenbar nur angelehnt gewesen war, schwang auf und offenbarte den Blick auf eine Frau – nein, keine Frau, eine Göttin. Sie war groß, deutlich größer als Vera, hatte Kurven, für deren Betrachtung man eigentlich den Personalausweis vorzeigen musste, und trug ein hautenges scharlachrotes Etuikleid, das ihre Vorzüge in ein sehr vorteilhaftes Licht rückte. Ihr Busen war riesig und stand stramm wie eine Armee, ihre Taille erinnerte an eine Cola-Flasche. Das schmale Kleid endete kurz über den perfekten Knien, die in elegante, lange Waden mündeten. Obwohl sie so hochgewachsen war, trug sie schwindelerregende Absätze.

Veras Blick wanderte von den zarten Fesseln über die ganze Frau bis hoch zu den voluminösen rotbraunen Haaren und den perfekt geschminkten Lippen. Das war doch nicht etwa diese Gitta, von der Carlo ihr erzählt hatte?! Seine Assistentin? Hässlich wie die Nacht? Eingestellt wegen der guten Referenzen? Was für Referenzen sollten das sein? Und wie in aller Welt hatte diese Frau es geschafft, mit Anfang fünfzig noch wie die Muse aus einem Werk Botticellis auszusehen? Vera schnappte nach Luft, als ihr eine Aussage von Gina Lollobrigida einfiel: »Eine Frau mit zwanzig ist wie Eiscreme. Mit dreißig ist sie warm, und mit vierzig geschmolzen.«

Wenn dem wirklich so war, dann hatte sich Vera mit ihren dreiundvierzig Jahren bereits in ihre molekularen Bestandteile verwandelt, während die Frau ihr gegenüber ganz offensichtlich ihr Leben im Eisfach verbracht hatte.

»Das ist Gitta«, erklärte Carlo unnötigerweise. »Sie begleitet mich seit einem halben Jahr auf all meine Geschäftsreisen und nimmt mir viel Arbeit ab.«

Vera konnte nicht anders, als die Frau anzustarren. Es fiel ihr nicht schwer, sich auszumalen, wie gern ihr Mann diese unfassbare Schönheit um sich hatte. Und wobei Gitta ihrem Mann assistierte, war nun auch unschwer zu erraten. Arbeit? Ja. Aber sicher nicht die Büroablage.

Ein saftiges »Bah!« riss Vera aus der Betrachtung dieser Sexbombe. Nonna Gina zog – angewidert, das stand außer Frage – die Nase hoch und verschränkte die Arme vor der Brust. »Wie gesagt, wir haben nicht genug zu essen«, teilte sie ihrem Sohn auf Italienisch mit.

»Oh, mach dir keine Gedanken, Mama«, erwiderte Carlo süffisant lächelnd. »Gitta isst wie ein Spatz. Sie macht eigentlich immer Diät.«

Vera musste sauer aufstoßen. Das durfte doch nicht wahr sein! Wieso brachte Carlo diese Person mit – ohne Ankündigung? An Ostern? Nach Hause? Und wie kam er überhaupt dazu, so eine Frau einzustellen, ohne den Anflug eines schlechten Gewissens zu zeigen? Gitta sah wirklich unglaublich aus. Selbst sie, Vera, spürte eine unbestimmte Sehnsucht in ihren Fingerspitzen, Gitta zu berühren, der sanften Wölbung ihres üppigen Busens zu folgen, sie an der Hüfte zu packen … und sie war nun wirklich nicht an Frauen interessiert.

Im Augenwinkel nahm sie eine Bewegung wahr. Ihr Sohn, dessen Ohren so rot geworden waren, dass sie mit einem ins Wasser geworfenen Hummer Konkurrenz aufnehmen konnten, strich sich die verwuschelten Haare zurecht, zupfte an seinem T-Shirt und streckte der Venus die Hand hin. »Ich bin Federico und freue mich, Sie kennenzulernen.«

»Du hast doch sonst keine Manieren!«, entfuhr es Vera, während ihr Blick zu Fabiola wanderte, die die fremde Frau wie eine Marienerscheinung anglotzte.

»Du bist wunderschön«, stieß die Tochter glücklich seufzend hervor.

Gitta warf den Kopf in den Nacken und lachte. »Alles, was du hier siehst, verdanke ich den Spaghetti.«

»Darf ich ein Foto von uns machen? Für meinen Instagram-Account?«

»Aber natürlich«, antwortete Gitta mit tiefer, rauer Stimme, die man nur durch Whisky, Zigaretten und zu viel Bonnie-Tyler-Musik bekam. Dabei beugte sie sich ein wenig nach unten, um Fabiola die Hand zu schütteln, und beschenkte Federico mit einem sündigen Blick in ihr Dekolleté. Wenn überhaupt möglich, wurden seine Ohren noch roter. Fing er gerade an zu sabbern?

Vera riss sich aus ihrer Erstarrung und drängelte sich nach vorn. »Was für eine Überraschung«, sagte sie und meinte es so. »Wir haben nicht mit Besuch gerechnet.«

»Carlo«, erwiderte Gitta und stellte sich dicht neben den Angesprochenen, wobei sie seinen Arm auf eine derart vertraute Art berührte und gleichzeitig das R in seinem Namen auf eine Weise betonte, dass Vera kurz die Luft wegblieb, »hat darauf bestanden, dass ich mitkomme. Er sagte, ich müsse unbedingt seine Familie kennenlernen und Ostern in seinem Haus feiern.«

Gitta lächelte und entblößte eine Reihe perfekter, sehr gerader und sehr weißer Zähne. Mit einigem Wohlwollen stellte Vera fest, dass an einem der Zähne ein bisschen roter Lippenstift hing. Wenigstens etwas.

»Gitta und ich haben noch ein wenig zu arbeiten«, unterbrach Carlo die unangenehme Situation. »Ruft ihr uns, wenn es Essen gibt?«

Damit geleitete er sie in das Zimmer, in dem Vera am selben Morgen noch in aller Ruhe an ihrem Roman gearbeitet hatte, winkte ein letztes Mal von der Türschwelle aus und verschwand im Raum.

»Sie ist echt megaschön«, säuselte Fabiola verzückt, ohne den Blick vom Türblatt zu wenden.

Federicos Ohren hatten mittlerweile einen leichten Lilaton angenommen.

»Sie ist nur seine Assistentin«, versicherte Vera den Kindern, aber viel mehr sich selbst, während sie die Maserung der Tür studierte.

»Bah!«, spuckte die Nonna aus. »Sie bekommt keinen Nachtisch.«

12

»… und weißt du noch, als wir in Paris waren? Er hat mir den Eiffelturm gezeigt, und wir waren sogar im Moulin Rouge!« Gitta strich sich verzückt eine braune Haarsträhne aus dem Gesicht, während sie Fabiola und Federico von der gemeinsamen Lustfahrt mit Carlo in die Stadt der Liebe erzählte. Dabei hatte sie jedoch eine Hand frei, mit der sie mit großem Appetit die Reisbällchen in sich reinstopfte.

Von wegen Diät. Diese Frau aß wie ein Kerl und war trotzdem der Inbegriff einer Sexbombe. Wenn es irgendwie möglich war, hasste Vera Gitta in diesem Augenblick noch mehr als vorher.

Und Paris? Was zur Hölle erlaubte sich ihr Mann eigentlich? Sie waren vielleicht nicht mehr so verliebt wie vor fünfzehn Jahren, schön und gut. Möglicherweise hatten sie sich sogar ein wenig auseinandergelebt. Aber welches Recht nahm er sich bitte heraus, die meiste Zeit seines wachen und vermutlich auch schlafenden Lebens mit dieser Granate zu verbringen? Denn: Dass diese Person und Veras Ehemann lediglich geschäftlich miteinander verkehrten, schloss sie kategorisch aus. Sie spürte es, da war mehr. Der Hormonwert in diesem Haushalt war in den letzten Stunden rasant angestiegen – und das lag dieses Mal nicht nur an ihren pubertierenden Kindern.

Vera knüllte die Serviette in der Faust zusammen und atmete tief in den Bauch. Sie war so wütend! Ein Seitensprung? Kam in den besten Familien vor. Eine Affäre? Nach über zwanzig Jahren

Ehe konnte das schon mal passieren. Aber die Geliebte in der eigenen Firma zu haben und am Osterwochenende zur Mutter, der Ehefrau und den Kindern nach Hause zu bringen – das war einfach zu viel.

Hatte Carlo überhaupt keinen Anstand? Was maß er sich an?! Und wie gering war bitte die Meinung, die er von ihr, Vera, hatte? Aufgebracht griff sie in den Topf mit der Polenta und donnerte sich eine ordentliche Portion Nachschlag auf den Teller, so dass die Soße auf das Tischtuch spritzte.

»Was ist das Moulin Rouge?«, wollte Fabiola wissen. Sie saß, genau wie Federico, dicht neben Gitta, beinahe auf ihrem Schoß. Wenigstens stierte Veras Tochter dem Besuch nicht so ungeniert auf die Brüste wie ihr siebzehnjähriger Sohn. Der hatte sein Essen bislang kaum angerührt, sondern fand immer wieder Gründe, weshalb Gitta sich zu ihm umdrehen musste, damit er mit den Augen voran in ihrem Ausschnitt versinken konnte.

Auch Carlo schien die Situation zu genießen. Zurückgelehnt auf seinem Stuhl, ließ er seine Eroberung nicht aus den Augen, sondern verfolgte jede ihrer Bewegungen mit einem süffisanten Lächeln im Gesicht. Vera kannte den Blick, oh, sie kannte ihn gut. Es war derselbe Blick, mit dem Carlo sie vor Jahren angesehen hatte, derselbe Blick, mit dem er sie über die Piazza geführt und auf der Spanischen Treppe geküsst hatte. Am liebsten hätte sie nach der Gabel gegriffen und ihm das Auge damit herausgekratzt.

Die Einzige, die in dieser Angelegenheit ausnahmsweise mal auf Veras Seite zu sein schien, war Nonna Gina. Sie saß Gitta am Tisch gegenüber und durchbohrte sie mit eiskalten Dolchspitzen, die sie mittels Gedankenübertragung auf den ungebetenen

Besuch abfeuerte. Gitta schien aber eine Art Teflonbeschichtung gegen gehässige Schwiegermütter zu haben, jedenfalls scherte sie sich einen feuchten Dreck um die Dolchspitzen, sondern schäkerte weiter mit den Kindern und warf Veras Mann zwischendurch aufreizend lange Blicke zu.

Vera war speiübel. Sie stopfte unkontrolliert das Essen in sich hinein, schmeckte nichts und fühlte nur mehr ein Gefühl der grenzenlosen Wut in sich. Aber egal, was sie auch aß, nichts konnte die Empfindung lindern, den lodernden Zorn in sich löschen. Sie war auf 180.

»Das Moulin Rouge ist eine Art … Theater«, erklärte Carlo und sah seiner Assistentin dabei tief in die Augen. »Jeden Abend gibt es eine Tanzvorführung. Gitta hat sich davon sehr inspirieren lassen.« Er grinste selbstgefällig, und Gitta schnurrte in Richtung Fabiola: »Merk dir das, Schätzchen. Die Phantasie des Mannes ist die beste Waffe der Frau. Sagt zumindest Sophia Loren.«

»Ha!«, stieß Vera trocken auflachend hervor und griff nach ihrem Rotweinglas, das sie in wenigen Zügen leerte.

»Hast du echte Croissants gegessen?«, bohrte Fabiola weiter. »Die müssen das Beste auf der ganzen Welt sein.«

»O ja«, schnurrte Gitta wie ein Kätzchen und zwinkerte Carlo zu. »Jeden Morgen habe ich vorzüglich französisch gefrühstückt. Mit Blick auf den in die Höhe ragenden Eiffelturm.«

Vera hickste, griff nach der Rotweinflasche und schenkte großzügig nach. Unglaublich. Mochte sein, dass ihre Kinder die Anspielungen nicht verstanden, aber sie tat es! Sie wusste ganz genau, was Carlo und Gitta trieben, wenn sie in Paris unterwegs waren, in Barcelona, in Venedig, in London oder Kopenhagen. Sie war doch nicht bescheuert! Vera hatte vielleicht kein Smartphone, aber hinter dem Mond lebte sie deswegen noch lange nicht. Sie schnaubte, hob das Glas, prostete sich selbst zu und trank es auf ex.

Plötzlich erhob sich Carlo. »Ich mach mal einen Espresso. Gitta, für dich mit einem Löffelchen Zucker?« Er schürzte die Lippen. Als hätte er ihr schon hundertmal den Espresso gebracht.

Gitta warf sich die Haare über die Schulter. »Ich mag meinen Kaffee schwarz und süß.«

Vera sprang vom Stuhl auf. »Ich helfe dir«, beschloss sie kurzerhand, schnappte sich ein paar der Teller, die auf dem Tisch standen, und folgte ihrem Mann in die Küche.

»Was bildest du dir eigentlich ein?«, zischte sie wutentbrannt, nachdem sie das Geschirr so heftig auf die Arbeitsfläche gedonnert hatte, dass das Besteck klapperte.

Carlo, der sich in Seelenruhe an der Siebträgermaschine zu schaffen machte, blickte nicht einmal auf. »Was meinst du, mein Täubchen?«

»Hör mir mit dem Täubchen auf!«, donnerte Vera und war kurz davor, handgreiflich zu werden. »Ich glaube, ich spinne! Es ist Ostern, das Fest der Familie, und du schleppst deine Geliebte hierher?«

»Wäre es dir lieber, ich hätte sie an Weihnachten mitgebracht?«, wollte Carlo völlig unaufgeregt wissen, während er den Dampf aus der Milchschaumdüse steigen ließ. Er sah Vera auffordernd an, und in seinem Blick lag nichts als völlige Gleichgültigkeit.

Sie wich einen Schritt zurück. »Carlo«, hauchte sie heiser und legte sich die Hand auf die Brust. »Warum? Warum tust du das?«

»Was tue ich denn?« Er zuckte mit den Schultern. »Ich dachte, du fändest es nett, meine Mitarbeiterin mal kennenzulernen.« Carlo zögerte. »Wo ich doch so viel Zeit mit ihr verbringe.«

Vera fehlten die Worte. Fassungslos starrte sie ihren Mann, ihren Carlo, an und versuchte, sich zu sammeln. Was war geschehen? Wie hatte es so weit kommen können? War es wahr, was die Leute sagten? Dass Italiener ihre Cannelloni nicht in der Hose lassen konnten? Und dass sich alle Eheleute über kurz oder lang fremdgingen?

»Gib mir doch mal das kleine Tablett«, bat ihr Mann sie in einer geradezu unheimlichen Gelassenheit. »Und dann tu mir einen Gefallen und mach nicht so einen Aufstand, ja?« Er trat an ihr vorbei, griff nach dem Tablett und drückte ihr einen Kuss auf die Wange. »Es ist alles gut.«

Vera holte tief Luft, um eine Gardinenpredigt der Extraklasse auf ihren Mann abzufeuern, aber in diesem Augenblick ging die Küchentür auf, und Fabiola kam herein.

»Papa, kann Gitta heute bei mir schlafen?«

Vera starrte ihre Tochter an. »Gitta wird NICHT hier schlafen! Und vor allem nicht in deinem Zimmer.«

»Doch, das wird sie«, erwiderte Carlo trocken. »Im Gästezimmer.«

Sie spürte, wie ihr Kiefer nach unten sackte. Vermutlich sah sie aus wie ein Blobfisch. »Nein.«

Er lächelte. »O doch.« Damit schien die Diskussion für ihn beendet, denn er legte den Schalter der Espressomaschine um und ließ das heiße Gold in die Tasse fließen. Anschließend stellte er das Tässchen auf die Untertasse auf dem Tablett und verließ die Küche wie ein Oberkellner, der gerade den wichtigsten Restaurantkritiker des Landes am besten Tisch bedienen durfte, gefolgt von Fabiola, die ihrem Vater aufgeregt hinterherwuselte.

Vera blieb allein in der Küche und wusste nicht, ob sie lachen oder weinen sollte. Möglicherweise wäre schreien auch die beste Wahl. Sie spürte ein inneres Feuer in sich lodern, tief in ihrem Bauch, und wusste, dass sie ihre Wut nicht lange würde zügeln können. Und wieso sollte sie auch? Sie lebte hier, verdammt nochmal, das war ihre Familie, die ihr Gatte gerade mit Schmackes in die ewigen Jagdgründe beförderte. Wieso sollte sie still bleiben, wenn er sich unter ihrem Dach mit einer anderen Frau vergnügte? Wenn er Gitta behandelte, wie er vor vielen Jahren sie behandelt hatte und wie er sie nach der gemeinsamen Zeit gefälligst immer noch behandeln sollte!

Sie machte einen entschiedenen Schritt nach vorn und riss die Küchentür auf, bereit, ein gewaltiges Donnerwetter auf Carlo und vor allem diese Gitta herabfahren zu lassen. Doch sie blieb auf der Türschwelle wie angewurzelt stehen, als sie sah, dass die Tischgesellschaft mittlerweile die Plätze gewechselt hatte. Ihr Mann saß neben Gitta, die böse dreinblickende Nonna am Tisch gegenüber, die Kinder sahen sich irgendwas auf Fabiolas Handy an … doch Vera hatte nur Augen für den seidenbestrumpften Fuß der fremden Frau, der sich aus dem High Heel gelöst hatte und nun aufreizend langsam am Hosenbein Carlos nach oben wanderte. Gitta war so in ihre unheilige Verführung versunken, dass sie Vera überhaupt nicht bemerkte, und von Carlo war sowieso nichts zu erwarten, der bedachte seine Assistentin mit einem Blick, der Vera heiß und kalt zugleich werden ließ.

»*Eh basta!*«, donnerte da plötzlich die Nonna und ließ die flache Hand auf den Tisch sausen.

Alle zuckten zusammen, sogar Gitta ließ vom Unterschenkel Carlos ab.

Nonna Gina erhob sich und stützte die Hände auf den Tisch.

Sie beugte sich nach vorn, funkelte ihren Sohn an und öffnete den Mund, um etwas zu sagen – als sie von Gitta unterbrochen wurde.

»Was für ein wunderbares Essen, liebe Frau Renzi«, säuselte sie und drehte sich der Schwiegermutter zu. »Ich muss sagen, die Gerichte, allesamt vorzüglich, erinnern mich sehr an einen Roman, den ich vor kurzem gelesen habe.«

Vera meinte, der Blitz würde in sie hineinfahren. Aber sie hat doch nicht etwa …

»›Antipasti d'Amore‹. Kennt das zufällig jemand?«

Die Nonna kniff die Augen zusammen, die Kinder sahen vom Handy auf, Carlo schmunzelte verwegen. Nur Vera schickte ein Stoßgebet zum Himmel und bat um ein mobiles Erdloch, in dem sie augenblicklich versinken konnte.

»Nie gehört«, antwortete Carlo. »Worum geht es in dem Roman?«

Vera schnaubte. Als sie ihrem Mann davon erzählt hatte, dass sie ein Buch geschrieben habe, hatte er ihr noch nicht einmal zugehört – aber wenn Gitta davon erzählte, wollte er die Handlung erfahren? Das war doch grotesk.

»Es geht um eine verhängnisvolle Affäre zwischen einer italienischen Köchin und einem Mann, der in ihr Restaurant kommt.«

Einem Kritiker!, hätte Vera beinahe gerufen, riss sich im letzten Moment aber zusammen.

»Bah!«, machte die Nonna abfällig und drehte den Kopf zur Seite. Vera konnte aus der Reaktion nicht erkennen, ob die Schwiegermutter ihren Roman nun schon gelesen hatte oder nicht. Sicher aber war, dass sie den Grundplot nicht guthieß. Zumindest sagte das ihr Gesicht.

»Er sorgt dafür, dass sie ihr Restaurant schließen muss, und sie rächt sich mit sehr viel Leidenschaft«, fuhr Gitta fort, während sie Carlo weiter mit Blicken auszog.

Vera blinzelte verwundert. Das war eine sehr knappe Zusammenfassung ihrer Geschichte. Und nicht einmal ganz richtig. Doch es wunderte sie nicht, dass diese infame Person die Liebesgeschichte nicht verstanden hatte. Die tiefe Verbindung zwischen diesen beiden Menschen, die erst einmal begreifen mussten, dass sie sich nicht hassten, sondern viel mehr voneinander angezogen wurden …

Vera rief sich zur Räson. Das war jetzt nicht das Thema.

»Ich kenne das Buch«, rief Fabiola zu Veras Entsetzen, und selbst die Nonna drehte den Kopf herum und starrte ihre Enkelin entsetzt an. »Auf Instagram reden sie alle davon.« Sie drehte das Display so hin, dass alle in der Runde einen Blick auf das schwarze Cover mit der weißen, perlmuttglänzenden Muschel und dem geschwungenen Schriftzug darüber erkennen konnten.

Vera taumelte zurück, musste sich am Türrahmen festhalten. Ihre Tochter kannte ihren erotischen Roman? Himmel, steh mir bei.

Federico zog die Augenbrauen zusammen. »Ah. Das Buch kenne ich auch.«

»Du?!«, rief Vera laut.

»Ja, es steht bei uns im Wohnzimmer. Im Buchregal.«

»*Dio mio!*« Die Nonna griff nach ihrem Weinglas und trank einen entschiedenen Schluck, ehe sie das Glas mit Wucht wieder auf den Tisch donnerte.

Vera wurde schwindlig. Sie selbst hatte ein Exemplar der Erstauflage dort versteckt, in der Annahme, es sei der sicherste Platz im Haus, weil außer ihr niemand jemals las. »Woher weißt du das?«, entfuhr es ihr.

Ihr Sohn zuckte mit den Schultern. »Ich lese.«

»Entschuldigung? Wann?! Und doch nicht so was!«, wurde Vera laut.

»Sei doch froh, dass der Junge sich für Literatur interessiert«, gab Carlo zu bedenken, der erstaunlich ruhig geblieben war. Erinnerte er sich wirklich nicht mehr an die Offenbarung seiner Frau vor einigen Wochen? Das Gespräch, als sie ihm gesagt hatte, dass sie ein Buch geschrieben hatte? Nein, natürlich nicht. Ancelotti und der AS Rom hatten Vera das Wasser abgegraben.

»Das ist kein Buch, das ein Siebzehnjähriger lesen sollte«, brachte sie irgendwie über die Lippen.

Carlo drehte sich zu ihr um. »Ach, du kennst es?«

Sie räusperte sich. »Ich habe es empfohlen bekommen. Von Simone.« Vera spürte, wie sich der bohrende Blick der Nonna auf sie richtete, und schlug die Augen nieder.

»Es ist wirklich sehr gut«, mischte Gitta sich wieder ein. »So sinnlich und leidenschaftlich.« Sie wandte sich Carlo zu, leckte sich über die Lippen und beugte sich nach vorn. »Ein richtiger Leckerbissen.«

Dann ging alles ganz schnell. Die Nonna, die immer noch am Tisch stand, machte eine unwirsche Handbewegung, und einen Wimpernschlag später knallte die geöffnete Rotweinflasche auf den Tisch, die Öffnung in Richtung Gitta zeigend, und ein halber Liter Amarone ergoss sich über die Tischdecke und das Kleid von Carlos Assistentin. Die sprang auf, schrie und riss die Hände hoch. »Das Kleid! Es ist ruiniert!«

»Schnell, zieh es aus!«, bat Carlo beinahe flehend, während Fabiola mit dem Salzstreuer um den Tisch kam, im Laufen den Deckel des Streuers abdrehte und einfach den gesamten Inhalt auf Gitta schleuderte, wobei ein Großteil des Salzes in ihrem

Gesicht und – Vera atmete innerlich auf – ein bisschen auch in ihren Augen landete.

Gitta fing an zu kreischen. Carlo schlug sich die Hand vor den Mund. Die Nonna und Vera blickten sich an. Und wenn Vera sich nicht täuschte, umspielte den Mund der Schwiegermutter ein Lächeln.

13

Vera stand am Waschbecken und schrubbte wie eine Wahnsinnige den Rotwein aus dem Etuikleid. Der Moment der Erleichterung, vielleicht sogar der Genugtuung, war verpufft – denn Gitta saß in einem Hauch von Nichts am Tisch. Genauer gesagt einem Hemd von Carlo, ausgerechnet! Da sie anatomisch betrachtet weitaus üppiger war als Vera, hätte sie in kein einziges Kleidungsstück von ihr hineingepasst, nicht mal dieselbe Schuhgröße hatten sie, wobei mit einem Paar Socken bei Gittas Körperformen auch nicht viel getan gewesen wäre. Federico hatte – ganz der italienische Gentleman – seinen Kapuzenpullover angeboten, und Fabiola war drauf und dran gewesen, sich das Shirt vom Leib zu reißen, nur die Nonna hatte auf Italienisch gefaucht: »Meine Schürze bekommt sie nicht!«

Und so hatte sich Veras Ehemann erbarmt und eines seiner besten Hemden aus dem Schrank geholt. Nun saß seine Assistentin Schrägstrich Geliebte also in einem Outfit am Tisch, in dem ihre langen Beine noch länger wirkten. Die Knöpfe am Busen spannten so dermaßen, dass Vera für einen Moment befürchtet hatte, ein Knopf könnte abspringen und der Nonna an den Kopf knallen.

Die Schwiegermutter schien die Gefahr ebenfalls gesehen zu haben, jedenfalls kam sie in die Küche marschiert und baute sich vor Vera auf.

»*Che cosa fai?* Was machst du da?«

Vera hob irritiert den Kopf. »Ich mache das Kleid sauber.«

Nonna Gina griff beherzt ins Spülbecken, riss Vera den Stoff aus der Hand und donnerte das nasse Bündel in den Mülleimer. »Nichts dergleichen wirst du tun! Du bist doch keine Angestellte.«

Beinahe hätte Vera laut aufgelacht, denn die Nonna gab sich seit fast zwei Jahrzehnten größte Mühe, Vera wie eine Angestellte zu behandeln – und zwar ohne Urlaubs- und Weihnachtsgeld und Mitarbeitergespräche.

»Aber … aber sie braucht doch etwas zum Anziehen.«

Die Nonna zog lautstark die Nase hoch, schaute an die Decke und sagte zu ihrem toten Ehemann: »Emilio, diese Frau ist wirklich noch einfältiger, als ich es jemals für möglich gehalten hätte.« Dann ging sie wieder zum Mülleimer, holte das Kleid heraus und wrang es über der Spüle aus. Im Anschluss legte sie es auf den Küchentisch und betrachtete mit einem grimmigen Glimmen in den Augen den riesigen Rotweinfleck, der Vera entfernt an die Form Siziliens erinnerte.

»Ich zeige dir, wie man in so einem Fall vorgeht«, gab die Nonna knurrend von sich, zog eine Schere aus der Schublade und begann zu Veras Entsetzen, Sizilien aus dem Mittelmeer herauszuschneiden – und sie ging dabei nicht gerade sanft mit der Insel um. Im Anschluss drückte sie den herausgeschnittenen Stofffetzen Vera in die Hand und meinte: »So, meine Liebe, behandelt man Probleme dieser Art.«

Vera wusste nicht, was sie sagen sollte. Sie war mit Gittas Kleid in die Küche gekommen und würde mit einem Bastelwerk ihrer Schwiegermutter wieder an den Tisch zurückkehren. Wie sollte sie das bloß erklären? Sie konnte ja schlecht sagen, sie sei in die geöffnete Schere gefallen.

»Und nun zu dir.« Nonna Gina machte sich in all ihrer Furchteinflößigkeit vor Vera groß, den ausgestreckten Zeigefinger hielt sie ihr dabei vor die Nase. »Das ist alles deine Schuld!«

»Wie bitte?« Vera musste sich verhört haben.

»Du hast deinen Mann NICHT unter Kontrolle!«, beschloss die Nonna.

»Ich? Meinen … aber er ist doch auch dein Sohn!«, erwiderte Vera entrüstet.

»Bah!«, machte die Schwiegermutter. »Es ist als Ehefrau deine Aufgabe«, dabei bohrte sie den Finger bei ›deine‹ tief in Veras Brustbein, »deinen Mann an die Kandare zu nehmen. Er ist Italiener! Der jagt doch jeder Schürze hinterher, das musst du doch am besten wissen! Bah.«

Vera blinzelte. Sie konnte nicht glauben, was Carlos Mutter da von sich gab. »Wie kann es denn meine Schuld sein, wenn mein Gatte, der mir die Treue geschworen hat, untreu ist?«

Nonna Gina schüttelte entschieden den Kopf. »Treu, untreu … Red dich nicht raus. Der ideale Ehemann ist der, von dem alle Frauen träumen und den keine kennt.«

Den Spruch hatte Vera schon häufiger von der Nonna gehört, oder eher von Anna Magnani, der Schauspielerin, die sie so verehrte. »Aber was soll ich denn tun? Hast du dir diese Gitta mal angeguckt?«

Nonna Gina zuckte mit den Schultern. »Auch die schönste Frau ist an den Füßen zu Ende.«

Ja, genau, und zwar an den Füßen, mit denen Gitta Carlo vorhin den Unterschenkel hochgekrabbelt war!

»Gegen so ein Superweib bin ich machtlos, Gina«, rief Vera flehentlich, aber die Nonna schüttelte nur den Kopf.

»Sei doch nicht so unglaublich einfallslos«, verlangte sie,

ging zum Kühlschrank und holte das Tablett mit den Dessertschälchen heraus. Die Zabaione stand genauso stramm wie Gittas Busen, nur dass auf diesem keine Johannisbeerrispe samt Minzblatt thronte. Nonna Gina nahm sich eines der Schälchen, fischte mit spitzen Fingern das Minzblatt von der Creme, räusperte sich einmal ordentlich und spuckte dann mit Nachdruck in die Zabaione. Anschließend nahm sie das Tablett, nickte Vera grimmig zu und ging ins Esszimmer, um den letzten Gang aufzutragen.

Vera wankte hinterher. Sie konnte nicht glauben, was sie gerade gesehen und gehört hatte. Ihre Schwiegermutter gab ihr die Schuld am Ehebruch des eigenen Sohnes? Müde und verwirrt ließ sie sich auf einen freien Stuhl sinken und bemerkte nur aus dem Augenwinkel, dass Nonna Gina Gitta das einzige Schälchen Zabaione ohne Minzblatt servierte, auf das sich die Schönheit mit großem Appetit stürzte.

Vera kämpfte mit den Tränen. Sie hatte schon lange gewusst, dass Nonna Gina sie nicht leiden konnte, aber ihre Beziehung, wenn man das denn so nennen wollte, hatte einen neuen Tiefpunkt erreicht. Die Mutter würde zu ihrem Sohn halten – dem einzigen, den sie hatte, der Reinkarnation ihres geliebten, viel zu früh verstorbenen Mannes. Carlo und Emilio sahen sich auch noch so verdammt ähnlich! Kein Wunder, dass Gina ihren Sohn anhimmelte wie das Leichentuch Christi.

Auf die Kinder war auch kein Verlass. Wie es aussah, würden sie ihre langweilige Mutter am liebsten gegen diese Gitta und ihre Doppel-D-Oberweite eintauschen. Da war es herzlich egal, ob diese Frau Anfang fünfzig war – sicher hatte sie ein Smartphone, Instagram und sogar ein eigenes Hashtag. Fabiola himmelte die Assistentin an und würde sofort eine Pyjamaparty mit Gitta gegen das neue iPhone eintauschen, das sie sich so wünschte und das Vera natürlich als Ostergeschenk gekauft hatte. Und Federico? Wenn in seinem Oberstübchen überhaupt noch etwas anderes als Spielkonsolen, Fußballergebnisse und Mädchen vorhanden war, würden diese wenigen Interessen nunmehr durch ein sündiges Abziehbild von Gitta im halb aufgeknöpften weißen Hemd Carlos abgelöst werden.

Blieb noch ihr Ehemann. In guten wie in schlechten Zeiten, das hatten sie sich vor vielen Jahren geschworen. Und auch wenn die Italiener als Gigolos galten, war sich Vera doch immer sicher gewesen, dass ihm der Familiensinn über alles ging. Wie sehr sie sich doch getäuscht hatte! Wie lange machte er schon mit dieser Gitta rum? War sie wirklich seine Assistentin – oder war ihr Hauptjob Ehebrecherin oder Pin-up-Girl? Vielleicht war sie ja sogar zuerst Carlos Geliebte gewesen, und dann hatte er sie umständehalber eingestellt, um noch mehr Zeit mit ihr zu verbringen und sie auf seine Lustfahrten mitzunehmen, die er als Geschäftsreisen tarnte. Vermutlich setzte er sie sogar von der Steuer ab!

Warum war Vera noch nie von ihm mit nach Paris genommen worden? Ins Moulin Rouge? Auf die Champs-Élysées? Nach Luxemburg, Belgien oder in die Niederlande? Essen hatte er ihr mitgebracht! Kalorien, die sie rund und träge machten, damit sie ihm garantiert nicht davonlaufen konnte. Und warum? Weil sie eine gewöhnliche Hausfrau mit einem lächerlichen Kiosk war, der sich gerade einmal selbst trug? Weil sie für ihn alles hintangestellt hatte? Ihre Karriere, ihre Selbstverwirklichung und ihr Bindegewebe? Was bildete sich dieser Schnösel überhaupt ein? Sie hätte es wissen müssen, damals, als er sie durch Rom führte, als wäre er ein antiker Heereskämpfer in einem Streitwagen, der dem Volk die Kriegsbeute präsentierte.

In diesem Moment fiel ihr eine Szene ein, ein kleiner Augenblick vor vielen Jahren, eigentlich nicht der Rede wert – aber doch groß genug, um damals einige Zweifel bei ihr zu säen und sie auch lange Zeit später noch manchmal zu zwicken. Sie waren auf der Piazza Navona gewesen, wieder einmal, zuerst in einer Bar bei einem Aperitivo, später in einem dieser zauberhaften Restaurants mit winziger Karte, auf eine Schiefertafel geschrieben, die der Kellner an jeden Tisch einzeln brachte und erklärte. Am Nebentisch saßen zwei Geschäftsmänner, tief in ihr Gespräch versunken, und blickten erst auf, als Carlo Vera den Stuhl unter dem Tisch hervorzog, sie sich hinsetzen ließ und ihr beim Heranrücken des Stuhls zärtlich über die unbekleideten Oberarme strich. Vera sah, dass die Männer erst sie, dann Carlo anschauten, und in ihren Gesichtern spiegelte sich die Anerkennung.

»*Che bella!*«, rief der eine voller Respekt, und der andere nickte wohlwollend, als ob Carlo gerade einen neuen Maserati aus der Garage gefahren hätte.

Und dann hatte Carlo etwas gesagt, das Vera bis heute nicht aus dem Kopf ging. Einen Satz, den sie damals abgetan hatte, weil sie dachte, ihr Italienisch sei nicht gut genug, weil sie meinte, sie habe sich verhört – oder falsch interpretiert. Er hatte gesagt: »Eine Frau ist für einen erfolgreichen Mann eine Art Litfaßsäule, die seinen Wohlstand plakatiert.«

Und alle hatten gelacht.

Sogar Vera.

Dabei war sie ja die Litfaßsäule in diesem elenden Bild. Die Carlos Wohlstand plakatierte.

Vielleicht hätte sie ihn später fragen sollen, wie er das denn gemeint hatte. Möglicherweise hätte er ihr eine Antwort gegeben, die sie ins Grübeln gebracht hätte. Und eventuell wäre sie heute dann nicht Vera, die nichts auf die Reihe bekam, Vera, die von allen wie eine Versagerin behandelt wurde, und Vera, die ihr Mann vor ihren Augen hörnte.

Sie hob den Kopf und sah nachdenklich in die Runde. Carlo saß eng neben Gitta, sie schauten sich irgendwas auf seinem Handy an. Offensichtlich hatte die Zabaione der Assistentin sogar mit der Extrazutat geschmeckt – Vera hoffte, dass Nonna Gina irgendeine ansteckende Krankheit hatte, die Gitta über Nacht in ein grässliches Ungeheuer verwandelte. Mit etwas Glück war Griesgram ja infektiös.

Federico hockte neben Gitta und versuchte, sie in ein Gespräch über eines seiner stumpfsinnigen Videospiele zu verwickeln. Sie warf ihm mit einer beneidenswerten Nonchalance genau so viel Aufmerksamkeit wie Brotkrumen hin, dass er nicht von ihr abließ, sie sich aber auch nicht auf das Gespräch mit ihm konzentrieren musste. Fabiola hing an ihrem Vater und flüsterte ihm etwas ins Ohr, was der jedoch völlig zu ignorieren schien. Einzig die Nonna behielt Format, denn wieder saß sie kerzengerade auf ihrem Stuhl, die Hände auf der Tischplatte gefaltet, und würdigte Gitta nun keines Blickes mehr.

Vera spürte einen Stich im Herzen. Wenn ihr das alles, was sie so liebgewonnen hatte, genommen werden würde – was bliebe ihr dann noch? Würden die Kinder zu ihr halten, wenn sie erfuhren, was ihr Vater so trieb? War es überhaupt eine gute Idee, es ihnen zu sagen? Auf die Nonna würde sie verzichten müssen ... Nun denn, das war nun wirklich kein Grund, um Trübsal zu blasen. Aber das Haus würde sie verlieren, das könnte sie sich niemals leisten. Carlo und sie hatten zwar keinen Ehevertrag, und sie hatte nur ein sehr geringes Einkommen ...

Moment mal. Sie richtete sich unwillkürlich auf. Aber sie hatte doch ein Einkommen! Und zwar ein gar nicht mal so schlechtes. Ein fünfstelliger Betrag lag sicher und wohlbehalten auf ihrem Konto, wenn Manfred Hülsenbeck nicht schon wieder die nächste Großauflage davon bezahlt hatte. Das war sehr viel Geld, selbst wenn man Steuern abzog. Mehr Geld, als Vera jemals besessen hatte. Und genug, um erst mal über die Runden zu kommen. Sich eine kleine Wohnung zu nehmen, sich eine hübsche Einrichtung zu leisten, den Kiosk weiter zu betreiben. Und weiterzuschreiben, so lange, bis die Leserinnen keine Lust mehr auf sie hatten. Natürlich, das konnte schnell gehen, in diesen Zeiten musste man ja mit allem rechnen. Doch ein Anfang wäre möglich. Ein Neubeginn, ohne Carlo, diesen Halunken, diesen Betrüger.

Es gab nur einen Haken. Carlo durfte natürlich nichts von dem Geld erfahren. Ihre erschriebenen Euros fielen genau genommen nämlich auch unter die Gütergemeinschaft. Und dann müsste sie ihm etwas von ihrem Honorar abgeben. Ihm! Diesem … diesem … Arschloch.

O nein, schwor sich Vera. Keinen roten Heller würde ihr Ehemann von ihrem Geld bekommen. Es konnte kein Zufall sein, dass sie sich seit Wochen vornahm, ihm von »Antipasti d'Amore« zu erzählen, es aber bislang nie geklappt hatte. Sie schlug klammheimlich ein Kreuz und dankte dem Herrgott, an den sie eigentlich nicht glaubte, für seine Güte. Dann drehte sie den Kopf und funkelte böse ihren Ehemann an. Er unterschätzte sie? Sollte er doch. Das würde sicher lustig werden.

14

Drei Tage später, es war mittlerweile Ostermontag geworden, war Vera auf dem Weg zum Kiosk. Ihr war die fettarme Milch ausgegangen. Nicht dass jemand in der Familie Renzi fettarme Milch trank. Gitta aber schon. Weil Feiertag war und alle Läden zuhatten, war Vera gezwungen, im eigenen Kiosk Nachschub zu besorgen.

Seit drei Tagen okkupierte diese infame Person das Haus der Renzis. Seit drei langen Tagen war Vera dazu verdonnert, der Geliebten ihres Mannes den Cappuccino zu servieren und die Cantuccini anzureichen und sich beim Auftun der Spaghetti Sätze wie diesen anzuhören: »Spaghetti isst man am besten, indem man sie wie ein Staubsauger einatmet.« Und seit drei Tagen hing das süße, schwere Parfüm der Frau in jeder noch so entfernten Ecke des Hauses. Jeden Abend war Vera mit einem mulmigen Gefühl ins Bett gegangen. Würde sich Carlo heute aus dem gemeinsamen Schlafzimmer schleichen, um Gitta eine Etage weiter oben einen Besuch abzustatten? Sie hatte sich gezwungen, wach zu bleiben, hatte sich zu nachtschlafender Zeit komplizierte Matheaufgaben gestellt, um bloß kein Auge zuzumachen, aber Nacht für Nacht war sie eben doch weggedämmert. Immerhin: Sie hatte niemanden in flagranti bei irgendetwas ertappt.

Dennoch konnte sich Vera schon denken, was da lief. Carlo und Gitta hatten auf ihren Geschäftsreisen vermutlich so viel

Sex gehabt, dass der erste erotische Heißhunger mittlerweile gestillt war, auch wenn das bei einer Frau wie Gitta schwer vorzustellen war. Deshalb rissen sie sich jetzt zusammen – hier, unter ihrem eigenen Dach.

Vera schüttelte den Gedanken ab. Was vergangen war, war vergangen. Es brachte nichts, sich weiter den Kopf über die beiden zu zerbrechen, sie würde es ja doch nicht herausfinden. Und selbst wenn sie es tat, was würde es ändern? Sie brauchte keine Beweise. Ihr Mann vögelte seine Assistentin, das war so sicher wie das Amen in der Ostermesse. Und geschmacklos war es noch dazu. *Bah!*, dachte sie und zuckte im selben Moment instinktiv zusammen. Dass sie der Ehebruch vor den eigenen Augen in die verhasste Schwiegermutter verwandelte, war nun wirklich nichts, was sie brauchen konnte.

Gerade als sie mit dem Liter Milch unter dem Arm die Tür ihres kleinen Ladens wieder abschloss, bemerkte sie, dass sich eine Person von links näherte. Sie hob den Kopf und musste unwillkürlich lächeln. »Ach, du bist es. Machst du einen Osterspaziergang?«

Guntero lächelte ebenfalls. »Wie schön, dich zu treffen. Ich musste mir mal die Beine vertreten. Mein Rücken bringt mich um.« Er streckte sich demonstrativ. »Ich sitze seit Tagen am Rechner.«

»Schreibst du wieder?«

Er winkte ab. »Nein, mein Roman ist im Dornröschenschlaf. Ich recherchiere.«

Vera hatte das Gefühl, eine dunkle Wolke würde sich über ihrem Kopf zusammenbrauen, und sofort wurde ihr kälter. »Doch nicht immer noch wegen Lucia Barone?«

»Aber ja. Ich sag dir, wenn ich der Erste bin, der herausfindet, wer sie in Wahrheit ist, werden sie mir die Story aus der Hand reißen!«

Am liebsten hätte Vera die Milch genommen und damit nach Guntero geworfen. Aber das wäre eventuell eine Reaktion gewesen, die sie im Anschluss hätte erklären müssen.

»Warum bist du so versessen darauf, ihre Identität aufzudecken?«, fragte sie stattdessen schärfer als beabsichtigt. »Vielleicht solltest du einfach respektieren, dass sie nicht gefunden werden will.«

Guntero sah sie eindringlich an. »Sag mal, geht es dir gut? Du wirkst ein wenig … gestresst.«

Vera atmete tief durch. Sie musste sich zusammenreißen. Das Letzte, was sie nach den drei grauenhaften Tagen zu Hause brauchen konnte, war Guntero, der sich wie ein Bluthund an ihre Fersen haftete. »Ich hatte ein sehr anstrengendes Wochenende. Carlo hat überraschenden Besuch mitgebracht. Und der hat es … in sich.«

»Oh. Ein Geschäftsfreund? Oder jemand aus der Familie?«

Sie räusperte sich. »Seine Assistentin.«

Gunteros Blick bohrte sich in Veras Augen. »Seine Assistentin.«

Vera nickte und zog gleichzeitig die Schultern hoch.

Er hob die Augenbrauen. Offenbar hatte Guntero verstanden, was für eine Assistentin das war und weshalb ihre Anwesenheit Vera die Laune verhagelte. »Oha.«

Sie schwiegen einen Moment.

»Kann ich dich vielleicht dazu einladen, mich auf meinem Osterspaziergang zu begleiten?« Guntero legte den Kopf in den Nacken. »Es ist so schönes Wetter. Und es könnte dich auf andere Gedanken bringen.«

Vera war gerührt, dass Guntero sich um sie sorgte. Gleichzeitig befürchtete sie, dass er sie noch mehr über Lucia Barone ausquetschen würde, wenn sie Zeit mit ihm verbrachte. Außerdem war sie bereits verabredet. Was sie ihm jedoch garantiert nicht auf die Nase binden würde.

»Ich habe leider keine Zeit.« Sie hob demonstrativ die Milchtüte. »Die Pflicht ruft.«

Guntero sah ein klein bisschen enttäuscht aus. »Ein anderes Mal. Mach's gut, Vera. Nicht unterkriegen lassen.«

Sie lächelte. »Sicher nicht.« Und in Gedanken fügte sie hinzu: Rache ist schließlich ein Gericht, das man am besten kalt serviert.

Eine halbe Stunde später fand sie einen Parkplatz in der Nähe des Hauses, in dem Hülsenbeck seinen Verlag hatte, und stellte den Wagen ab. Dass ihr Verleger sich auch am Feiertag Zeit für seine wichtigste – vielmehr: einzige – Autorin nahm, war keine Selbstverständlichkeit. Auf der anderen Seite verdiente er so viel Geld mit ihr, dass er kaum eine andere Wahl gehabt hatte, als sich mit ihr am Ostermontag zu treffen. Außerdem war es ein schönes Gefühl, dass zumindest ein Mensch in Veras Leben einfach mal das tat, worum sie ihn bat. Keine Diskussionen, keine Erklärungen, sie hatte ihn nur anrufen und sagen müssen, dass sie ihn sehen wollte, *Subito!*, und ihr Verleger hatte sie zu sich eingeladen.

Als sie fünf Minuten später in der Wohnung Hülsenbecks stand, musste sie tief durchatmen – und gleich darauf heftig husten. Sie war noch nie in seinem »Verlag« gewesen und verstand nun besser, warum ihr Verleger alle wichtigen Termine außer Haus abhielt. Auf jedem Quadratzentimeter stapelten sich die Bücher. Und damit war wirklich *jeder* Quadratzentimeter gemeint. Teilweise ragten die aufeinanderstehenden Bücherberge sogar über die Türrahmen hinaus. In den Regalen, einige standen quer im Raum und waren von beiden Seiten zugänglich, auf dem Bett, auf dem Schreibtisch, die ganze Wohnung war ein einziges Sammelsurium aus Büchern, Heften, Kladden und Papier. Es zuckte Vera in den Fingern. Auch wenn sie Staubwedeln aus tiefster Seele hasste: Hier musste man doch mal aufräumen! Nicht mal in der Küche, in die Hülsenbeck sie führte, um ihr eine Tasse Kaffee einzuschenken, der so dünn war, dass sie den Keramikboden sehen konnte, machten die Bücher halt. Vera war nicht gut in Physik, aber sie konnte sich denken, dass so viele Bücher, vielleicht waren es 30 000, vielleicht hing auch eine Null mehr dran, doch ein gewisses Gewicht auf die Waage brachten. Und so ein Bau wie der, in dem ihr »Verlag« beheimatet war, so ein hässliches, nichtssagendes Ding aus den Sechzigern, war ja nun nicht gerade der Inbegriff der Stabilität. Vorsichtig wippte sie auf den Fußballen auf und ab, während Hülsenbeck versuchte, einen Stuhl für sie freizuräumen. Gab der Boden unter ihr nach? Waren da Vibrationen? Sie hielt Ausschau nach einem Fluchtweg. Sollte die Wohnung in sich zusammenstürzen, würde sie einen gewagten, aber möglicherweise lebensrettenden Hechtsprung aus dem Fenster machen, das sie sicherheitshalber schon einmal öffnete. Erster Stock. Ein gebrochener Knöchel, den konnte man verschmerzen.

»Ist ein bisschen trockene Luft hier drin«, sagte sie mit krächzender Stimme und nippte an ihrem Kaffee-Tee. Er schmeckte scheußlich.

»Sie haben mir nicht viel Zeit gelassen, es hübsch für Sie zu machen, Frau Renzi«, erwiderte Hülsenbeck mit hörbarer Verzweiflung in der Stimme. Die flusigen Haare standen ihm vom

Kopf ab, und wenn Vera richtiglag, trug er noch seine Pyjamahose. »In einer halben Stunde kann ich keine Wunder vollbringen.« Peinlich berührt sah er sich im Raum um, und Vera dachte: Selbst wenn ich meinen Besuch vor einem Monat angekündigt hätte, hätte es nicht gereicht, um es hier ›hübsch‹ zu machen.

»Ja. Also. Dann.« Der Verleger stand mit zwei Bücherstapeln im Arm etwas hilflos da und machte eine unbestimmte Geste in Richtung des Stuhls.

Vera ließ sich nieder, Hülsenbeck sank ermattet auf eine erstaunlicherweise freie Stelle auf dem Bett, die Stapel Bücher immer noch in der Hand.

»Und was verschafft mir die Ehre?« Er ließ seinen Blick durch das vollgestellte, staubige Zimmer schweifen und schien offensichtlich peinlich berührt.

»Ich würde mit Ihnen gern über die Leseprobe sprechen. Die ersten einhundertfünfzig Seiten.«

»Ah ja!« Hülsenbeck rückte sich die Brille zurecht, woraufhin einer der Bücherstapel ins Wanken geriet. Hastig fasste er nach. »Die ist ganz und gar wunderbar, Frau Renzi! Ich liebe die Idee mit den Osterhasen, wirklich, das ist famos. Und so frivol. Einfach herrlich.« Er geriet ins Schwärmen. »Und wie Sie den sexuellen Akt beschreiben, also das muss man Ihnen ja eigentlich nicht sagen, aber Sie wissen wirklich, was Sie da tun! Sinnlich, leidenschaftlich, wild und doch niemals vulgär. Ganz, ganz toll, Frau Renzi.« Als sie schwieg, legte er nach: »Ganz toll.«

Sie nickte. »Danke schön. Was macht die Bestsellerliste?«

»Platz sieben! Sie klettern jede Woche höher, Frau Renzi. Das bedeutet, dass sich Ihr Buch immer mehr verkauft. Es spricht sich langsam rum, wissen Sie?«

Sie fühlte Aufregung in sich aufsteigen. Platz sieben! Das war wirklich unglaublich. Dann konzentrierte sie sich, denn nun kam sie zum Eingemachten. »Hören Sie, Herr Hülsenbeck. Ich möchte Sie um einen Gefallen bitten.«

Er schluckte so heftig, dass sein Kehlkopf hüpfte, und hauchte: »Ja?«

»Bitte überweisen Sie mir mein Honorar noch nicht.«

Der Verleger blinzelte. »Wie meinen?«

»Ich möchte Sie bitten, mit der Überweisung noch etwas zu warten. Das hat … persönliche Gründe.«

Er sah sie an, schien nicht zu begreifen. »Ich bedaure wirklich sehr, wenn ich in der Vergangenheit nicht so liquide war, wie ich mir das sehr gewünscht hätte, Frau Renzi. Und ich kann Ihnen versichern, mit dem Erfolg, den Sie haben, mit ›Antipasti‹, aber sicher auch mit ›Dolci‹, da brechen für uns beide goldene Zeiten an. Goldene Zeiten! Ich kann das Geld schon riechen.«

Vera schnupperte, aber außer dem Staub, der ihr in der Nase kitzelte, roch sie nichts. »Es geht nur um ein paar Wochen. Sie könnten doch das Geld einfach noch ein bisschen auf Ihrem Konto liegen lassen? Das ist doch sicher kein Problem, oder?«

Insgeheim dachte sie: In der Vergangenheit hatte es überhaupt kein Problem dargestellt, ihr Honorar zu behalten. Ganz im Gegenteil.

»Nun ja«, setzte der Verleger an. »So einfach ist das nicht. Ich habe ja auch eine Buchhaltung, und ich muss da schon ein bisschen Ordnung halten. Vor allem jetzt, wo die Lizenzen aus dem Ausland eintrudeln.«

Vera setzte sich gerader hin. »Darüber wollte ich auch mit Ihnen sprechen. Übersetzungsrechte ins Italienische?«

Hülsenbeck stand auf, trat auf sie zu. »Ja, es ist ganz und gar unglaublich! Ein renommierter Verlag aus Rom hat sich gemeldet. Und nicht nur der. Mein Telefon klingelt ununterbrochen, ich komme mit dem Abarbeiten der Mails gar nicht hinterher.« Er strauchelte kurz. »Ich befürchte, ich muss expandieren.«

»Expandieren?!« Vera dachte an noch mehr Bücher in noch größeren Zimmern.

»Vielleicht muss ich wirklich bald jemanden einstellen. Oder mir einen Büroraum anmieten.«

Ihr Herz begann, schneller zu schlagen. »Moment. Gibt es noch mehr Anfragen als die aus Italien?«

Er nickte so heftig, dass seine Brille verrutschte. »Aber ja! Es ist wirklich verrückt, und alle schicken gleich Verträge mit. Ich habe Anfragen von Verlagen aus Frankreich, Polen, Litauen …«

»Litauen?!«

»O ja. Und eigentlich müsste ich jetzt alle Verträge einzeln prüfen lassen, das wäre ein unglaublicher Aufwand, können Sie sich ja denken. Deswegen …« Er zögerte kurz. »Was ich immer verstehe, Frau Renzi, sind Zahlen, auch wenn ich ja eher ein Mann der Buchstaben bin. Und diese Zahlen, Frau Renzi, also die haben es in sich. Die werfen uns die Kohle einfach so hinterher, dafür, dass die Ihr Buch übersetzen dürfen. Da sagen wir doch nicht nein. Oder?«

Vera zögerte.

»Oder?«, hakte Hülsenbeck mit leichter Unruhe in der Stimme nach.

Sie dachte an ihre bevorstehende Scheidung. An Carlo, diesen elenden Schuft, an seine Geliebte. Er würde ihr, seiner zukünftigen Exfrau, sicher nicht die Butter auf dem Brot gönnen, dessen war sie sich bewusst. Dazu musste er sich so eine Frau wie Gitta leisten können. Die ging doch mindestens einmal die Woche zum Friseur und zur Maniküre, von den teuren Fummeln, die sie trug, mal ganz abgesehen, und der Busen war doch nie und nimmer echt! Wenn Vera sich in ihrem Gatten nicht täuschte, würde er ab jetzt sein Geld zusammenhalten – und sei es nur, um für seine Assistentin weiterhin möglichst attraktiv zu sein.

Sie nickte grimmig. »Haben Sie die Verträge bereits unterschrieben?«

Hülsenbeck, dessen Augen durch die Brille ohnehin schon etwas vergrößert wirkten, sah aus wie eine Krabbe mit Stielaugen. »Ich befürchte, ja. Verzeihen Sie mir, Frau Renzi. Ich habe eigenmächtig gehandelt. Es kommt nicht wieder vor.«

Sie stand vom Stuhl auf. »Das haben Sie hervorragend gemacht, Herr Hülsenbeck.«

Wenn möglich, sah er noch überraschter aus. »Habe ich?«

»Jawohl. Aber das Geld müssen Sie erst einmal parken.«

Er blinzelte und schwieg. »Das … wird nicht so einfach sein.«

»Tun Sie es. Für mich.« Sie trat einen Schritt auf ihn zu. »Ihre Bestsellerautorin.«

»Vier Wochen. Maximal. Ansonsten steigt mir das Finanzamt aufs Dach.«

»Acht Wochen.«

»Fünf. Und keinen Tag mehr.«

»Sechs. Mein letztes Angebot.«

Hülsenbeck seufzte, dann nickte er. »Also schön.« Gleich danach runzelte er die Stirn. »Aber wieso wollen Sie denn das Geld …?«

»Keine Fragen!«, erbat sich Vera. »Ich sagte doch, es ist etwas Persönliches.«

»Also gut.« Er zuckte mit den Schultern. »Ich werde es der Buchhalterin sagen.«

»Sie haben eine Buchhalterin?«

Er sah sich verlegen um. »Noch nicht. Aber hoffentlich bald. Kennen Sie zufällig jemanden, den Sie mir empfehlen können? Es wäre gut, wenn die Person zunächst im Home-Office arbeiten würde.«

Vera schüttelte den Kopf. »Bedaure.« Sie lief in Richtung Tür. »Und jetzt muss ich leider gehen. Sie wissen ja, ich habe ein Buch zu schreiben.«

Hülsenbeck, nach wie vor die Bücherstapel in der Hand, rief ihr hinterher: »Aber was mache ich mit den ganzen Presseanfragen?«

Vera, die schon im Begriff gewesen war, die Wohnungstür zu öffnen, blieb wie angewurzelt stehe. »Was für Presseanfragen?«

»Na, die vielen Redaktionen, die sich bei mir melden? Zeitungen, Magazine, sogar der ›Playboy‹ war dabei. Und dann wären da noch die Radiosender, die Fernsehanstalten, die Talkshows …«

Vera wirbelte herum und marschierte auf Hülsenbeck zu, wobei sie aus Versehen gegen etwas stieß, das sich zu ihrem größten Erstaunen nach der Berührung in Bewegung setzte und mit einem Fauchen davonsprang. Es war der Kater ihres Verlegers. Der mit dem russischen Namen, auf den sie natürlich gerade nicht kam. Rasputin? Chruschtschow? Egal. Etwas überrascht hielt sie inne und bemerkte, dass sie den Zeigefinger drohend in Richtung Hülsenbeck ausgestreckt hatte. Die Metamorphose zur Nonna ging nun doch schneller als gedacht.

»Wehe, Herr Hülsenbeck! Niemand, ich betone, niemand darf erfahren, wer ich bin. Ich gebe keine Interviews und setze mich in keine Talkshows. Niemals!«

»Wir könnten aber doch … vielleicht mit einer großen Brille, die ablenkt? Oder einer Perücke?«

»Selbst wenn Sie mir einen falschen Schnurrbart ankleben würden, ich gehe NICHT in die Medien!«, donnerte Vera und stellte erfreut fest, dass sie ziemlich beeindruckend klang.

»Natürlich. Ich verstehe. Niemand erfährt auch nur ein Sterbenswörtchen«, sagte Hülsenbeck schnell und versuchte, mit der einen Hand seinen Mund mit einem imaginären Reißverschluss zuzuziehen. Der Versuch misslang, die Stapel rutschten, und Hülsenbeck musste balancieren.

»Ich meine es wirklich ernst«, sagte Vera noch einmal mit Nachdruck. »Wenn Sie einer Sterbensseele verraten, wer ich bin, dann … dann …« Sie suchte in Gedanken nach einer möglichst schlimmen Drohung. »Dann komme ich hierher und sorge für einen Wasserrohrbruch, der sich gewaschen hat.«

Hülsenbeck wich zurück und sog die Luft ein. »Frau Renzi! Sie sind ja richtig … unheimlich.«

»Und ich schreibe nie wieder. Nicht ein einziges Wort. Haben wir uns verstanden?«

»Glasklar.« Er nickte ergeben und machte ein sehr ernstes Gesicht. »Unmissverständlich.«

»Na dann.« Sie wartete einen Augenblick, aber ihr Verleger schien es wirklich begriffen zu haben. »Ich wünsche Ihnen einen schönen Tag.« Vera ging zur Tür, öffnete sie und drehte sich im letzten Moment noch einmal um. »Und besorgen Sie sich von Ihrem Anteil eine Espressomaschine. Eine vernünftige. Das, was Sie da trinken, ist kein Kaffee, sondern eine Beleidigung für Italien!«

Damit verließ sie die Wohnung Hülsenbecks und hatte zum ersten Mal seit sehr langer Zeit das Gefühl, eine verbale Schlacht gewonnen zu haben.

15

Vera drückte aufs Gaspedal und quetschte den Panda in eine Lücke zwischen den Autos vor ihr. Ungeduldig trommelte sie auf die Hupe, genauso, wie man es in Italien machte.

»Nun beweg endlich deine Kiste!«, rief sie aufgebracht, denn sie war schon viel zu spät, und der Rentner vor ihr machte keine Anstalten, den silbergrauen Mercedes in dieser Grünphase noch über die Ampel schieben zu wollen.

Ihr Blick fiel auf die Uhr. In einer Viertelstunde musste sie in der Kirche sein. Die »Ostertafel« stand an, in Anlehnung an die katholische Armenspeisung ein alljährliches Happening der Gemeinde, initiiert und ersonnen von niemand Geringerem als Veras Schwiegermutter. Denn natürlich war Nonna Gina eines der wenigen treuen Schäfchen, die in der katholischen Kirche vor Ort wirklich jeden Gottesdienst besuchten und sich auch bei den restlichen Aktivitäten der Gemeinde nicht lumpen ließen. Kochen war, neben dem Glauben an diesen etwas beängstigenden Gott der Katholiken, ihre zweite Religion, weshalb sie es auch gewesen war, die vor vielen Jahren die Armenspeisung an Ostern ins Leben gerufen hatte (die man aus Gründen der politischen Korrektheit so jedoch nicht nennen durfte, weshalb man sich auf die »Ostertafel« geeinigt hatte). Vera, die den gesamten gestrigen Tag damit verbracht hatte, Kartoffeln zu schälen, die die Nonna dann in eine Suppe verwandelt hatte, war die Leidtragende dieser Idee. Selbige Suppe würde in einer halben

Stunde an Bedürftige ausgegeben werden, obwohl es in ihrer Gemeinde überhaupt gar keine Bedürftigen gab – oder die nicht in die Kirche gingen. Die Ostertafel war vor allem eines, ein soziales Event der Gemeinschaft, man traf sich, aß das, was die Nonna kredenzte, und fühlte sich danach gut, weil man an einer kirchlichen Sache teilgenommen hatte.

Der Verkehr vor Vera kam vollständig zum Erliegen, die Kreuzung verstopfte sich von allen Seiten, und sie schickte einen Fluch in den Himmel. Nervös griff sie zu ihrem Handy. Sie hatte das Gefühl, platzen zu müssen vor Aufregung und Anspannung. Nicht nur dass ihre Verspätung ein ziemlich sicheres Donnerwetter der Schwiegermutter bedeuten würde – die Neuigkeiten von Hülsenbeck waren einfach zu groß, um sie weiterhin runterzuschlucken und für sich zu behalten. Sie *musste* endlich mit jemandem reden! Da in ihrer Familie nun wirklich gar niemand mehr als Gesprächspartner in Frage kam, wählte sie kurzerhand den Namen ihrer Freundin Simone aus dem Adressbuch ihres Telefons aus und klickte darauf. Es tutete … und klang irgendwie anders als sonst.

Nach dreimal Klingeln nahm Simone ab und hauchte atemlos ins Telefon: »Ja?«

»Simone! Ich bin es, Vera.«

»Ah, Vera … es ist gerade ungünstig. Ich bin …« Der Rest des Satzes ging in einem tiefen, kehligen Stöhnen unter.

»Was bist du? Und vor allem, wo bist du?«

»In Südtirol. Ski faaaaaahhhhrrrrren«, jauchzte Veras Freundin, und die überlegte fieberhaft, wie es um Simones Fahrstil bestellt war, wenn sie solche Töne bei der Abfahrt von sich gab.

»Bist du mit einer Gruppe unterwegs?«, wollte Vera wissen.

»Nein, mit Markus. Wir haben uns wieder vertragen und sind

spontan … oh, meine Güte, mach weiter da … in den Urlaub gefahren.«

Vera runzelte die Stirn. Das war nun nicht gerade das, was sie sich erhofft hatte, als sie Simone vor Wochen aufgefordert hatte, auf andere Gedanken zu kommen und eine Gruppenreise zu buchen. War es an Ostern nicht ohnehin viel zu spät fürs Skifahren? Gab es überhaupt noch Schnee in den Alpen? Oder verbrachten Markus und Simone die ganze Zeit in ihrem Zimmer und übten sich an ganz anderen Schwüngen?

Plötzlich erklang ein rhythmisches Klatschen. Vera spürte, wie ihr die Ohren rot wurden.

»Simone … ich wollte dir eigentlich …«, setzte sie an, unterbrach sich dann aber. Es war wirklich ein denkbar ungünstiger Zeitpunkt. »Ach, nicht so wichtig. Rufst du mich an, wenn du wieder da bist?«

»Ja, ja, ja, ja, ja, ja«, rief Simone immer schneller und im Takt des anderen, verstörenden Geräusches, und Vera unterbrach schnell die Verbindung. Sie mochte ihre Freundin gern und fand, dass man in Freundschaften alles teilen sollte, aber das war sogar ihr, der heimlichen und gefeierten Autorin erotischer Romane, zu viel. In diesem Augenblick war sie außerdem sehr dankbar, keines dieser modernen Smartphones zu haben, mit denen man immer über Video miteinander sprach.

Sie nagte an ihrer Unterlippe und starrte auf die rote Ampel. Konnte sie sich wirklich einfach so von Carlo trennen, nach so vielen gemeinsamen Jahren, und die Sache mit niemandem vorher besprechen? War ja nicht so, dass sie überlegte, ihren Handyvertrag zu wechseln – und selbst in diesem Fall hätte sie Federico, Carlo, Lennard oder Guntero unbedingt vorher konsultiert. Aber ihr Sohn kam als Beichtschwester nicht in Frage,

Carlo durfte von ihren Plänen nichts wissen, Lennard war sowieso nur mit seinem Powerselling beschäftigt, und … Nein. Also Guntero war wirklich nicht derjenige, bei dem sie sich das Herz ausschütten wollte. Als Mann. Schnauzbartträger. Autorenkollege. Weltbester Bialetti-Kaffeekocher. Sehr angenehm riechend und auch aufmerksam … Sollte sie ihm? Nein, Vera rief sich zur Vernunft, unmöglich, nein.

Sowieso ging ihre Ehe niemanden etwas an. Vor allem nicht diese Gitta! Vera wünschte sich, sie hätte diese Frau niemals kennengelernt. Und auch nicht erfahren – oder besser: erlebt –, dass Carlo ihr fremdging. Es war ja ganz normal, dass man nach so vielen gemeinsamen Jahren nicht mehr scharf wie Nachbars Lumpi aufeinander war. Gleichwohl hätte sie niemals gedacht, dass ihr werter Gatte so weit gehen würde.

Sobald sie anfing, an ihn zu denken, spürte sie einerseits, wie sich ihr Herz krampfhaft zusammenknüllte, und andererseits, wie in ihrem Magen eine glutrote Hitze zu entstehen schien. Sie war ja so sauer! Was bildete sich dieser Macho, dieser Gigolo, eigentlich ein?! Hielt sich für einen Casanova, war aber nichts anderes als ein untreuer, arroganter Schürzenjäger. Und dabei dann auch noch so dreist! Wie hatte sie so einen Mann jemals lieben können? Ihm zwei wunderbare Kinder schenken, die seine Mutter dann stellvertretend für ihn verzog?

Vera schnaufte. Konzentrier dich auf das, was vor dir liegt, maßregelte sie sich selbst. Trauern kannst du später immer noch. Wenn es dann überhaupt noch nötig ist. In Gedanken sah sie sich in einem Kleid, das ihr ein exquisiter Designer auf den Leib geschneidert hatte, auf einem roten Teppich stehen. Ihr Buch war verfilmt worden, ganz Hollywood gab sich die Ehre, und sie stand zwischen Jude Law, dem distinguierten Gentleman, der im Film den Restaurantkritiker Stefano mimte, und der wunderschönen Eva Mendes, die die Köchin Elisabetta verkörperte. Regie führte natürlich niemand anderes als Spielberg persönlich.

Vera! Komm zur Besinnung. Du bist in den Top Ten der Bestsellerliste, aber das war's auch schon, schallte eine Stimme in ihrem Ohr. Außerdem willst du keine Publicity!

Sie musste Carlo loswerden. Schnell, elegant und unauffällig, und das bedeutete auch, dass ein Mord an ihm nicht in Betracht kam, so bedauerlich das auch war. Aber die Entscheidung war gefallen, als er die Frechheit besessen hatte, seine Geliebte mit nach Hause zu bringen. Mit so einem Typen wollte Vera nicht nur nicht verheiratet sein, sie wollte ihn am besten auch gar nicht kennen. Sie wollte die Trennung, idealerweise die Scheidung, so schnell es ging und vor allem bevor er begriff, wie wohlhabend sie auf einmal war. Das Geld, das sie bislang verdient hatte, war ja erst der Anfang. Zwar hatte Hülsenbeck keine genauen Zahlen genannt, aber wenn nun schon so viele Verlage bei ihm aufschlugen, war doch damit zu rechnen, dass es noch ein paar mehr Häuser aus anderen Ländern gab, die ihr Buch übersetzen und auf den jeweiligen Märkten herausbringen wollten.

Carlo und sie hatten keinen Ehevertrag. Das bedeutete, dass sie im Falle einer Scheidung alles teilen würden. Auch ihr Geld. Kurz flackerte das schlechte Gewissen in Vera auf. Durfte sie die Hälfte von allem bekommen, was Carlo in der gemeinsamen Zeit erwirtschaftet hatte, und sie enthielt ihm ihre Honorare vor? Dann erinnerte sie sich an die vollbusige Gitta, die die Spaghetti einschlürfte, als ob sie das Saugen erfunden hatte, und sie dachte: Nicht in tausend Jahren bekommt er mein Geld!

Dafür war es aber wichtig, die Trennung bald zu vollziehen. Stichtag für die Vermögenswerte war das Datum, an dem einer der Partner die Scheidungspapiere verschickte – also so bald wie möglich, am besten schon übermorgen, wenn Vera sich ranhielt. Eine Anwältin hatte sie sogar schon im Internet gegoogelt. Danach wäre es kein allzu großes Ärgernis mehr, wenn Hülsenbeck das Geld überwies, wobei es ihr lieb gewesen wäre, wenn er sich richtig viel Zeit dafür ließ. Um auf Nummer sicher zu gehen. Heute Abend, nahm Vera sich vor, würde sie Carlo darüber informieren, dass ihre Ehe am Ende war. Sobald sie die Unterlagen zusammen hatte, war sie dann frei und konnte tun und lassen, was sie wollte.

Die Ampel schaltete endlich auf Grün, die Kreuzung war frei, und Vera gab Gas. Mit grimmigem Blick und zahlreiche italienische Flüche ausstoßend, fuhr sie auf schnellstem Weg zurück nach Monheim und parkte den Wagen vor der Kirche. Die Tür des Gotteshauses stand offen, davor sammelten sich bereits die ersten Menschen, unter anderem Frau Beyse mit ihren beiden Dackeln, die die Kartoffelsuppe offenbar schon in der Nase hatten – so wie sie schnupperten und an den Leinen in Richtung Kirchenportal zogen.

Vera sprang aus dem Auto, rannte die Stufen hoch, grüßte Frau Beyse, Kalle und Keks im Vorbeigehen und galoppierte durch die Kirchenbänke. Vorn am Altar waren zwei Tapeziertische aufgebaut, hinter denen die Nonna stand und wie eine Dirigentin die Suppenkelle schwang. Sie delegierte gerade Lennard Nothnagel und ihren Enkelsohn Federico, wo und wie hoch sie die Teller stapeln sollten. Als ihr Blick auf die Schwiegertochter fiel, wurde er düster.

»Du bist zu spät! Bah.«

»Entschuldige bitte, ich hatte noch einen Termin«, keuchte Vera und legte Jacke und Tasche ab, band sich eine Schürze um, die auf den Tischen lag, und stellte sich neben Nonna Gina. »Was habe ich verpasst?«

Die Nonna musterte sie von oben bis unten. »Nichts. Wir sind hervorragend ohne dich klargekommen.«

»Na dann«, gab Vera seufzend von sich, doch heute hatte die kratzbürstige Schwiegermutter keine Macht über sie. Sollte sie doch meckern, bis ihr das Gezeter im Hals steckenblieb! Bald würde Vera nicht mehr mit ihr unter einem Dach wohnen, sondern sich irgendwo eine hübsche Wohnung nehmen, in der die Schwiegermutter Zutrittsverbot hatte. Der Gedanke daran ließ Vera frohlocken. Seit so vielen Jahren klebte ihr die Nonna an den Hacken und hatte wirklich immer etwas auszusetzen. Nie konnte Vera es ihr recht machen – sah man von dem einen Mal vor ein paar Tagen ab, als sie offenbar die Zabaione nicht versaut, sondern anständig geschlagen hatte. Aber das wäre bald vorbei. Keine Standpauken mehr, kein Gemecker, keine griesgrämige Miene.

»Was grinst du denn so?«, wollte Gina in dieser Sekunde wissen.

»Nichts«, sagte Vera schnell. »Es geht mir einfach sehr gut heute.«

»Bah«, machte die Nonna, als wäre gute Laune eine Todsünde, und Vera unterdrückte einen spöttischen Kommentar, denn auch wenn sie selbst nicht gläubig war, so wollte sie es in einem heiligen Gemäuer nicht drauf ankommen lassen.

Der Pfarrer erschien und lief dem Pulk von Menschen voran, die langsam in die Kirche strömten. Anstelle des üblichen Geruchs nach verkokeltem Weihrauch lag heute das rauchige Aroma des Specks in der Luft, den Nonna Gina in die Suppe gegeben hatte, dazu der Duft der Gewürze und das Aroma der gekochten Kartoffeln. Lennard Nothnagel rieb sich bereits die Hände und leckte sich über die Lippen.

»Das riecht ja köstlich!«, sagte er und nahm gierig einen der Teller entgegen, die Vera im Akkord mit Suppe befüllte und an die Nonna weiterreichte.

»*Buon appetito*«, säuselte die Schwiegermutter, und Vera war wieder einmal überrascht, wie anders die Mutter Carlos war, wenn sie auf Menschen traf, die nicht Vera waren.

Nach wenigen Minuten und etwa zwanzig gefüllten Tellern war der erste Topf leer, und Vera stemmte den zweiten auf die Tischplatte. Die Schlange vor der Essensausgabe war lang, und neben den üblichen Verdächtigen hatten sich heute auch einige neue Gesichter in die Kirche verirrt. Unter anderem zwei Frauen, die Vera hier noch nie gesehen hatte. Sie standen nebeneinander und quasselten ununterbrochen, während sie sich langsam vorwärtsschoben. Als sie am Tisch angekommen waren, schnappte Vera einen Gesprächsfetzen auf.

»… und dann kocht sie ein Menü, das den Mann völlig aus den Socken schießt. Er liegt ihr quasi zu Füßen!«

»Das war meine Lieblingsstelle. Als Stefano zum zweiten Mal in das Restaurant kommt und Elisabetta ihn mit ihren Kochkünsten verzaubert!«

Vera hielt erstaunt inne.

»Und wie er sie dann auf der Kücheninsel …« Die eine Frau kicherte, und die andere machte: »Pssscht!«, während sie auf den am Kreuz hängenden, leidenden Gottessohn über ihnen deutete. »Er hört das nicht so gern, glaube ich.«

»Mein Klausi hört das auch nicht so gern«, murmelte die eine daraufhin, »er sagt, das Buch hätte mich irgendwie verändert.«

»Und das gefällt ihm nicht?«

Die eine Frau zog die Augenbrauen hoch. »Er sagt, wir machen ihm Angst.«

»Wer, wir?«

»Ich und mein Appetit.«

Wieder lachten sie und schlugen sich die Hände vor die Münder.

Vera rührte in Zeitlupe im Suppentopf, ohne die Frauen anzusehen. Sie fühlte sich an den Besuch in der Buchhandlung erinnert, als sie zum ersten Mal auf eine Leserin ihres Romans gestoßen war. Deren Begeisterung hatte ihr schon sehr geschmeichelt, aber dass sich die Frau vor ihr offenbar von ihrem Buch inspirieren, vielleicht sogar anregen ließ, das war ein Kompliment der Extraklasse.

»*Che fai?*«, zischte die Nonna. »Bist du eingeschlafen?«

»Die Suppe ist kalt«, redete Vera sich raus und stellte den Topf auf den kleinen mobilen Zweiplattenherd aus dem Kiosk, den sie gestern bereits in die Kirche gebracht hatten. Selbstverständlich war die Suppe nicht kalt, aber irgendwie musste Vera doch Zeit rausschinden, um noch mehr von den Frauen zu hören.

»Also, dem Uwe gefällt das gut, dass ich in letzter Zeit so … anschmiegsam bin«, gluckste die andere Frau.

»Das kann ich mir denken. Dein Uwe ist aber auch ein toller Mann.«

»Findest du?« Die Frau legte den Kopf schief. »Eigentlich hast du recht.« Dann machte sie plötzlich ein ernstes Gesicht. »Möchtest du ihn dir mal ausleihen? Wenn Klausi es nicht … bringt, meine ich.«

Beide wieherten, die Nonna stierte sie finster an, als ob sie gerade nackt ein Bad im Weihwasser genommen hätten, und wie zur Bestätigung fing die Suppe zu blubbern an.

»Ist warm«, beschloss die Schwiegermutter und sah Vera herausfordernd an.

Die griff nach einem Teller und gab die Suppe mit gespitzten Ohren extralangsam hinein.

»Ich würde gern mehr von der Autorin lesen«, sagte die eine Frau. »Lucia Barone. Nie gehört.«

»Ich auch nicht«, erwiderte die andere. »Ob das ein echter Name ist?«

Vera gab einen Teller an die Nonna weiter und nahm sich einen zweiten.

»Ich glaube nicht. Ist bestimmt ein Synonym, oder wie das heißt.«

»Pseudonym. Glaube ich. Wer wohl dahintersteckt?« Die Frau nahm von Gina den Teller entgegen und schnupperte daran. »Das riecht ja großartig!«

Die Nonna lächelte verkniffen. Es war ihr anzusehen, dass sie den beiden Frauen auch gern ihre Extrazutat hätte zuteilwerden lassen. Frivoles Geplapper und eine katholische Kirche, das vertrug sich nicht allzu gut.

»Dahinter steckt bestimmt eine wahnsinnig erfolgreiche Autorin, die einfach mal was anderes schreiben wollte, oder eine berühmte Schauspielerin oder Moderatorin oder …«, sinnierte die andere und streckte die Hand nach dem Suppenteller aus, den Vera befüllte. »Oder sie ist eine gänzlich Unbekannte. Eine Frau wie du und ich. Stell dir mal vor, sie würde hier in der Gegend leben.«

Vera fiel vor Schreck der Teller aus der Hand, und die heiße Kartoffelsuppe ergoss sich über das blütenweiße Tischtuch.

Nonna Gina schnalzte mit der Zunge, die Frauen erschraken.

»Haben Sie sich verbrüht?«

»Nein, alles gut«, sagte Vera schnell und griff nach der Rolle Küchenkrepp, um die Sauerei aufzuwischen.

»Vielleicht kennen wir sie ja sogar«, brabbelte die Frau weiter, die bereits den dampfenden Teller in der Hand hielt. »Oder sind ihr schon mal begegnet.«

»Wie aufregend!«

Allerdings, dachte Vera und gab sich Mühe, die zitternden Hände vor den Blicken der Schwiegermutter zu verbergen. Den Schluckauf, der sich tief aus ihrem Zwerchfell ankündigte, drückte sie mit aller Gewalt nach unten.

»Ich bin mir sicher, so was kriegt man raus. In der heutigen Zeit kann sich doch niemand wirklich verstecken! Vielleicht setzen wir einen Privatdetektiv auf sie an.« Sie lachte laut.

Die andere Frau riss die Augen auf. »Du bist heute wieder so investigativ, Marianne!«

Vera, die vor wenigen Augenblicken noch versucht hatte, möglichst langsam zu arbeiten, schaltete in den Turbo, wischte die Kartoffelsuppe auf dem Tisch weg, gab Suppe in einen frischen Teller und griff gleich nach dem nächsten. Ihr Herz pochte laut, und sie hatte das Gefühl, dass ihr jeder in der Kirche ansehen musste, wie verdächtig sie sich gerade verhielt.

Sei normal. Verhalte dich GANZ normal!, sagte sie sich immer wieder selbst und war erleichtert, als die beiden Frauen mit den Suppentellern in der Hand endlich davongingen.

Sie atmete aus und fragte sich im selben Moment, wie lange sie das Versteckspiel noch durchhalten würde. Wann würde es jemanden geben, der eben doch herausfand, dass sie, Vera Renzi, die geheimnisvolle Debütantin Lucia Barone war? Und was würde dann geschehen? Würde man sie feiern … oder fallenlassen?

Antipasti d'Amore. Tre

Angenehm fest war Stefano Contes Händedruck gewesen, aber nicht zu fest. Und seine Hand schön warm und trocken. Ob auch ihm aufgefallen war, dass sie länger als nötig in dieser Berührung verharrt waren? Hatte Elisabetta selbst sich dazu hinreißen lassen, oder war es von ihm ausgegangen? *Tuttavia*, wie auch immer.

Nach ihrem Handschlag hatte Elisabetta, wieder ganz Chefköchin, Stefano Conte gebeten, sich an einem der Tische niederzulassen. Interessanterweise suchte er sich nicht Tisch vier aus – zu seinem kleinkarierten Schirm hätte das gepasst –, sondern die 1, direkt neben der Küche. Sie mixte ihm rasch einen Port Tonic und sich selbst auch noch einen, und verschwand dann mit ihrem Getränk und ohne weiteren Blickkontakt in ihre Küche.

Dort fing Elisabetta zu zaubern an: ein betörendes Potpourri ihrer feinsten Speisen, serviert auf kleinen Antipasti-Tellern. Zuerst ein halbes Dutzend *Perle Noire*, diese Sorte Austern wurde derzeit als die weltbeste gehandelt. Dann ihre Bruschette. Die Honigtomaten waren im Ofen herrlich ungleichmäßig aufgeplatzt. Elisabetta liebte das, weil sich ihre spezielle Marinade so in die kleinsten Öffnungen setzen würde. Sie wendete die prallen roten Bällchen in einem Sugo aus fruchtigem Olivenöl und Kräutern, bevor sie sie auf die krossen Brotscheiben legte. Eine kleine Portion ihrer frischen Trüffel-Tagliatelle briet sie zuerst in Butter und versah sie dann mit einem Schaum aus Sellerie und Chili. Dazu servierte sie ihrem Gast eine saftige Languste. Die Schalentiere hatten einfach ein unvergleichliches Aroma, *meraviglioso*!

Elisabetta tanzte durch ihre Küche, Kochen war bei weitem das

Schönste auf der ganzen Welt und ließ sie alles um sich herum vergessen – selbst die unangenehmen Dinge. Sie tauchte hier und da den kleinen Finger zum Abschmecken in die ein oder andere Köstlichkeit, und wirklich alles geriet so, wie sie es sich vorgenommen hatte. In die Soße zu ihrem berühmten numidischen Huhn mischte sie zusätzlich einen Hauch Muskat und etwas geschmolzene dunkle Schokolade. Ob Stefano Conte wohl das Zeug hatte, die ganz besonderen Noten herauszuschmecken? Und ob er um deren Eigenschaften wusste? Elisabetta selbst hatte völlig vergessen zu essen, nur ein Knäppchen Brot hatte sie sich zwischendurch stibitzt. Dafür trank sie an der Flasche Cervaro della Sala mit, einer italienischen Weinspezialität, die sie Stefano Conte zum Fisch kredenzte.

Die Gänge servierte sie ihm jeweils als kleine Kostproben. Jedes Mal, wenn sie mit drei, vier weiteren Tellerchen aus der Küche auf ihn zugetreten war, hatte er ihr halb erwartungsfroh, halb wissend in die Augen gesehen. Elisabetta hatte seinem Blick standgehalten und gehofft, er würde ihre sicherlich glühend roten Wangen bei Kerzenlicht nicht bemerken.

Inzwischen war es nach Mitternacht. Draußen prasselte der römische Sommerregen wieder heftiger nieder. Schade, dachte Elisabetta, während sie eine Schale gemischter Beeren, Mascarpone und eine rund geformte Teigkugel für die Nachspeise aus dem Kühlschrank holte und Richtung Anrichte balancierte. Heute würde Stefano Conte seinen Regenschirm wohl kaum hier vergessen.

Dolci, süße Nachspeisen, bereitete sie am liebsten zu. Eine *Beeren-Crostata alla vaniglia* sollte ihr *finale furioso* werden. Der Teig, der hauptsächlich aus Butter und Zucker bestand, hatte seit dem frühen Abend geruht. Die reifen Brom-, Stachel- und Heidelbeeren verströmten einen betörend süßen Duft in der Küche. Herrlich, wie sie in der Schale um die Wette glänzten, fand Elisabetta und griff nach dem Mascarpone. Aufgeschlagen mit etwas Vanille und Puderzucker würde die Masse das Bett für die Beeren auf der *Crostata* bilden. Bislang hatten Stefano Conte und sie in den wenigen Momenten, wenn sie die Speisen an seinen Tisch brachte und darauf wartete, dass er den ersten Bissen zu sich nahm, kein Wort gesprochen. Zweifellos lag eine Spannung in der Luft, die Elisabetta nicht recht greifen konnte. Vielleicht weil sie sich immer ein bisschen länger in die Augen sahen, als es die Situation erfordert hätte?

Als die *Crostata* im Ofen leicht golden geworden war, zog Elisabetta sie heraus. Mascarpone-Creme darauf verstreichen und Beeren darüber, *e basta*. Als sie in den Gastraum trat, hatte es sich Stefano Conte in der Sitzecke mit den schweren dunkelbraunen Ledersesseln gemütlich gemacht. »Für den krönenden Abschluss«, sagte er, als er ihren fragenden Blick wahrnahm.

»Sehr gern, Signor Conte«, sagte sie prompt und schmeichlerischer, als es eigentlich ihr Naturell war. *»Crostata alla vaniglia, per favore.«*

Stefano Conte streckte seine Hand aus, um den Teller entgegenzunehmen, und selbstverständlich berührten sich bei der Übergabe ihre Finger. Ein federleichtes Kribbeln fuhr durch Elisabettas Herzgegend.

Herrgott, Bernardi, jetzt reiß dich mal zusammen!, dachte sie im Stillen. Zügig zog sie ihre Hand zurück und murmelte etwas von *»Buon appetito«* und: »Bin gleich wieder da, ich hole nur rasch die Espressi.«

Erst jetzt fiel Elisabetta auf, dass sie die ganze Zeit über keine Kochjacke über ihrem Kleid getragen hatte. Ein paar Spritzer Butter und Mascarpone waren darauf gelandet. Sei's drum, wenn sie in diesem Kleid ihre Existenz gerettet hätte, würde sie es ohnehin einrahmen und zu Hause hinter Panzerglas über ihren Esstisch hängen. *Dieses Kleid gehörte Elisabetta Bernardi, einer von Roms berüchtigten Köchinnen* würde sie auf ein güldenes Plättchen gravieren lassen und in die untere rechte Ecke kleben. So machte man das doch mit Reliquien, oder?

Sie hatte sich heute Nacht mit ihrem Menü selbst übertroffen, so viel stand fest. Nun würde sie ihnen beiden noch einen Espresso zubereiten und sich selbst auch ein Tellerchen mit dieser so fein duftenden *Crostata* anrichten. Und dann würde sie sich einfach zu ihm setzen. Ganz souverän.

Es war aber auch ein Jammer, dass er Roms einflussreichster Restaurantkritiker war und nicht einfach der Bruder ihrer besten Freundin, den sie bei einer *Festa di Pasqua* kennengelernt hatte. Damit war er ja schließlich so etwas wie ein Jobkontakt für sie. Außerdem flößte ihr sein Auftreten eine gewisse Ehrfurcht ein. Dennoch genoss sie das Ungesagte zwischen ihnen. Die neugierigen Blicke, das schüchterne Lächeln. Alles Forsche, das zwischen ihnen geherrscht hatte, war im Laufe des Abends etwas Spielerischem gewichen – irgendwie aufregend fand sie das. Wie dem auch sei: Zuerst einmal müsste er seinen Teil der Abmachung erfüllen und in einem neuen Artikel ihre Ehre als Köchin wiederherstellen. Beim gemeinsamen Espresso würde sie ihn gleich darauf festnageln.

Elisabetta begann, ihren eigenen Dessertteller anzurichten. Unglaublich, wie wohl und sicher sie sich auf einmal fühlte. In ihrer kleinen Küche, mit ihrem köstlich geratenen Menü und mit sich. Trotz all der schrecklichen Dinge, die in den letzten Tagen passiert waren: Ihr Platz war in der Küche. Sie war fürs Kochen geboren, das wusste sie. Vielleicht, mit etwas Glück, würde sie nach Contes zweitem Artikel ja in irgendeinem mittelmäßigen Restaurant noch eine

Anstellung als Entremetier, als Beilagenköchin, bekommen. Aber darüber würde sie sich morgen Gedanken machen, nicht heute Abend.

Elisabetta hatte gerade das Messer in die noch warme *Crostata* gestochen, um sich ein Stück davon abzuschneiden, da spürte sie den Luftzug, der durch das Aufschwingen der Küchentür zu ihr herüberwehte. Sie stand mit dem Rücken zur Tür an der Anrichte und musste lächeln. Stefano Conte kam also extra in ihre Küche, um sein Urteil abzugeben, sieh an. Elisabetta entschied, sich erst einmal nicht von der *Crostata* abzuwenden. Doch ihr Puls wurde merklich schneller.

Unglaublich, welche Präsenz dieser Mann hatte. Er war nur etwa einen halben Kopf größer als sie, aber sehr viel breiter. Und sein Aftershave duftete einfach phantastisch. Elisabetta ließ vom Nachtisch ab, drehte sich aber nicht um. Sie stützte beide Hände auf die Anrichte, nicht dass ihre Knie weich gewesen wären, aber es tat dennoch gut, sich an etwas anderem als an einem Kuchenheber festhalten zu können. Sie spürte, wie Stefanos Blick auf ihr ruhte. Warum wusste sie, dass das hier nicht auf eine gepflegte Unterhaltung hinauslaufen würde, sondern auf etwas ganz anderes?

Er räusperte sich, und sie drehte sich zu ihm um. In ihrer perfekt ausgeleuchteten Küche sah er sogar noch besser aus als bei Kerzenschein. Ohne sie aus den Augen zu lassen, kam er langsam auf sie zu und blieb viel zu dicht vor ihr stehen. In der Hand hielt er den Löffel mit einer Kostprobe ihres Desserts.

»Das«, flüsterte er mit belegter Stimme, »das ist kein Nachtisch. Das ist Sex.«

Sie versuchte, ein kehliges Lachen zu unterdrücken, doch es gelang ihr nicht. Ihr Körper wurde von einer Welle des Wohlgefühls ergriffen. Contes Blick durchdrang sie, so dass sie für einen Moment den Kopf senken und zu Boden gucken musste. Sie wusste, dass sie nun diejenige war, die über den Fortgang des Abends entschied. Sie könnte diese klitzekleine Situation ganz einfach entschärfen, indem sie zur Seite treten und etwas Ironisches sagen würde. Als wäre nie etwas gewesen. Oder sie könnte genau dort stehen bleiben. In dieser Position, in der sie und Stefano Conte nur noch Millimeter voneinander trennten.

Für den Bruchteil einer Sekunde jagten Gedanken an Pepe durch ihren Kopf – so richtig offiziell getrennt waren sie ja noch nicht, oder doch? Und dann die unabgeschlossene Eingangstür des »Insieme«. Aber wenn den ganzen Abend über niemand vorbeigekommen war, würde kurz nach Mitternacht sicher auch keiner mehr den Weg in die Via dei Cappuccini finden …

Elisabetta hob den Kopf und ließ ganz unverhohlen ein kurzes Lächeln über ihre Lippen huschen. Obwohl ihre Gesichter gerade noch eine Nasenweite voneinander entfernt waren, kam Stefano ihr ein weiteres Stückchen entgegen. Sie musste wieder lächeln. Okay, du willst, dass ich den finalen Schritt mache? Das kannst du haben, Stefano Conte, dachte sie, schloss die Augen und beugte sich die letzten zwei, vielleicht drei Millimeter vor.

Wie Stefano den Dessertlöffel auf der Anrichte ablegte, hörte Elisabetta schon gar nicht mehr. Sie spürte nur seine weichen Lippen auf ihren, nahm wahr, wie er einen Arm um ihre Taille schob und sie zu sich zog, während er mit der anderen Hand zart in ihren Nacken griff. Sie fuhr mit den Fingerspitzen seine Arme hinauf, umfasste seine Schultern und sein starkes Kreuz. Der Mann aß beruflich, wieso zur Hölle fühlte sich sein Körper derart fest an? Er drückte sie sanft gegen die Anrichte, ohne sich von ihren Lippen zu lösen. Elisabettas Knie wurden weich, doch Stefanos Griff hielt sie sicher. Wie viele Minuten konnten zwei Menschen sich küssen, ohne wirklich Luft zu holen? Nicht genug, das wusste sie in diesem Moment. Seine Zunge schien sich an ihre zu schmiegen, als hätte sie im Leben keine andere Aufgabe gehabt. Und auf einmal war die Welt um sie herum einfach egal.

Als Elisabetta die Augen wieder öffnete, lehnte sie Stirn an Stirn mit Stefano. Er atmete schnell und schwer, und sie spürte, dass er sich zu beherrschen versuchte. Ihr gefiel der Gedanke, ihn ein wenig zappeln zu lassen, und sie erinnerte sich an den Satz, den er mit Eintreten in ihre Küche gesagt hatte. Das konnte sie auch: »Sex, Signor Conte? Ist das etwa ein Codewort für die geschmackliche Bestnote?«, fragte sie gespielt unschuldig.

Für Stefano gab es jetzt kein Halten mehr. »Komm her, du«, flüsterte er, zog sie an sich und presste seinen pulsierenden Unterleib gegen den ihren. Er wollte diesen Kuss noch mal. Und sie wollte ihn auch. Und noch mal. Und noch mal.

Im Hintergrund hörte Elisabetta das Klirren des Schneebesens, den sie wohl heruntergefegt hatten, als Stefano sie auf die Anrichte gehoben hatte. Unter ihren Fingern spürte sie den cremigen Mascarpone. Ihre süßen Fingerspitzen würden Stefano sicher gut schmecken. Er verstand sofort, als sie ihm die Hand entgegenstreckte, leckte und saugte an ihren Fingern, und Elisabetta genoss seine Gier. Mit der anderen Hand fing sie an, seine beigefarbene Chino-Hose aufzuknöpfen. Als kein Rest Mascarpone mehr übrig war, hob Stefano sie sacht von der Anrichte, fing an, ihren Hals zuerst mit vorsichtigen, zärtlichen Küssen und dann mit kleinen, frechen Bissen zu liebkosen. Zeitgleich öffnete er den Reißverschluss ihres Etuikleides und streifte es ihr vom Körper. Elisabetta hatte vor einer Weile aufgehört, BHs zu tragen, die engten sie bloß ein. Sie stand jetzt nur im Höschen vor ihm, während Stefano sein Poloshirt und enge schwarze Shorts trug.

»Fair ist das aber nicht, Signore«, sagte sie und lachte ein kehliges Lachen.

Stefano schien dieses Spielchen zu gefallen. *»Scusa«*, sagte er schuldbewusst lächelnd und zog sein Shirt aus. Und dann: »Den Rest dürfen Sie übernehmen, Signora.«

Elisabetta liebte seine herausfordernde Art. »Wie Sie wollen«, sagte sie, dann streifte sie sich ihr Höschen herunter, nur um einen Augenblick später dasselbe mit Stefanos Shorts zu tun.

Schneller als sie gucken konnte, hatte Stefano sie herumgedreht, um sie nun von hinten mit seinen Armen zu umschlingen. Sie waren in einem für sie perfekten Maße behaart – ein bisschen, aber nicht zu sehr. Seine Haut duftete nach einem Rest Sonnencreme. Wie stimmig sich ihre beiden Körper, jetzt wo sie so völlig nackt und ohne dass ein Blatt zwischen sie gepasst hätte, doch mitten in ihrer Küche aneinanderschmiegten und -rieben.

Stefano hielt sie auf eine Art fest, die ihr das Gefühl gab, sich völlig fallen lassen zu können. Und das tat sie.

In der Küche. Danach in der viel zu kleinen Speisekammer. Und im Gastraum hinter der Bar.

Dio mio! Bei Pepe hätte sie nicht einmal im Traum daran gedacht, ihr Restaurant auf diese Art einzuweihen. Vermutlich hätte sie eher mit dem »Ministero della Salute« argumentiert, als sich ihm auf diese Art hinzugeben. Anscheinend spornte sie Stefano Conte zu Höchstleistungen an – auf vielen Ebenen.

Als sie keuchend, nass geschwitzt und sehr zufrieden nach Stunden voneinander abließen, holte Stefano Elisabetta ihre Kochjacke aus der Küche und zog sie ihr zärtlich über. »Dass du die beim Kochen nicht anhattest, werde ich keinem verraten. Und weißt du, was noch?«

Elisabetta sah ihn sanft und fragend an.

»Dass du mich mit einem aphrodisierenden Menü schamlos verführt hast!«

Sie mussten beide lachen.

»Was für eine feine Zunge Sie haben, Signore.«

Sie küssten sich, ruhig und lang.

Obwohl die Vögel draußen schon ihre Morgenmelodie von den Dächern und Bäumen zwitscherten, fingen Elisabetta und Stefano an, sich ihr halbes Leben zu erzählen. Welchen Kinofilm sie und welches Konzert er zuletzt besucht hatte. Ihre Lieblingsblumen, sein Lieblingsfach in der Schule. Warum sie Hunde mochte, warum er eine Katze hatte. Irgendwann ging Stefano in Poloshirt und Shorts hinter die Bar, um die Siebträgermaschine einzuschalten. »Hattest du uns nicht vor etwa fünf, sechs Stunden einen Espresso machen wollen?«

Da saßen sie nun halbnackt – oder auch halb angezogen – in ihrer Sitzecke im »Insieme«, waren sehr erschöpft und sehr zufrieden. Elisabetta wusste, dass es nach fünf gemeinsamen Orgasmen – drei auf ihrer Seite, bei ihm waren es zwei gewesen –, nichts Unerotischeres geben konnte, als die Fronten zu klären. Doch mit dem Morgengrauen dämmerte ihr, dass sie zwar gerade den vermutlich besten Sex ihres 38-jährigen Lebens gehabt hatte, aber keine Lust auf Überraschungen. Also erzählte sie von der Katastrophe mit Pepe und dem finalen, klaren Cut, der noch ausstand. Und Stefano erzählte von einer in London lebenden Theaterschauspielerin namens Lily, mit der er in einer On-off-Beziehung steckte.

Den Espresso nahmen sie schweigend ein. Einerseits traf es Elisabetta zu hören, dass es da eine Frau in seinem Leben gab. Andererseits dachte sie: Warum nicht aus der Not eine Tugend machen? Sie hatte aktuell schließlich einiges zu regeln in ihrem Leben, da wäre es sicher gut, wenn sie sich nicht gleich Hals über Kopf in die nächste Beziehung stürzte.

Trotzdem hätte es sie gefreut, wenn Stefano Anstalten gemacht hätte, wenigstens Handynummern auszutauschen. Stattdessen ging er in die Küche, um kurz darauf angezogen zu ihr zurückzukehren. Er ließ sich im Sessel ihr gegenüber nieder, um in seine Loafer zu schlüpfen. Waren die etwa auch von Burberry, genau wie der Schirm? Das Leder sah edel aus. Doch bevor sie anfangen konnte, sich gedanklich ein bisschen über seine teuren Schuhe lustig zu machen, was sicher bei einem kurzen und schmerzlosen Abschied helfen würde, streckte er seine Hand nach ihrer aus. Sie kam seiner Aufforderung nur zu gern nach.

»Elisabetta«, sagte er und ging mit der Stimme am Ende hoch, »ich würde dich gern wiedersehen. Darf ich?«

Und sie war so glücklich über diese Frage, als wäre es in dieser Nacht um nichts anderes gegangen.

16

Als Vera und ihre Schwiegermutter viele Stunden später wieder zu Hause ankamen, saß Carlo entspannt auf dem Sofa und scrollte in seinem Handy. Sein linker Arm ruhte auf der Couchlehne, die Beine hatte er gespreizt. Das Paradebeispiel des italienischen Machos. Seine Assistentin schien endlich abgereist zu sein. Ansonsten hätte dieser Schürzenjäger doch niemals so viel Zeit vor dem Handy verbracht, wenn er genauso gut mit dem Gesicht auch in Gittas Ausschnitt versinken konnte.

»Hattet ihr einen schönen Tag?«, fragte er, ohne aufzublicken, und Vera entschied, dass es nun ans Eingemachte gehen würde.

Sie drehte sich zur Nonna um, die im Flur an ihrer Jacke herumfuhrwerkte, und sagte streng: »Gina, ich habe mit Carlo etwas zu besprechen. Bitte gib uns eine ruhige Minute, und sorg dafür, dass die Kinder uns nicht stören.«

Die Nonna blickte Vera einen Moment lang ausdruckslos an, und Vera rechnete schon mit einer biestigen Entgegnung. Zum ersten Mal schien Gina aber zu wissen, was Vera vorhatte – und das wirklich Spektakuläre war, dass sie es offenbar einfach so hinnahm. Ohne einen Kommentar, nur mit einem kurzen Nicken hängte sie die Jacke auf und stapfte in die Küche.

Vera atmete tief durch, betrat das Wohnzimmer und schloss die Tür hinter sich. »Wir müssen reden.«

Carlo blickte kurz von seinem Handy auf. »Aber natürlich.

Was liegt dir auf dem Herzen?« Dann scrollte er wieder weiter und bedachte sie mit keinem Blick.

»Leg das Handy weg.«

»*Scusi?*«

Sie machte einen Schritt nach vorn, riss ihm das Gerät aus der Hand und ließ es neben ihm auf die Couch fallen. »Du sollst mir zuhören. Schenke mir einen einzigen Augenblick lang deine ungeteilte Aufmerksamkeit«, forderte sie ruhig, aber durchaus mit einem unmissverständlichen Unterton.

Carlo wirkte verblüfft, fand aber schnell in die ihm eigene Arroganz zurück. »Okay. Dann sag, was du zu sagen hast.«

Kurz überlegte sie, ob sie sich hinsetzen und seine Hände ergreifen sollte. Ob sie eine Nähe herstellen sollte, bevor sie ihm sagte, dass sie nicht länger mit ihm zusammen, geschweige denn verheiratet sein wollte. Dann dachte sie daran, wie seine Hände den prallen Busen seiner Assistentin befummelt hatten, und der Wunsch, ihn zu berühren, verpuffte und wurde zu der Sehnsucht, ihm eine reinzuhauen.

»Was läuft da mit Gitta?«, fragte sie geradeheraus und versuchte, das Zittern in ihrer Stimme zu unterdrücken. Ihr Puls raste, der Magen flatterte. Und ihr war speiübel.

»Gitta? Ich weiß nicht, was du meinst«, erwiderte Carlo lapidar und wollte schon wieder nach seinem Handy greifen.

»Ts!«, machte Vera streng, und ihr Mann hielt in der Bewegung inne. »Nun mach es doch nicht schlimmer, als es ist. Wir sind so lange zusammen, wir haben uns mal geschworen, immer ehrlich zueinander zu sein. Und ich glaube, dass du nicht ehrlich zu mir bist. Ich glaube, dass du mit dieser Gitta ins Bett gehst.«

Nun hatte sie endlich seine ungeteilte Aufmerksamkeit. Carlo sah sie an, überlegte, dann verschränkte er die Finger ineinander, schlug die Beine übereinander, legte die Hände auf den Oberschenkeln ab und antwortete ruhig: »Das ist keine reine Bettgeschichte.«

Veras Herz setzte einen Schlag lang aus. »Nein?«

»Nein. Gitta und ich lieben uns. Sie ist die Frau meines Lebens.«

In Veras Kopf versuchten die Synapsen, die Worte in einen logischen Zusammenhang zu bringen, aber irgendwie wollte es nicht recht gelingen. Die Frau seines Lebens? Aber das war doch sie, Vera. Seine Eroberung aus dem kühlen Norden. Seine *grande amore,* sein Täubchen. Die Blonde, die er durch Rom geführt hatte, als wäre sie Anita Ekberg persönlich und würde gleich ein Bad im Trevi-Brunnen nehmen.

Carlo breitete die Arme aus und zuckte mit den Schultern. »Das mit uns beiden, Vera, das ist ja schon länger nicht mehr aufregend. Oder erfüllend. Ich mag dich gern, du bist eine tolle Mutter. Aber Liebe kann man das nicht mehr nennen.« Er wartete. »Da stimmst du mir doch zu.«

Vera stand da, meinte, jeden Augenblick ins Taumeln zu geraten. Ihre Gedärme fielen ins Bodenlose, die Knie wurden ihr weich. Sie verspürte den Impuls, sich vor Carlo in den Staub zu werfen, ihn anzuflehen, sie nicht zu verlassen.

Doch sie schob den Impuls beiseite. Sie war viel zu wertvoll, um sich von einem Mann, selbst wenn sie ihn mal geheiratet hatte, so behandeln zu lassen. Eine gute Mutter? Das konnte er sich in den Allerwertesten schieben. Sie wollte doch nicht darauf reduziert werden, eine gute Mutter zu sein! Sie war viel mehr als das – zufälligerweise nämlich auch eine Bestsellerautorin. Dieses Schwein.

»Wir haben uns einfach auseinandergelebt, du und ich«, fuhr

Carlo fort, ohne auf eine Antwort von Vera zu warten. »Ich bin beruflich viel unterwegs, du hast deine ganzen … Hobbys und den Kiosk. Die Kurse an dieser Schule, die du mit so viel Begeisterung belegst, was ich persönlich ja gar nicht verstehen kann. Aber gut, es ist dein Leben, du musst selbst wissen, womit du deine Zeit verschwendest.«

Vera sog so tief die Luft ein, wie sie konnte, und atmete in den Bauch. Überrascht bemerkte sie, dass sich eine ihrer Hände zur Faust geballt hatte. Sie verurteilte Gewalt und hatte noch nie jemanden geschlagen, aber gerade verspürte sie eine nicht unerhebliche Lust, ihre moralischen Prinzipien zu überdenken.

»Warum hast du mir denn nicht gesagt, dass dich unsere Ehe nicht mehr … reizt?«, wollte sie mit unterdrückter Wut in der Stimme wissen.

»Ich dachte, du siehst das genauso.«

»Ach so.«

Er nickte. »Tust du ja offenbar auch.«

Sie schnaubte. Es gab so vieles, was sie Carlo gern an den Kopf geworfen hätte. Aber was sollte das bringen? Es interessierte ihn nicht, was sie dachte, fühlte oder meinte. Er war völlig überzeugt davon, dass die Beziehung ohnehin gescheitert und seine Liaison mit Gitta deswegen eine logische Konsequenz gewesen war. Und sie, Vera, sollte ihn vom Gegenteil überzeugen? Ihm sagen, dass sie an der Beziehung hätten arbeiten können? Zu einer Paartherapie gehen? Sich Zeit füreinander nehmen? Er hatte sich doch längst entschieden! Was würde es bringen, ihm diese Vorhaltungen zu machen? Hätte, hätte, Fahrradkette.

Sie schluckte all die Worte und Vorwürfe herunter, die ihr auf der Zunge lagen, und konzentrierte sich auf das, was sie wollte.

Auch wenn sie ahnte, dass der Liebeskummer noch einmal richtig reinknallen würde, gab es jetzt nur eine Parole: Weg mit dem Kerl.

»Das tue ich. Und ich möchte, dass wir uns trennen. Wir sollten uns Anwälte suchen und die Scheidung einreichen.«

Carlo sprang vom Sofa auf. Er sah erleichtert aus. »*Meraviglioso!* Ich wusste, du bist eine tolle Frau, Vera.« Zu ihrer Überraschung trat er einen Schritt auf sie zu und zog sie in eine kurze, aber herzliche Umarmung. »Ich fahre gleich zu Gitta und erzähle es ihr.«

Vera spürte, wie sich in ihrem Inneren alles zusammenkrampfte, wie sie meinte, ihrem Noch-Ehemann vor die Füße kotzen zu müssen, wie die Säure in ihrer Speiseröhre nach oben stieg und ihr den Mund verätzte. Irgendwo hatte sie mal gelesen, dass Gina Lollobrigida gesagt hatte: »Es ist leichter, einen Mann zu finden, als ihn wieder loszuwerden.« Das galt offenbar nicht für sie. Ihr werter Gatte konnte es ja gar nicht erwarten, zu seiner neuen Liebe abzudampfen.

»Wirst du zu ihr ziehen?«, fragte sie beklommen und konnte nur mühsam die Tränen unterdrücken. Dass er so schnell einwilligte, ja, glücklich über das fulminante Ende ihrer Ehe zu sein schien, verletzte sie zutiefst und machte sie todunglücklich.

»Wir haben uns schon Ende des Jahres eine Wohnung in Düsseldorf genommen«, erklärte Carlo lapidar. »Versteh doch, das war viel einfacher, als sich ständig in irgendwelchen Hotels zu treffen.«

Vera klappte der Mund auf. Sie war fassungslos. »Du *lebst* bereits bei ihr?«

»*Sì!*« Er lächelte. »Sie ist wirklich großartig. Du würdest sie mögen, wenn du sie richtig kennenlernen würdest.«

Das war so ungefähr das Letzte, was Vera wollte. Die Offenbarung, dass Carlo bereits mit seiner Geliebten eine Wohnung teilte, war der Tropfen, der das Fass zum Überlaufen brachte.

»Ich gehe mal packen«, sagte Carlo, schnappte sich das Handy, nickte Vera noch einmal zu und wollte das Wohnzimmer verlassen, als er sich noch einmal umdrehte. »Sag du es den Kindern, bitte. Du kannst das besser.«

Vera seufzte. Es war ihr in der Tat lieber, diesen Schritt zu übernehmen. Denn so wie Carlo gerade drauf war, würde er es rüberbringen, als ginge es bei der Neuigkeit nicht um die Trennung ihrer Eltern, sondern um eine neue Couch für das Wohnzimmer. »Einverstanden.«

»Und meiner Mutter kannst du bei der Gelegenheit vielleicht auch …«

»Oooo nein. Das wirst du schön selbst übernehmen.«

»Vera.« Er kam zurück, ergriff sie an den Oberarmen. »Das kann ich nicht. Sie wird mich umbringen.«

Sie lächelte verkniffen. »Von mir aus gern.«

Carlo sah sie eindringlich an. »Bitte! Vera. Sei nicht so herzlos.«

Beinahe hätte sie zu lachen angefangen. Was war ihr Ehemann doch für ein Weichei! Sollte diese Gitta ihn haben, mit dem größten Vergnügen. Dieser Waschlappen.

»Ich habe nein gesagt. Deine Mutter übernimmst du selbst.« Dann machte sie sich los und lief mit erhobenem Kopf aus dem Wohnzimmer, stieg die Stufen zum ersten Stock hinauf und blieb mit klopfendem Herzen vor der Zimmertür ihrer Tochter stehen. Ihre Hände zitterten. Ihr war immer noch schlecht, gleichzeitig fühlte sie ein überwältigendes Gefühl der Erleichterung. Das Gespräch hatte keine sieben Minuten gedauert. Carlo würde mit fliegenden Fahnen zu seiner Gitta reiten und ihr, Vera, wollte er wie immer alles überlassen, was unangenehm war. Über zwanzig Jahre, weggewischt, weitergescrollt in wenigen Augenblicken. Wäre sie nicht so froh darüber, dass Carlo es ihr mit seiner widerlichen Art so unglaublich leicht gemacht hatte, sie wäre am Boden zerstört.

Irritierenderweise fühlte sie sich aber nicht so. Sie fühlte sich … frei. Selbstbestimmt. Und glasklar.

Aus diesem Grund nahm sie sich vor, sofort mit ihren Kindern zu sprechen. Man sollte das Pflaster ja schnell abziehen, hieß es, und heute Abend hatte sie den Eindruck, sie könnte alles schaffen. Also klopfte sie an die Tür von Fabiolas Zimmer, wartete nicht auf das »Herein«, sondern öffnete.

Ihre Tochter lag auf dem Bett und ließ, als sie ihre Mutter erblickte, blitzschnell etwas unter der Bettdecke verschwinden.

»Was hast du da?« Vera trat ins Zimmer.

»Nichts«, flunkerte Fabiola und setzte eine Unschuldsmiene auf.

»Gib mir das.«

»Da ist nichts!«

»Fabiola!« Vera wurde laut. Sie machte einen Satz nach vorn, warf sich aufs Bett und zog den Gegenstand unter der Decke hervor, den ihre Tochter versucht hatte vor ihr zu verstecken. Es war ihr Buch. Vera starrte auf das Cover mit der geöffneten Muschel darauf und suchte nach Worten.

»Wo hast du das her?«

»Es stand im Wohnzimmer, im Buchregal.«

»Das ist nichts für Kinder in deinem Alter!«

Fabiola richtete sich auf. »Ich bin kein Kind mehr!«

»O doch. Und deswegen liest du nicht so ein … Zeug.«

»Aber Gitta hat es doch auch gelesen und gemeint, dass es toll ist!«

Wenn noch einmal irgendjemand diesen Namen in den Mund nahm … »Gitta ist eine erwachsene Frau«, beschloss Vera, auch wenn sie am liebsten gesagt hätte: Und ein Miststück dazu! »Und du bist vierzehn Jahre alt. So ein Buch liest du nicht.«

»Mamaaaaaa!«, rief Fabiola entsetzt und hüpfte aus dem Bett. »Das darfst du nicht!«

Es kam zu einem Handgemenge, als Vera und ihre Tochter das Buch ergriffen und an beiden Seiten zogen. Fabiola hatte Kraft, das musste man ihr lassen, und sie gab nicht auf. Aber Vera wollte nicht, dass ihre Tochter »Antipasti« las. Natürlich wegen der erotischen Stellen, für die Fabiola in Veras Augen noch zu jung war. Vor allem aber weil Vera die Verfasserin all der sündigen, sinnlichen Phantasien war und weil sie nicht wollte, dass Fabiola – wissentlich oder nicht – erfuhr, wie sich die Frau, die sie unter Schmerzen aus dem eigenen Unterleib gepresst hatte, den Liebesakt vorstellte. Das war nicht richtig! Vera zog fester, das Buch flutschte ihrer Tochter aus den Fingern. Sie fing ohrenbetäubend laut zu heulen an, während Vera den Roman wie eine Trophäe in die Luft reckte. Den eigentlichen Grund, warum sie ins Zimmer gekommen war, die Trennung von Carlo, hatte sie längst vergessen.

»Ich will nicht, dass du so was liest«, zischte Vera ein letztes Mal und wollte auf dem Absatz kehrtmachen, als sie spürte, dass ihr das Buch aus den Händen gerissen wurde. Verwirrt sah sie sich um und bemerkte zu ihrem größten Entsetzen, dass die Nonna hinter ihr stand. »Antipasti d'Amore« in den Fingern haltend wie ein ekliges Insekt, schnalzte sie einmal laut mit der Zunge, machte »Bah!« und verließ dann den Raum. Mit dem

Buch. Veras Buch. Von dem die Nonna nun zwei Ausgaben besaß.

Vera eilte der Nonna hinterher, als ein lauter Schrei hinter ihr die Luft zerriss: »Ich hasse dich!« Dann knallte die Tür von Fabiolas Zimmer von innen zu, und Vera blieb regungslos im Flur stehen und wusste nicht, wie die Situation so dermaßen hatte eskalieren können.

17

»Da.« Nonna Gina stand mit grimmigem Gesicht vor Vera und hielt einen langen Einkaufszettel in der Hand.

»Ach du lieber Himmel«, stieß Vera leise stöhnend aus und überflog die Liste. Wenn sie das alles besorgen sollte, wäre sie den halben Tag unterwegs, weil sie zu vier verschiedenen Supermärkten und Läden müsste. »Brauchen wir das wirklich alles? Ostern ist vorbei. Wir müssen doch nicht schon wieder …«

Die Schwiegermutter hob das Kinn, zog eine Augenbraue hoch und musterte Vera eindringlich. Die spürte, dass Nervosität von ihr Besitz ergriff. Über die Feiertage hatte sie kein Komma geschrieben, sie lag im strengen Zeitplan hinterher. Hülsenbeck wollte Ende April den zweiten Roman, aber es fehlten noch rund einhundert Seiten. Vera hatte sich diese Woche vorgenommen, mindestens fünf Kapitel zu schreiben, jeden Tag eines, immer dann, wenn sie im Kiosk war – das war der Plan.

Doch Pläne waren bekanntlich dazu da, vom Leben über den Haufen geworfen zu werden. Fabiola hatte heute Morgen Bauchschmerzen gehabt und war nicht in der Schule, sondern lag in ihrem Zimmer und jammerte vor sich hin. Federico hatte eine Französischklausur vergessen, was gestern Abend noch zu wilden Diskussionen geführt hatte. Er hatte den Vorschlag gemacht, den heutigen Schultag blauzumachen, aus Rücksicht auf seine Mutter, damit er keine schlechte Note nach Hause brachte. Als er diese Argumentation Vera präsentierte, wäre die beinahe noch mal an die Decke gegangen. Und während all des Chaos – Fabiola heulend, weil Vera ihr das Buch verboten hatte, die Nonna stinksauer, weil ihre Enkelin so einen Mist las, Federico lamentierend, weil seine Mutter ihn unvorbereitet in die Klausur schickte – hatte Carlo zwei große Koffer gepackt, sich von allen mit der fadenscheinigen Ausrede einer Geschäftsreise verabschiedet und war einfach so aus dem Haus spaziert. Ohne sich noch einmal umzudrehen, ohne das geringste Bedauern, wie es schien, sondern beinahe erleichtert.

Vera hatte am Fenster des Wohnzimmers gestanden, das zur Straße zeigte, das Gezeter im Hintergrund ausgeblendet und ihren Noch-Ehemann dabei beobachtet, wie er leichten Schrittes auf seinen Wagen zuging und die Koffer verlud. Dann schwang er sich auf den Fahrersitz, wählte lächelnd etwas auf dem Display seines Handys aus und fing an zu reden. Vera hatte im Herzen einen Stich verspürt, als ihr klargeworden war, dass Carlo gerade Gitta anrief und ihr von den tollen Neuigkeiten berichtete. Das Versteckspiel war vorbei, jetzt nichts wie rein in das neue Leben.

Erst als die Rücklichter in der einsetzenden Dämmerung verschwunden waren, hatte Vera den Platz am Fenster verlassen und war zurück zu ihrer Familie gekehrt.

»Hat Carlo eigentlich mit dir gesprochen?«, wollte sie von ihrer Schwiegermutter wissen.

Nonna Gina sah auf. »Carlo? Nein. Worüber?«

Vera schnaufte. Das war ja klar! Sie hatte ihrem Gatten doch sehr deutlich gemacht, was sie von ihm erwartete – dass er seine Mutter über die Trennung ins Bild setzte und nicht sie es tun musste! Wie konnte man eigentlich so ein Schürzenjäger sein, wenn man offenbar so gar keine Eier hatte? Vera spürte, dass sie schon wieder sauer wurde, schluckte den Ärger jedoch herunter und nahm sich vor, Carlo deswegen noch einmal anzurufen. Sie würde das Ende ihrer Ehe auf jeden Fall *nicht* mit der Nonna diskutieren, das konnte er schön selbst machen.

»Nicht so wichtig«, beschloss Vera und nahm ihre Jacke vom Haken, in deren Tasche es plötzlich zu klingeln anfing. Sie zog ihr Handy heraus und schaute auf das Display. Mist, das war Hülsenbeck. Was wollte denn der schon wieder? Sie drückte den Anruf weg.

»Du kannst da ruhig drangehen«, sagte die Nonna lauernd. »Oder hast du etwas zu verbergen?« Sie starrte zur Decke hoch. »Wenn ich es dir doch sage, Emilio, sie verbirgt etwas!«

Vera zögerte, suchte nach einer Ausrede. »Ich kenne die Nummer nicht. Und an unbekannte Nummern gehe ich grundsätzlich nicht ran.« Was einerseits stimmte, wie ihr in diesem Moment auffiel, es wäre ja theoretisch möglich, dass irgendein Journalist ihre Telefonnummer herausgefunden hatte und sie nun zu einem Interview überreden wollte. Was andererseits aber natürlich völliger Blödsinn war, denn Veras Nummer hatten exakt 15 Menschen, und von denen riefen sie eigentlich nur die wenigsten an.

Nonna Gina kniff misstrauisch die Augen zusammen, man musste kein Gedankenleser sein, um ihr anzusehen, dass sie Vera kein Wort glaubte. Im gleichen Augenblick klingelte das Festnetztelefon im Wohnzimmer. Gina lächelte schmallippig und ging mit kerzengeradem Rücken auf das Telefon zu.

»*Pronto?*«, schnauzte sie in den Hörer. Sie lauschte, dann visierte sie Vera an. »Für dich. Ein Mann. Derselbe wie neulich.« Mit einem Zungenschnalzen ließ sie Vera, die im Türrahmen gewartet hatte, stehen.

Scheiße, dachte Vera. Wenn die Nonna jetzt auch noch denkt, dass *ich* die Ehebrecherin bin, dann drehe ich völlig durch.

Sie ging auf das Telefon zu, hob den Hörer und sagte: »Vera Renzi?«

»Ah, da sind Sie ja! Hülsenbeck hier!«, flötete ihr Verleger gut gelaunt, aber etwas kurzatmig. »Wie geht es mit dem Schreiben voran? Sind Sie fleißig? Störe ich vielleicht gerade beim Verfassen der fulminanten Endszene? Dem literarischen – verzeihen Sie mir – Höhepunkt des Buches? Dem orgiastischen Highlight, wenn Sie verstehen, was ich sagen will?« Er kicherte.

»Ich verstehe sehr gut, was Sie sagen wollen, aber ich muss Sie enttäuschen«, erwiderte Vera kühl und machte einen langen Hals, um sich zu versichern, dass die Nonna wirklich weg war und sie nicht mehr belauschen konnte. »Ich bin in den letzten Tagen leider nicht zum Schreiben gekommen.«

Es wurde still am anderen Ende der Leitung.

»Aber … Frau Renzi! Machen Sie mich nicht schwach. Was kann wichtiger sein als Ihr Nachfolgewerk?«

Och, da fielen Vera schon ein paar Dinge ein. Die halbnackte Assistentin ihres Ehemanns, die Spaghetti in den Mund einsaugte, dass sie dafür eigentlich eine FSK-18-Freigabe brauchte. Die vierzehnjährige Tochter, die gerade mit strammen Schritten in die Pubertät steuerte und frivole Romane unter der Bettdecke las. Der halbwüchsige Sohn, der nichts anderes als Mädchen und Computerspiele im Kopf hatte. Die Nonna, die offenbar dachte, ihre Schwiegertochter verkehre mit fremden Männern. Oder Carlo, der seit Monaten eine Affäre gepflegt hatte und gestern sehr zufrieden aus dem gemeinsamen Haus ausgezogen war.

Die Liste der möglichen Dinge, die aktuell wichtiger waren

als »I Dolci della Seduzione«, war beinahe genauso lang wie der Einkaufszettel, den Vera immer noch in der Hand hielt.

»Eigentlich wollte ich Sie ja fragen, ob Sie eventuell doch früher abgeben können«, fuhr Hülsenbeck fort. »Ich habe mittlerweile weitere Anfragen bekommen. Die Verlage aus dem Ausland, die Ihr Buch gerade übersetzen, erkundigen sich nach dem Nachfolger. Sie wollen beim nächsten Band zeitgleich erscheinen, deshalb machen sie ein wenig … Druck. Aber das soll Sie nicht belangen!«

»Tut es nicht«, sagte Vera knapp. »Ich kann nicht zaubern.«

»O doch, das können Sie«, frohlockte Hülsenbeck, »Sie sind eine Magierin der Worte, Frau Renzi, eine Meisterin der Doppeldeutigkeiten!«

»Geben Sie sich keine Mühe, Sie bekommen das Manuskript keine Sekunde früher als vereinbart«, sagte Vera stöhnend.

»Ach, habe ich es schon gesagt? Heute habe ich Nachricht wegen der Bestsellerliste bekommen«, plapperte Hülsenbeck weiter. »Wir sind ab Donnerstag auf Platz 1!«

Vera fiel beinahe der Hörer aus der Hand. »Entschuldigung, was?!«

»Die Bestsellerliste! ›Antipasti d'Amore‹ ist auf Platz 1 gerückt. Sie haben sogar diesen Vampirroman aus den USA von der Spitze vertrieben, der war da seit über einhundert Wochen, Frau Renzi! Ist das nicht grandios? Und können Sie sich vorstellen, wer grade alles bei mir anruft? Ich hatte sogar schon Filmproduzenten an der Strippe, die sich die Drehbuchrechte sichern wollen.«

Vera sank gegen die Wand. Ihr wurde heiß und kalt zugleich. Mit der Hand tastete sie nach der Kommode, um sich irgendwo festzuhalten. »Ist das Ihr Ernst?«

»Aber ja! Es ist ganz und gar unglaublich. Wie das Ganze jetzt noch mal Schwung nehmen wird, Platz 1 ist ja wirklich eine Hausnummer, nicht wahr?« Hülsenbeck war völlig aus dem Häuschen, seine Stimme überschlug sich, während er sprach. »Ich habe Ihnen deswegen heute Morgen wie besprochen Ihr Honorar überwiesen. 25 000 Euro, und gleich noch mal 25 000 dazu, als zweiten Vorschuss. Das verrechnen wir dann später.«

Sie meinte, sich verhört zu haben. »Herr Hülsenbeck! Das geht nicht. Wir haben es doch anders besprochen!«

Er stutzte. »Ja, für die Lizenzen. Aber doch nicht für die Honorare. Oder?«

Nun wurde ihr wirklich fast schwarz vor Augen. »Doch, natürlich auch für die Honorare! Was würde denn das für einen Sinn ergeben, wenn Sie mir einen Teil des Geldes überweisen und einen anderen nicht?«

»Das habe ich mich ehrlich gesagt auch gefragt. Aber Sie waren so resolut am Montag. Da dachte ich, Sie werden sich schon etwas dabei denken«, erklärte Hülsenbeck und wirkte nicht einmal zerknirscht dabei.

Und was sie sich dabei dachte! Sie versuchte, ihr Geld in Sicherheit zu bringen, damit ihr untreuer Ehemann keinen Cent davon abbekam – und erst recht nicht seine liederliche Gitta. Tief durchatmen, sagte sich Vera und begann, auf Italienisch bis zehn zu zählen. Bei fünf ging ihr aber die Geduld aus.

»Können Sie die Überweisung rückgängig machen, Herr Hülsenbeck?«

Er dachte einen Moment nach. »Nein. Das geht nicht. Bedaure.«

Vera atmete noch einmal tief durch. Sehr tief. Dann schloss sie die Augen, rief sich zur Vernunft und entschied: Was soll's.

Es war nur Geld. Und sie würde mit ihrem »kleinen Hobby« noch viel mehr davon verdienen, so viel, dass es ihr nichts ausmachen würde, Carlo einen Teil davon abzugeben.

»Ab jetzt überweisen Sie mir nichts mehr. Nichts, ohne dass ich dem zugestimmt habe. Verstanden?«

»Ja, ja, natürlich, Frau Renzi. Es tut mir leid, dass wir uns da so missverstanden haben.«

Sie knirschte mit den Zähnen und schwieg.

»Aber wie sieht es denn mit einer früheren Abgabe des Manuskripts aus?«, bohrte er weiter.

»Völlig ausgeschlossen«, antwortete Vera streng. »Wissen Sie, ich habe auch so etwas wie ein Privatleben, Herr Hülsenbeck. Und einen Brotjob. Ich kann ja wohl schlecht den Kiosk zumachen und meine Familie in den Urlaub schicken, damit Sie Ihr Manuskript früher bekommen!«

»Na ja, rein technisch wäre das wohl schon möglich …«

»Herr Hülsenbeck!«

»Ist ja gut, ist ja gut«, erwiderte er schnell. »Aber die ersten einhundertfünfzig Seiten darf ich verschicken. Ja? Es wäre wirklich wichtig. Und … würde sich vermutlich für Sie auszahlen.«

»Und für Sie«, bemerkte Vera, die es nicht mochte, dass ihr Verleger so einen Druck auf sie aufbaute.

»Für uns, Frau Renzi«, schlug er versöhnlich vor. »Sagen Sie ja.«

Sie seufzte tief. »Meinetwegen. Aber nur, wenn Sie mir versprechen, nicht mehr auf dem Festnetz anzurufen!«

»Ich habe es doch auf Ihrem Handy versucht, liebe Frau Renzi, aber Sie gehen ja nie dran.«

Vera verkniff den Mund. Hülsenbeck hatte recht, sie hatte ihn weggedrückt. Aber das musste sie ja nicht unbedingt zugeben. Sie sagte leise: »Meine Schwiegermutter ist wirklich sehr misstrauisch. Ich will kein Risiko eingehen.«

»In Ordnung. Ich mache mir gleich eine Notiz. Keine Anrufe auf dem Festnetztelefon.«

Vera wünschte sich, er hätte bereits bei der Honorarabrechnung eine Notiz geschrieben. Doch so war ihr Verleger: dermaßen verzettelt, dass es fast schon komisch war.

»Also dann will ich Sie mal nicht länger vom Schreiben abhalten«, leitete Hülsenbeck die Verabschiedung ein. »Ich warte sehnsüchtig auf die restlichen Seiten.«

»Seien Sie bloß nicht zu sehnsuchtsvoll«, erwiderte Vera stöhnend und rieb sich die Stirn. Wie sie in den kommenden Tagen die Ruhe zum Fertigstellen des Manuskripts finden sollte, war ihr ein Rätsel.

»Vorfreude ist die schönste Freude«, jauchzte er und sagte dann: »Adieu, liebe Frau Renzi. Und bis ganz bald. Ja?«

»Ja, bis bald. Machen Sie es gut, Herr Hülsenbeck.«

»Manfred.«

»Na gut. Dann Manfred«, meinte Vera lachend.

»Bis bald, Vera«, sagte er und legte auf.

Vera musterte noch einige Sekunden den Hörer in der Hand, dann legte sie ihn auf die Gabel und wandte sich zum Gehen – um mit Nonna Gina zusammenzukrachen, die offenbar schon seit einer Weile hinter ihr gestanden und gelauscht hatte.

»Bah!«, sagte sie abfällig, musterte Vera, die sich einmal mehr wie eine merkwürdige Spezies eines anderen Planeten vorkam, und stieß knurrend aus: »Manfred, ja?«

»Gina, es ist wirklich ganz anders, als du denkst!«, sagte Vera schnell, aber die Nonna hob die Hand und brachte sie damit zum Schweigen.

»Da bin ich mir sicher. Dass es in Wirklichkeit ganz anders ist. Aber ich sag dir eines: *Le bugie hanno le gambe corte!*«

Vera schluckte. Sie kannte das Sprichwort. Lügen haben kurze Beine. »Ich lüge nicht!«

Die Schwiegermutter kam ganz nah an sie heran und zischte: »Du verbirgst etwas vor mir, und ich werde nicht ruhen, bis ich herausgefunden habe, was es ist!«

Damit drehte sie sich um und ging davon und ließ Vera mit dem Gefühl im Wohnzimmer stehen, dass die Katastrophe noch lange nicht ihren Höhepunkt erreicht hatte.

18

Mit einer großen schwarzen Sonnenbrille auf der Nase, die an die italienischen Filmdiven der 1960er-Jahre erinnerte, schlich Vera durch die Fußgängerzone von Monheim. Sie bestand aus den üblichen Ketten und unvermeidlichen Ein-Euro-Läden, die man aus nahezu allen Innenstädten und Einkaufsstraßen Deutschlands kannte, doch hier und da unterbrachen inhabergeführte Läden das Bild: eine kleine Boutique für »Frauen mit Format«, ein Hutmacher, die Buchhandlung »Leseecke«, ein Florist und natürlich der Metzger Freibier. Zu dem musste Vera gleich noch hin, um den Bauchspeck zu kaufen, der für die Nonna mindestens ebenso heilig war wie die täglich gebeteten Rosenkränze.

Die letzten Tage des Aprils brachten einen ersten Vorgeschmack auf den Sommer. Die Temperaturen waren mild, die Sonne stand hoch am wolkenlosen Himmel, und die Luft wurde vom Gezwitscher der Vögel erfüllt.

Als Vera am Schaufenster eines Geschäfts für Küchenbedarf vorbeikam, blieb sie kurz stehen und betrachtete ihr Spiegelbild. Sie trug einen dünnen schwarzen Rollkragenpullover, dunkle Jeans und darüber einen leichten, beigefarbenen Trenchcoat. Die Haare fielen in blonden Wellen auf ihre Schultern, das Gesicht wurde von der Sonnenbrille verborgen. Was nach einer Szene aus »Frühstück bei Tiffany's« hätte aussehen können, erinnerte sie aber leider viel mehr an einen mittelklassigen Detektivfilm. Sie schob sich die Sonnenbrille in die Haare – erschrak jedoch, als sie die tiefen, dunklen Augenringe in der Spiegelung des Schaufensters sah. Auch wenn sie ein Gefühl der Erleichterung verspürte, dass Carlo sie, nachdem er ausgezogen war, wenigstens nicht mehr vor ihrer Nase betrügen konnte: Vorhin, als sie endlich im Auto gesessen hatte und im Begriff gewesen war loszufahren, war sie von einem plötzlichen und völlig irrationalen Heulanfall heimgesucht worden. Natürlich hatte sie kein Make-up oder Ähnliches im Handschuhfach gehabt, um die geröteten Augen abzudecken, und noch einmal rein ins Haus hatte sie nicht gehen wollen. Also hatte sie die Sonnenbrille genommen, die seit Jahr und Tag irgendwo im Wagen herumflog, und sie sich aufgezogen. Besser als nichts. Auch wenn sie sich jetzt ein bisschen kostümiert fühlte.

Schnell lief sie weiter. Sie war im Stress, weil sie sich vorhin, anstatt direkt in die Stadt zu fahren und die lange Liste der Nonna abzuarbeiten, erst einmal in den Kiosk verdrückt hatte, um in aller Eile ein weiteres Kapitel zu Papier zu bringen. Einhundert Seiten lagen bis zum Ende von Buch zwei noch vor ihr, und nirgends konnte sie so gut schreiben wie in ihrem Laden, denn bis auf Hassan, Lennard und ein bisschen Laufkundschaft kam im Grunde niemand herein und störte ihre kreative Ruhe. Nun aber musste sie sich sputen, wenn sie die Einkäufe für die Nonna erledigen und rechtzeitig nach der Mittagspause den Kiosk wieder eröffnen wollte. Gott allein wusste, wann und vor allem für wen Nonna Gina all die Gerichte kochen wollte, deren Zutaten sich in Veras Auto stapelten. Im Grunde war sie froh über die Ablenkung, auch wenn die Nervosität in ihrem Inneren wuchs, weil die Abgabe näher rückte und ein nicht unerheblicher Teil des Manuskripts noch nicht geschrieben war.

Mach dich nicht verrückt!, sagte sie sich und legte noch einen Zahn zu. Du schaffst das schon. Irgendwie. Notfalls mit Nachtschichten. Sie konnte gerade eh kaum schlafen, denn obwohl sie in den letzten Monaten die meisten Nächte auch allein im gemeinsamen Bett verbracht hatte, fühlte es sich seit der Trennung von Carlo noch mal anders an.

Vera lief an einer Bushaltestelle vorbei, an der eine Frau in den Fünfzigern saß und in einem Buch schmökerte. Vera marschierte mit strammen Schritten weiter, während sie über den Anblick nachdachte. Frauen, die in der Öffentlichkeit lasen, sah man etwa so häufig wie Mütter, die in der Öffentlichkeit stillten: fast nie. Lesen und Stillen schienen Privatangelegenheiten zu sein.

Dann fiel es ihr auf. Die Frau hatte nicht irgendein Buch in den Händen gehalten. Nein, sie hatte ein Buch mit schwarzem Cover mit einer weißen, glänzenden Muschel und einem geschwungenen Schriftzug darauf gelesen. »Antipasti d'Amore«. Vera hielt abrupt an und spürte eine kribbelige Neugier in sich aufsteigen, dann drehte sie sich um, ging zurück zur Bushaltestelle und stellte sich vor die Frau.

Tatsächlich. Es war ihr Roman.

Die Frau sah auf. »Kann ich Ihnen helfen?«

»Ich …« Vera überlegte, was sie sagen sollte. »Ich frage mich nur, was Sie da lesen.«

Die Frau schlug das Buch zu, den Zeigefinger hielt sie zwischen den Seiten, und betrachtete das Cover. »Ein ganz vorzüglicher Roman, den mir meine Tochter zu Ostern geschenkt hat. Es geht um eine Köchin aus Rom, die eine leidenschaftliche Affäre mit einem Restaurantkritiker beginnt und dann … Ach, wissen Sie was, ich verrate Ihnen nichts. Sie müssen es lesen, es ist wirklich gut. Soll ich Ihnen den Titel aufschreiben?« Sie zog ihre Umhängetasche nach vorn und begann, darin zu kramen. »Ich glaube, ich hab hier irgendwo einen Zettel …«

»Nein, das ist …« Vera winkte schnell ab. »Das ist nicht nötig. Ich kann mir den Titel merken.«

»Schön.« Die Frau sah sie abwartend an und hob dann erklärend das Buch. »Wenn es Sie nicht stört, ich würde gern weiterlesen. Die Köchin ist gerade auf dem Wochenmarkt und trifft dort zufällig auf ihren sehr hungrigen Verehrer …«

»Natürlich.« Als würde sie plötzlich von einem Marionettenspieler geführt werden, bemerkte Vera, dass sie sich wieder in Bewegung gesetzt hatte und weiterlief. Ihre Füße gingen wie von allein, einer nach dem anderen, und ihr Körper fühlte sich merkwürdig taub an, als wäre er nicht mehr zu ihr zugehörig.

Ihr Puls raste im Takt ihrer immer schneller werdenden Schritte. Nun war sie doch froh, die große Sonnenbrille auf dem Gesicht zu haben, denn plötzlich war sie sich sicher, dass ihr jeder sofort an der Nasenspitze ansehen würde, welches doppelte Spiel sie da trieb.

Sie hastete weiter, passierte ein paar Jugendliche, die unter einer großen Linde saßen und sich über etwas beugten. Vermutlich ein Handy. Oder … Irritiert blieb sie stehen. Lasen die vier Teenager, vermutlich fünfzehn oder sechzehn Jahre alt, da etwa auch in einem Buch? Etwas in ihrem Inneren gab ihr den Befehl, vorsichtig näher zu treten.

»Wie stimmig sich ihre beiden Körper, jetzt wo sie so völlig nackt und ohne dass ein Blatt zwischen sie gepasst hätte, doch mitten in ihrer Küche aneinanderschmiegten und -rieben«, las ein Junge mit verpickeltem Gesicht vor, und die anderen Jungen und Mädchen kicherten.

Vera kam noch näher. »Was lest ihr da?!«, fragte sie mit etwas zu schriller Stimme.

»Ein Buch?« Der verpickelte Junge guckte Vera an, als wäre sie ein bisschen langsam im Kopf. »Das ist so was wie Netflix, nur man muss sich mehr anstrengen. Aber dafür ist es ohne Altersfreigabe!« Er gluckste, und auch die anderen Jugendlichen fielen in sein Lachen ein.

Sie musste nicht fragen. Sie wusste es bereits: Die Teenager ergötzten sich an den erotischen Szenen aus »Antipasti d'Amore«. Ihr Buch war in Monheim angekommen. In ihrer Stadt, wo sie viele Menschen kannte ... und genauso viele wussten, wer sie war. Sie dachte daran, dass diese Jugendlichen Freunde von Fabiola und Federico sein könnten.

Tief durchatmen. Am besten gleich zweimal, zur Sicherheit. »Haben eure Eltern das erlaubt?«, wollte sie wissen und kam sich mit einem Mal nicht wie Anfang vierzig, sondern wie Ende siebzig vor.

»Dass wir lesen? Ja, das haben die erlaubt«, erwiderte eines der Mädchen, und die anderen grienten.

»Dass ihr *so was* lest«, korrigierte Vera.

»Ich hab das Buch vom Nachttisch meiner Mutter«, erklärte der Picklige stolz. »Sie hat es in zwei Nächten durchgelesen und einfach jedem davon erzählt. Also, ich denke das geht in Ordnung, dass wir auch mal einen Blick hineinwerfen.«

Vera fühlte eine Welle des Stolzes in sich aufbranden. In zwei Nächten durchgelesen? Das war ja der Wahnsinn! Auch wenn es irgendwie schade war, dass das Schreiben so viel länger dauerte als das Lesen – aber damit wollte sie sich nicht aufhalten. Viel mehr beschäftigte sie, dass sie ihrer Tochter im selben Alter verboten hatte, das Buch zu lesen – und sich nun freute, dass sie auf

Jugendliche traf, die mal etwas anderes als das allgegenwärtige Handy in der Hand hielten. Darüber musste sie nachdenken. Aber nicht jetzt.

Ohne dass sie es hätte kontrollieren können, zogen sich ihre Mundwinkel zur Seite, und sie lächelte. »Finde ich toll, dass ihr lest.«

Der verpickelte Junge betrachtete nachdenklich das Buch. »Ist echt nicht so schlecht, wie ich dachte. Die Zeit geht voll schnell rum, das ist irgendwie cool.«

Vera nickte den Teens kurz zu und lief weiter. Diesmal aber mit einem erhabenen Gefühl in sich, das sie ein bisschen schweben ließ. Mit Schwung stieß sie die Tür zum Metzger Freibier auf, riss sich die Sonnenbrille vom Gesicht und trällerte: »Einen wunderschönen guten Tag!«

Alle im Verkaufsraum, der hagere, tagliatelledünne Metzger Freibier, seine rundliche Mitarbeiterin sowie ein Kunde, der vor der Theke stand, glotzten sie an.

»Sie haben ja gute Laune«, bemerkte Freibier erstaunt. »Wie geht es, Frau Renzi?«

Sie kannten sich, da Vera jede Woche vorbeischaute und immer wieder nach Spezialitäten fragte, die die Nonna für die Zubereitung ihrer Gerichte brauchte: Lamm, Kutteln, Leber, Nierchen … Es war erstaunlich, was man alles essen konnte. Und vor allem: Was mit den richtigen Zutaten und Gewürzen zu einem delikaten Essen wurde. Vorausgesetzt, die Nonna hatte ihre Finger im Spiel. Oder eher: im Topf.

»Gut geht es, vielen Dank. Es ist ein schöner Tag.«

Freibier nickte. »Sie wollen doch bestimmt wieder den Bauchspeck für Ihre Schwiegermutter?«

Vera nickte. »Pancetta Piacentina.«

In Italien war Bauchspeck eine Institution. Beinahe jede Region hatte ihren eigenen, der mit unterschiedlichen Aromen verfeinert wurde und unter speziellen Bedingungen reifte. Der Pancetta Piacentina kam aus der Region Emilia-Romagna und wurde mit Salz, Pfeffer, Zucker und Nelken gewürzt, weshalb er ein besonders intensives Aroma hatte. Vor einigen Jahren, als die Nonna bei Freibier immer wieder nach diesem Bauchspeck gefragt hatte, ließ er sich von ihr zeigen, wie man den Pancetta Piacentina herstellte. Carlo hatte zwar einen Delikatessenhandel, führte aber keine frischen Produkte, da es logistisch zu aufwendig und teuer war. Und so war der Deal, den Nonna Gina mit Freibier eingegangen war, eine glückliche Fügung und eine Win-win-Situation.

»Ich hab leider nicht mehr so viel da«, sagte der Metzger und rieb sich den Kopf. »Ich weiß auch nicht, was los ist, aber der Speck verkauft sich gerade wie geschnitten Brot.« Er lachte auf, als er den Witz bemerkte. »Irgendwie scheint sich herumgesprochen zu haben, dass ich Piacentina verkaufe.« Er zuckte mit den Schultern. »Ich gehe mal in die Kühlkammer und schaue, was noch da ist. Bin gleich zurück.«

Vera beschlich ein Verdacht. In ihrem Roman wurde reichlich Pancetta Piacentina verwendet – in der Carbonara, für das Aroma des Lammbratens … Aber nein, das konnte nicht sein. Das wäre ja zu verrückt gewesen, wenn die Leser anfangen würden, die Gerichte aus dem Roman nachzukochen. Sie schüttelte entschieden den Kopf. Nun stieg ihr der Ruhm also doch ins Hirn! Reiß dich zusammen, Vera, rief sie sich selbst zur Ordnung. Nur nicht die Bodenhaftung verlieren.

»Was darf's denn noch sein?«, wollte die Verkäuferin hinter der Theke vom Mann davor wissen.

Der warf einen Blick auf seinen Zettel, den er nervös in den Händen knetete. »Ich, äh … ich weiß nicht, ob Sie das kennen. Aber haben Sie schon mal von numidischem Huhn gehört?«

Vera traf beinahe der Schlag. Numidisches Huhn? Nein, das konnte kein Zufall sein! Es war ein römisches Gericht, Huhn mit Damaszenerpflaumen, Dinkelrisotto und sahnigem Kohlrabigemüse, eine Spezialität, die die Einwohner der Stadt kannten, die es aber noch nicht über die Grenzen Roms hinaus geschafft hatte – und vor allem nicht nach Monheim am Rhein.

»Numerisches Huhn?« Die Verkäuferin machte ein fragendes Gesicht. »Das haben wir nicht. Glaub ich.«

»Numidisch. Aber das Huhn muss nicht numidisch sein«, sagte der Kunde. »Nur das Gericht heißt so.«

»Aha. Und was ist da so drin?«

»Hühnchenbrustfilets, Koriander, Kreuzkümmel, Pflaumen …«

»Trockenpflaumen«, mischte Vera sich ungefragt ein, und als sie bemerkte, dass beide sie anschauten, räusperte sie sich. »Ich habe davon mal gehört.«

»Ah.« Der Mann las weiter. »Honig, Fischsoße, Knoblauch, Pinienkerne und etwas, das ich nicht kenne. Weinraute.«

»Das haben wir bestimmt nicht!«, sagte die Verkäuferin entschieden. »Was soll das sein?«

Der Mann zuckte ahnungslos mit den Schultern, und Vera sagte: »Das ist ein typisches Gewürz der antiken griechischen und römischen Küche. Deswegen ja auch numidisches Huhn, also das bedeutet nach Art der Numidien. Das ist eine Region in Nordafrika.«

Der Kunde machte große Augen. »Was Sie alles wissen.«

»Meine Schwiegermutter kommt aus Rom«, sagte Vera schnell.

»Wie schmeckt diese Weinraute? Und wo bekommt man sie her?« Der Mann hielt seinen Zettel hoch. »Ich renne schon den ganzen Tag durch die Stadt, aber niemand kennt das Kraut.«

»Es gibt da einen italienischen Delikatessenhandel, der …«, setzte Vera an, dann fiel ihr ein, dass sie gerade Werbung für das Aas von ihrem Ehemann machte – und sie überlegte es sich anders. »Wissen Sie was? Es ist nicht dasselbe, aber probieren Sie es einfach mit ein bisschen Rosmarin und einer Prise Bohnenkraut.«

»Das ist ja toll, danke«, sagte der Mann erleichtert und ließ den Zettel in der Hosentasche verschwinden. »Ich will heute Abend für meine Frau kochen. Ich habe das Rezept aus einem Buch, das mir zufällig in die Hände gefallen ist. Und …« Er errötete. »Also die Gerichte sollen eine bestimmte Wirkung haben.« Seine Stimme klang plötzlich kratzig. »Ich hoffe, das hängt nicht allein an dieser Weinraute.«

Nun wusste sie es mit Sicherheit. Der Mann hatte »Antipasti d'Amore« gelesen und wollte das erotisch-kulinarische Menü Elisabettas nachkochen! Das, mit dem sie sich ihren Ruf zurückerobern wollte und mit dem sie den Restaurantkritiker Stefano nach seinem schrecklichen Verriss um den Finger wickelte …

Metzger Freibier kam zurück in den Verkaufsraum, in der Hand hielt er ein Stück Bauchspeck. »Glück gehabt, Frau Renzi! Ein bisschen was ist noch da. Wie viel wollen Sie haben?«

»Moment, ist das der italienische Bauchspeck, den man nur bei Ihnen bekommt?«, wollte der Mann wissen. »Dieser Pancetta Cinquecento? Von dem brauche ich auch etwas!«

Vera lächelte in sich hinein. »Wissen Sie was, Herr Freibier? Ich nehme nur 200 Gramm mit.« Während sie das sagte, dachte sie nicht an die griesgrämige Miene der Nonna, sondern an all die Leserinnen und Leser, die mit Hilfe ihres Buches und der darin enthaltenen Rezepte Elisabettas ihrem Liebesleben ein bisschen auf die Sprünge halfen. Und sei es auch bloß, weil sie sich wieder einmal für den anderen bemühten, ihm oder ihr etwas Vorzügliches kochten, sich Zeit für ein gemeinsames Essen nahmen und zusammen die köstlichen Aromen und ein gutes Glas Wein genossen. »Meine Schwiegermutter wird mich dafür vermutlich aus dem Haus jagen, aber ich finde, von den wirklich guten Dingen sollte genug für alle da sein.«

19

Vera war spät dran. Sie hätte den Kiosk schon vor zehn Minuten aufschließen sollen, aber Fabiola und ihre konsequente Weigerung, sich für den Geigenunterricht fertig zu machen, hatten sie wertvolle Minuten gekostet.

»Ich hasse den Unterricht! Ich will keine Geige mehr spielen!«, hatte ihre Tochter noch vor wenigen Augenblicken gebrüllt und dem Instrumentenkoffer mit dem Fuß einen Tritt verpasst.

»Fabiola, vor einem halben Jahr wolltest du unbedingt Geige lernen«, erinnerte Vera sie, während sie hastig die Einkäufe aus den Taschen beförderte und in den Kühlschrank stopfte – wohl wissend, dass die Nonna alles wieder ausräumen und in ihrer eigenen Ordnung sortieren würde, die kein Mensch außer ihr selbst verstehen konnte. »Wir haben vereinbart, dass du mindestens ein Jahr dranbleibst.«

»Na und? Ist mir doch egal, was wir vereinbart haben!«, schrie die Tochter heulend los.

»Aber so funktioniert das nicht, Schätzchen«, erklärte Vera geduldig, wenngleich sie sich zu ebenjener Geduld schon sehr disziplinieren musste. Bei Fabiola war das nämlich immer so: Sie wollte etwas unbedingt haben, setzte Himmel und Hölle in Bewegung, um es zu bekommen – und wenn sie es dann hatte, verlor sie das Interesse daran. Irgendwann hatte Vera mal gelesen: Es gibt Menschen, die lieben die Jagd, nicht das von ihnen Gejagte. Dann dachte sie an Carlo. Nun, den Vaterschaftstest würden sie sich auf jeden Fall sparen können. Der war genauso ein Hallodri wie seine Tochter.

Eben aus jenem Grund hatte Vera dem Geigenunterricht nur zugestimmt, wenn Fabiola mindestens ein Jahr in die Stunden investierte. Es war zu erwarten gewesen, dass es nicht wie gewünscht laufen würde … Aber Vera spürte, dass sie für Diskussionen und Konsequenz in der Erziehung momentan keinen Nerv hatte. Außerdem klang das Geigenspiel ihrer Tochter auch nach sechs Monaten noch so, als würde eine Katze sterben – langsam und qualvoll. Also sagte sie zu Fabiola: »Weißt du was? Mach, was du willst. Hör mit dem Geigespielen auf. Ich sage es dir aber gleich, die nächste Sache, die du haben willst, bekommst du nicht. Du bist sehr sprunghaft. Das gefällt mir nicht.«

Damit hatte sie die Tochter stehen lassen und war über die Straße zum Kiosk geeilt, vor dessen Tür Guntero bereits wartete. Bei seinem Anblick fühlte Vera sich schlagartig besser. Und mit einiger Überraschung bemerkte sie, dass sich ein kaum merkliches Kribbeln in ihrer Magengegend breitmachte. Etwas verwundert verlangsamte sie ihre Schritte, während sie die letzten Meter zum Laden lief. Warum war sie denn plötzlich aufgeregt? Bestimmt, weil sie den Nachmittag über wieder an ihrem zweiten Roman arbeiten würde, in dem es gerade ziemlich knisterte.

»Hallöchen!«, rief Guntero erfreut, als er Vera auf dem Bordstein herantraben sah. »Stressiger Tag?«

»Ja, kann man so sagen«, sagte sie mit einem Lächeln, schloss die Tür auf und drehte das Schild auf »Geöffnet«. »Machst du uns einen Kaffee?«, fragte sie, noch während sie sich den Trenchcoat auszog und die Sonnenbrille absetzte. Durch die ganze Aufregung war sie etwas außer Atem, und ihr Herz schlug schneller als gewöhnlich. Es wurde höchste Zeit, dass es im Hause Renzi wieder etwas ruhiger zuging. Vera musste sich auf ihr Buch konzentrieren, da konnte sie Ärger jedweder Art nicht brauchen.

»Oh, ich brauche heute keinen Kaffee«, sagte Guntero aufgedreht und lehnte sich mit beiden Händen auf die Theke. »Mein Blutdruck ist eh schon so hoch, ich sollte ein bisschen aufpassen.«

Vera stutzte. »Du hast hohen Blutdruck?«

»Nein. Also heute schon.« Er beugte sich zu ihr vor. »Ich weiß jetzt, wer Lucia Barone ist!«

Vera erstarrte. Langsam, sehr langsam drehte sie das Gesicht zu Guntero. »Du … weißt es?«, hauchte sie tonlos.

Er nickte zufrieden und grinste sie an. »O ja! Ich glaube, es zu wissen. Dank deines Tipps und meiner eigenen Recherchen war es nicht mehr allzu schwer.«

Sie sank auf ihren klapprigen Stuhl hinter dem Tresen und schluckte schwer.

»Sieh mal, zuerst hast du mir verraten, dass du die Autorin kennst. Damit konnte ich den Radius schon mal auf Monheim und Umgebung legen, denn die meisten deiner Freunde und Bekannten kommen ja von hier«, sagte er und zählte parallel mit den Fingern mit. »Außerdem muss es eine Verbindung zu Italien geben, denn in ›Antipasti‹ wimmelt es nur so von Anspielungen und italienischen Sätzen. Und zuletzt«, er hob die Hand und präsentierte Vera den dritten Finger, »ist die Autorin vermutlich jemand, der einen Bezug zum Kochen hat.«

O. Mein. Gott.

Vera hatte Mühe, nicht vom Stuhl zu kippen, und klammerte

sich an der Kante des Tresens fest. »Und wen hast du … also wer, glaubst du, könnte diese Lucia Barone sein?«

»Ich habe drei Kandidatinnen.« Guntero fing an, im kleinen Kiosk auf und ab zu laufen. Es war ihm anzusehen, wie nervös und aufgeregt er war. »Da wäre zunächst einmal deine Freundin Simone.«

Vera sprang vom Stuhl auf. »Simone?! Die kann doch nicht mal einen Einkaufszettel schreiben.«

»Ja, das dachte ich auch. Aber was, wenn das ihre Taktik ist? Ich weiß ja von dir, dass sie diesen Schreibkurs an der VHS besucht hat.«

Meine Güte, warum hatte sie Guntero eigentlich so viel von sich erzählt? Vera hätte viel weniger Probleme, wenn sie einfach mal die Klappe gehalten hätte.

»Simone kann nicht kochen«, gab Vera zu bedenken. »Zumindest nichts, was über die Fünf-Minuten-Terrine hinausgeht.«

»Ah, siehst du? Das wusste ich nicht«, gab Guntero zu. »Vielleicht muss sie auch gar nicht selbst kochen können, um über den Genuss und die Zubereitung besonderer Speisen zu *schreiben*.«

»Das halte ich für ausgeschlossen«, erwiderte Vera leicht eingeschnappt. »Und überhaupt, welchen Bezug hat Simone zu Italien? Sie spricht kein Wort Italienisch.«

»Na, dich.« Guntero sah sie auffordernd an. »Du könntest ihr geholfen haben.«

Vera drehte sich zur Zigarettenwand um und begann hektisch, die Schachtelreihen aufzufüllen. »Ich habe ihr nicht geholfen.«

»Na gut. Ich habe ja noch zwei Kandidatinnen«, fuhr Guntero fort, wobei er auch sein Auf- und Abtigern im Verkaufsraum fortsetzte. »Nummer zwei ist Donatello.«

Sie wirbelte herum. »Donatello?! Meinst du Donatello-Stracciatello?«

In Monheim kannte jeder den älteren Mann in seinem zitronensorbetfarbenen Eiswagen, dessen Bauch fast genauso rund wie die Kugeln Eis waren, die er von Mai bis September in der Stadt verkaufte.

Guntero nickte begeistert. »Ganz genau.«

»Günther, der ist ein Mann.«

Er zuckte mit den Schultern. »Na und? Lucia Barone ist ja ein Pseudonym. Warum kann also kein Mann dahinterstecken? Und Donatello spricht Italienisch. Er erzählt doch immer, seine Familie kommt aus der Nähe von Bari.«

»Nein, seine Familie kommt aus Baden-Württemberg«, erwiderte Vera scharf. »Donatello ist gar kein richtiger Italiener. Der ist Serbe und heißt eigentlich Drago. Die Geschichte von der italienischen Verwandtschaft erzählt er bloß, um den Verkauf anzukurbeln.«

Guntero blinzelte hinter seinen Brillengläsern. »Nein.«

»Doch.« Sie seufzte. »Ich verspreche dir, Donatello ist es nicht.«

Er verkniff den Mund. »Na gut. Meinen heißesten Tipp habe ich mir bis zum Schluss aufgehoben. Simone und Donatello waren eher Möglichkeiten. Bei der dritten Person ist mein Gefühl im Bauch am stärksten.«

Vera suchte eine neue Beschäftigung für ihre Hände. Die Zigarettenwand war fertig aufgefüllt. In ihrer Not fing sie an, die Feuerzeuge im Ständer nach Farbe zu sortieren. »Und wer ist die dritte Person deiner Meinung nach?«

Guntero wartete einen Augenblick ab, dann hob er wieder die drei Finger: »Monheim. Italien. Kochen.«

»Ja? Und?« Veras Herz schlug völlig unkontrolliert und arrhythmisch in ihrer Brust.

»Komm schon, Vera! Das liegt doch auf der Hand.«

Sie überlegte. Nein, ihr fiel niemand ein. Na ja, niemand außer ihrer Wenigkeit. Aber sie hoffte inständig, dass Guntero eins und eins nicht zusammenzählte.

Er sog die Luft. »Es kann nur eine Person sein. Und zwar aus der Familie Renzi.«

Vera meinte, der Boden würde unter ihren Füßen wegbrechen. Mit den Fingern umklammerte sie die Feuerzeuge so fest, dass die Knöchel weiß hervortraten. Wie hatte er das herausgefunden? Wie? War ihre Tarnung so schlecht? Sie musste den Kontakt zu Guntero abbrechen. Ihre Freundschaft beenden, so schnell es ging. Sie durfte ihn nie wiedersehen. Oder sie zog weg. Ins Ausland. Nicht nach Italien, vielleicht an einen sehr viel einsameren Ort. Nordschweden. Lappland. Sie fing an zu hicksen.

»Ah.« Guntero nickte zufrieden. »An deiner Reaktion sehe ich, dass ich auf der richtigen Spur bin. Du bekommst immer Schluckauf, wenn du besonders nervös wirst oder dich ertappt fühlst.«

Vera war verblüfft, das war ihm aufgefallen? Irgendwie süß. Ein Lächeln huschte ihr über das Gesicht, hoffentlich hatte er das nicht auch noch bemerkt. Schnell richtete sie sich auf – und hickste. »Du irrst dich.«

»Nein, tue ich nicht!«, rief er jubelnd und schlug mit der Faust in die flache Hand. »In deiner Familie kommen aber nur zwei Menschen in Frage, die in der Lage wären, einen derart faszinierenden, raffinierten Roman zu schreiben. Die eine ist ein bisschen jung, das gebe ich zu.«

»Fabiola?«, rief Vera schrill. »Die schreibt nur Fünfer in Deutsch!«

»Und sie ist ja auch viel zu grün hinter den Ohren, um so ein Werk zu verfassen. Die andere Person aber …«

Vera starrte ihn an. »Du denkst jetzt aber nicht wirklich, dass Carlo zu so was in der Lage wäre. Oder?«

»Carlo? Ach du liebe Güte, nein. Der ist doch so ein eitler Gockel, der könnte doch niemals …« Guntero erstarrte. »Bitte verzeih. Das war nicht angemessen. Dein Mann, ich meine, ich kenne ihn ja gar nicht. Und er ist ja auch nicht eitel, es ist nur, dass ich …«

»Schon in Ordnung«, unterbrach ihn Vera und bemerkte im selben Moment, dass ihr Schluckauf so schnell verschwunden war, wie er sie heimgesucht hatte. »Er *ist* ein eitler Gockel.«

Ihre Blicke trafen sich, und für einen kurzen Moment kam es Vera so vor, als ob sich ein unsichtbares Band zwischen ihr und Guntero spannte. Sie bemerkte, vielleicht zum ersten Mal, dass er sehr blaue, beinahe türkisfarbene Augen hatte, um die sich die Lachfältchen nur so kräuselten. Veras Mutter hatte, als sie noch lebte, ihrer Tochter immer gesagt: »Männer mit Lachfalten sind gute Männer. Die nehmen das Leben mit Humor.« Und Guntero hatte jede Menge Lachfalten. Komisch, dass ihr das nie aufgefallen war.

»Natürlich kann dein Carlo keinen Roman dieses Kalibers schreiben«, murmelte Guntero und schlug die Augen nieder. Die Art und Weise, wie er »dein Carlo« sagte, missfiel Vera, doch sie schwieg dazu. Heute war nicht der richtige Tag, um der Welt zu erklären, dass sie in Kürze eine geschiedene Frau sein würde.

»Und wer, denkst du, ist es dann?« Vera beugte sich weiter nach vorn und kam Gunteros Gesicht ganz nah. Sie spürte, dass sich da gerade irgendwas zwischen ihnen zusammenbraute. Immerhin war sie die Expertin für romantische Gefühle und knisternde Erotik, auch wenn niemand davon wusste. Und wenn Guntero ihr jetzt auf den Kopf zusagen würde, dass sie Lucia Barone war, dann, ja dann würde sie es nicht mehr leugnen. Dann würde sie endlich jemanden in ihr Geheimnis einweihen, jemanden, der sie verstand, der wusste, was für eine Arbeit dahintersteckte, der sie feiern würde für ihren Erfolg. Jemanden, der sie mochte und den sie mochte. Mehr, als sie bis vor kurzem für möglich gehalten hatte.

»Nonna Gina.«

Vera wich ein paar Zentimeter zurück. »Was ist mit ihr?«

»Sie ist Lucia Barone.«

»Entschuldigung. Ich glaube, ich habe dich nicht richtig verstanden.«

»Deine Schwiegermutter. Die Nonna. Monheim. Italien. Kochen. *E basta.*«

Vera klappte die Kinnlade herunter. Wollte Guntero sie eigentlich *verarschen*?! Hatte er sich ihre Schwiegermutter mal genauer angesehen? In dieser Frau fand sich kein Nanopartikel Erotik! Von Romantik ganz zu schweigen. Sie konnte kochen, ja, sie sprach naturgemäß Italienisch, okay, und sie lebte in Monheim. Aber es war absurd, dieser zwischenmenschlichen Wurzelbürste einen derart sinnlichen Roman zu unterstellen! Nonna Gina sollte Lucia Barone sein? Das war ja geradezu lächerlich.

Und es war nicht nur das. Es war sogar unverschämt. Denn wie konnte Guntero bitte schön nicht sie, Vera, in seiner albernen Liste aufnehmen? Wieso zog er sie nicht in Betracht? Er wusste sogar, dass sie an etwas nicht näher Definiertem schrieb!

Und sie kam auch aus Monheim, sprach Italienisch und konnte kochen. Wenn man sie ließ, was allerdings selten der Fall war.

Sie spürte, dass sie wütend wurde. Warum war Guntero nicht auf die Idee gekommen, sie könnte die Autorin dieses Überraschungserfolgs sein? Traute er ihr so etwas nicht zu? Hielt er so wenig von ihr? Und von ihrem Schreiben? War sie für ihn auch nur so eine Hobbytippse, die in der Freizeit verzweifelt nach Zerstreuung und Beschäftigung suchte? Genau wie ihr Mann es so schön formuliert hatte? »Du musst selbst wissen, womit du deine Zeit verschwendest.« Vera schnappte nach Luft. Am liebsten hätte sie Guntero verbal seine Theorie um die Ohren gehauen! Aber der war in Gedanken schon wieder ganz woanders – und ausgerechnet bei Nonna Gina.

»Die Frage ist, wie ich sie zu einem Interview überreden kann«, murmelte er und strich sich über den Schnurrbart. »Soll ich sie einfach mit meiner Vermutung konfrontieren? Dann blockt sie vielleicht ab. Möglicherweise wäre es besser, wenn ich erst mal ihr Vertrauen gewinne.«

Viel Spaß dabei!, dachte Vera zynisch und verschränkte die Arme vor der Brust. Nonna Gina sollte Lucia Barone sein. Das war doch wirklich die Höhe!

Guntero sah sie an. »Weißt du, ob deine Schwiegermutter gerade zu Hause ist?« Er rieb sich die Hände. »Ich könnte ihr einen kleinen Besuch abstatten und sie ein bisschen weichkochen.«

»Sie ist bestimmt da. Wenn sie nicht auf dem Friedhof ist oder Spaghetti zum Trocknen im Garten aufhängt«, schnarrte Vera knapp.

Guntero wandte sich zum Gehen. »Danke, Vera. Für deine Hilfe. Ich halte dich auf dem Laufenden!« Er riss die Kiosktür auf, verschwand, kam noch einmal zurück und streckte den

Kopf in den Laden. »Ich habe dir doch gesagt, ich bin ein Trüffelschwein! Ich kriege mein Exklusivinterview, da kannst du jede Wette drauf abschließen.«

Mit diesem Versprechen auf den Lippen verschwand er und ließ Vera konsterniert und beleidigt allein zurück.

Mayo

20

IST LUCIA BARONE EINE MONHEIMERIN?
Preisgekrönter Enthüllungsjournalist Günther Maserati auf der Spur der geheimnisvollen Bestsellerautorin

Vera ließ die Zeitung sinken. Mehr als eine Woche lang hatte sie nichts von Guntero gehört. Und nun las sie das: seinen Artikel im »Monheimer Morgen«, und zwar auf der Titelseite. Sie griff mit zitternder Hand nach ihrer Cappuccino-Tasse und hob sie an den Mund. Eigentlich wäre ein Grappa jetzt besser, aber es war noch nicht neun Uhr durch, und sie wollte nicht mit Fahne im Kiosk stehen.

Zweimal schon hatte sie den Artikel von Guntero gelesen – aber der Schock saß immer noch so tief, dass die Worte kaum zu ihr durchgedrungen waren. Also nahm sie ein drittes Mal Anlauf und quälte sich durch den Text:

(Monheim) Wer ist Lucia Barone? Diese Frage lässt viele Menschen derzeit nicht los. Nach dem sensationellen Überraschungserfolg ihres Debütromans »Antipasti d'Amore«, einem kulinarisch-erotischen Roman, in dem es von kurz vor dem Platzen befindlichen Tomaten, aphrodisierenden Menüfolgen und heißen Szenen in und auf der Küche nur so wimmelt, will jeder wissen: Wer ist die Frau, die dieses wunderbare Stück Literatur zu verantworten hat?

Vera musste sich kurz sammeln. Es war ja wirklich charmant, dass Guntero über sie und ihren Roman öffentlich nachdachte. Dass er die ganze Sache für wichtig genug erachtete, um sich damit überhaupt zu beschäftigen – und dass er offenbar sogar seinen Chefredakteur davon hatte überzeugen können, den Artikel auf die Titelseite zu nehmen.

Aber das war nur ein sehr schwacher Trost. In seinem Beitrag, der eine Mischung aus begeisterter Literaturkritik und gut recherchierter Klugscheißerei war, legte Guntero nämlich minutiös dar, aus welchem Grund »Antipasti d'Amore« nur von einer Autorin aus Monheim geschrieben sein konnte. Unglücklicherweise hatte Guntero die Woche genutzt, um noch mehr vermeintliche Beweise für seine Theorie, Nonna Gina stecke hinter dem Sensationserfolg, zu finden.

(…) Da wäre unter anderem die Benutzung des Wortes »Knäppchen«. Wie es den Rheinländern unter den Leser:innen dieser Zeitung bekannt sein dürfte, wird damit das Anfangs- und Endstück des Brotes beschrieben. Allerdings nicht irgendwo, sondern ausschließlich in der Region nördlich von Köln. Wir erinnern uns, wo unsere schöne Stadt Monheim liegt? Ebendort.

Das allein wäre jedoch noch lange nicht ausreichend für die Behauptung, die Verfasserin dieses hochamüsanten und klug komponierten Romans sei aus Monheim. Auch nicht die Tatsache, dass es sich bei dem Verlag, in dem »Antipasti d'Amore« erschienen ist, um ein Haus aus Düsseldorf handelt. Purer Zufall, es hätte auch ein Verlag aus München oder Hamburg sein können – nicht wahr?

Allein, Marcus Porcius Cato Censorius, besser bekannt als

Cato der Ältere, ein römischer Politiker aus dem 3. Jahrhundert v. Chr., führt uns auf eine heiße Spur. Dessen berühmtes Zitat »Nulli tacuisse nocet, nocet esse locutum« findet sich in verkürzter Form im Monheimer Stadtwappen. Über der Gänseliesel, die uns allen bekannt sein dürfte, steht der hintere Teil des Satzes, der auf Deutsch in etwa bedeutet: Geschwätz schadet.
Wie wahr das ist, zeigt uns Lucia Barone in ihrem Roman, in dem der Restaurantkritiker Stefano die Köchin Elisabetta mit einer einzigen Kritik vernichtet. Es kann meiner Meinung nach aber kein Zufall sein, dass die kecke Protagonistin ausgerechnet die Langfassung des Monheimer Mantras zitiert: »Nicht das Schweigen, sondern das Sprechen schadet.« Oder auch: Geschwätz schadet.
Wir dürfen gespannt sein, liebe Monheimer, wann sich die Autorin zu erkennen gibt. Ich stelle schon mal den Spumante kalt.

Vera schlug die Zeitung zu, und als sie spürte, dass ihr das noch nicht reichte, knüllte sie das großflächige Papier wutentbrannt zusammen, stand auf und beförderte es in den Müll. Sie stand hinter dem Tresen ihres Kiosks und trommelte mit den Fingern auf die Platte. Was konnte sie tun? Wie konnte sie die fürchterliche, unweigerliche Enttarnung abwenden?

Immerhin, Guntero schien nach wie vor zu denken, die Nonna stecke hinter dem allen – was so absurd wie verletzend war. Als ob dieser Besen in seinem Leben auch nur einen sinnlichen Gedanken gehabt hatte! Aber sie musste Guntero zugutehalten, dass er – und sie konnte sich vorstellen, wie schwer ihm das gefallen war – keinen Namen genannt hatte. Nun war es nicht so, dass es italienische Frauen in Monheim an jeder Ecke gab. Wenn man sich in der Stadt auskannte und eins und eins zusammenzählte, käme man auf eine Handvoll Namen. Virginia Renzis würde unweigerlich dazugehören.

Und dann?

Vera atmete tief aus. Sie spürte eine Anspannung im Körper, ihr Nacken war steif, die Schultern unnatürlich nach oben gezogen. Mit einigen Übungen versuchte sie, die Muskulatur zu lockern, sie rotierte mit den Armen, legte den Kopf vorsichtig von links nach rechts und wieder zurück und ließ die Schultern kreisen.

Gerade als sie das Gefühl hatte, sich wieder einigermaßen instand gesetzt zu haben, ging die Tür des Kiosks auf, und das helle Glöckchen erklang. Vera sah auf. Herta Lutz stand in der Tür. Sie betrieb zwei Straßen weiter eine kleine Pension, die sich in den letzten Jahren vor allem auf Monteure und Langzeitvermietungen spezialisiert hatte. Da es im Umkreis von zehn Kilometern mittlerweile überall große Hotelketten gab, die mit günstigen Preisen und Service aus der Konserve die Besucher anzogen, blieben kleinere Häuser oder Pensionen oft auf der Strecke. Zu alt und unmodern war das Ambiente, zu kompliziert der Buchungsvorgang. Herta Lutz hatte noch nicht mal eine Website, bei ihr musste man noch ganz altmodisch zum Telefon greifen, wenn man ein Zimmer buchen wollte. Oft hatten sich die beiden Frauen in der Vergangenheit schon darüber ausgetauscht, und nicht nur einmal hatte Vera Frau Lutz dafür bedauert, dass es ihr so schwergemacht wurde, ihren Beruf als Pensionswirtin weiter auszuführen. »Ständig wollen die was anderes, Frau Renzi. Ich komme kaum hinterher«, hatte sie das letzte Mal, als sie sich getroffen hatten, beschwert. »Neulich fragte mich doch wirklich einer, ob er das Zimmer nur stundenweise mieten könne. Stundenweise! Stellen Sie sich das mal vor.«

Vera hatte sich das lieber nicht vorgestellt, aber kurz im Kopf überschlagen, dass eine stundenweise Vermietung unterm Strich möglicherweise sogar lukrativer gewesen wäre – den Gedanken aber gleich wieder verworfen.

»Frau Lutz!«, rief sie nun und kam hinter dem Tresen hervor, um die Wirtin zu begrüßen, die aussah, als ob sie gerade einen Sechser im Lotto gehabt hatte. »Sie sehen ja phantastisch aus. Geht es Ihnen gut?«

»Und wie«, antwortete Frau Lutz strahlend, ergriff Veras Hand und schüttelte sie euphorisch. »Sie werden es nicht glauben, Frau Renzi, aber ich bin seit Jahren mal wieder ausgebucht! Für die ganze Woche. Selbst die Besenkammer hätten sie mir aus den Händen gerissen. Es ist völlig unglaublich.«

Vera dachte nach. War dieser Tage irgendeine Messe oder Veranstaltung in Monheim und Umgebung, die sie verbummelt hatte? Vielleicht spielten die Rolling Stones ja in Düsseldorf, so ein Event wirkte sich immer bis in den letzten Zipfel des Speckgürtels aus. Moment mal, waren die Rolling Stones überhaupt noch am Leben?

»Das freut mich aber. Steht denn gerade irgendetwas an?«, wollte sie von Frau Lutz wissen.

»Ach, das wissen Sie nicht?« Die Wirtin machte große Augen.

Vera hielt inne. Das Gefühl, etwas sehr Entscheidendes verpasst zu haben, ergriff von ihr Besitz. War sie in den vergangenen Wochen möglicherweise so in ihre Manuskriptabgabe vertieft gewesen, dass sie nicht mitgeschnitten hatte, was um sie herum passierte? Der zweite Roman, »I Dolci della Seduzione«, lag seit letzter Woche bei Hülsenbeck. Er hatte sich keine zwölf

Stunden später bei ihr gemeldet, natürlich wieder mal auf dem Festnetzanschluss zu Hause, und ihr dermaßen viel Honig ums Maul geschmiert, dass Vera ganz schwindelig geworden war. Sie sei eine Göttin an der Tastatur, eine Meisterin der Worte, und was er noch so alles fabuliert hatte. Kurzum, er war glücklich, Vera war es auch, aber es war ziemlich anstrengend gewesen, in jeder unbeobachteten und wachen Minute zu schreiben. Nicht nur eine Nacht war wegen der »Dolci« ausgesprochen kurz ausgefallen, weshalb Vera in den Tagen nach der Abgabe die Dinge auch langsamer angegangen war als sonst. Es wäre also durchaus denkbar, wenn ein Großevent an ihr vorbeigezogen war – so viel wie sie auf dem Zettel gehabt hatte, seitdem Carlo ausgezogen war.

»Sie haben doch bestimmt von diesem Buch gehört«, plapperte Frau Lutz weiter und riss Vera aus den Überlegungen. »›Antipasti d'Amore‹. Von dem alle reden.«

Vera gefror das Lächeln im Gesicht. Natürlich. Nach dem Artikel heute in der Zeitung war das auch kein Wunder.

»Auf jeden Fall haben sich Journalisten aus allen Ecken des Landes bei mir gemeldet und Zimmer gebucht. Seit heute Morgen steht das Telefon nun gar nicht mehr still. Ich habe sogar den Stecker gezogen!«, verkündete Frau Lutz jubelnd.

Ein eiskalter Schauer rieselte Vera über den Rücken. »Journalisten? Aber was wollen die denn hier?«

»Na, die wollen natürlich herausfinden, wer Lucia Barone ist.« Frau Lutz kicherte und schlug sich die Hand auf den Busen. »Ist das nicht verrückt? Eine Bestsellerautorin. Hier, bei uns, in Monheim!« Sie beugte sich zu Vera. »Vielleicht kennen wir sie ja. Stellen Sie sich das mal vor, Frau Renzi!«

Vera nickte langsam und versuchte sich an einem verkrampften Lächeln. »Ja, das wäre verrückt. Apropos verrückt – ich verstehe den Wirbel nicht. Es ist doch bloß ein Buch. Ist doch völlig egal, wer dahintersteckt.«

Frau Lutz hob den Zeigefinger und machte ein neunmalkluges Gesicht. »Das wäre es, vielleicht. Aber heute früh hat Bürgermeister Amberg ja diese Belohnung ausgesprochen, und seitdem steht Monheim Kopf. Das Buch ist überall ausverkauft, habe ich gehört. Einige Antiquariate versuchen jetzt, bereits gelesene Exemplare anzukaufen und zum doppelten Preis weiterzugeben.« Sie schüttelte den Kopf und machte ein schnalzendes Geräusch mit der Zunge. »Halsabschneider. Wobei ich zugeben muss, ich hab die Preise jetzt auch ein bisschen angehoben. Man muss die Feste ja feiern, wie sie fallen, nicht wahr?«

Oder die Pizza essen, solange sie heiß war. So ähnlich hatte sie vor einigen Monaten auch gedacht, als Hülsenbeck sie dazu überredet hatte, ihr Honorar in eine kleine Druckauflage zu stecken. Und was hatte es ihr gebracht? Erfolg, das ja, aber den konnte sie nicht teilen. Ruhm, vielleicht, der war aber dermaßen geheim, dass niemand davon wusste. Das Einzige, was sie von dem Hype um »Antipasti« wirklich hatte, war Geld. Geld, das sie vor ihrem Noch-Ehemann verstecken musste, damit er nicht auf dumme Gedanken kam. Sie fühlte sich wie eine Lottogewinnerin, die niemandem von ihrem unerwarteten Reichtum und unverschämten Glück erzählen durfte. Es war ein frustrierendes Gefühl. Nicht nur einmal hatte sich Vera in den vergangenen Wochen gewünscht, den Verkaufshit hätte nicht sie, sondern jemand anderes gelandet. Dann wäre alles anders, womöglich sogar wie vorher. Vielleicht nicht überwältigend, aber immer noch gut. Normal.

»Frau Renzi? Hören Sie mir noch zu?«

Vera kam blinzelnd wieder mit der Aufmerksamkeit im Kiosk an. »Entschuldigung, ich war gerade in Gedanken woanders.«

»Sie können mich nicht täuschen!«, frohlockte Frau Lutz und trat noch näher an Vera heran. »Sie wissen doch bestimmt, wer diese Lucia Barone ist. Oder? Als halbe Italienerin?«

»Ich bin keine halbe Italienerin«, wehrte sie schwach ab.

»Aber Sie kennen die italienische Community. Und Sie wissen bestimmt auch, wer das Format und die … Klötzken hat, um so was zu schreiben.«

»Ich?« Vera hob abwehrend die Hände und machte einen Schritt nach hinten. »Ich habe keine Ahnung.«

»Nun tun Sie aber bescheiden.« Herta Lutz rückte wieder auf. »Wir könnten uns die Belohnung teilen, Sie und ich. Zehntausend sind ein schönes Sümmchen.«

»Was? Zehntausend Euro zahlt der Bürgermeister für die Ergreifung … nein, Enttarnung der Autorin?!«, rief Vera wie von Sinnen.

Das waren ja grauenhafte Nachrichten.

Frau Lutz nickte. »Im Herbst sind Wiederwahlen, und Amberg hat kein Programm. Der denkt, wenn er die Bestsellerautorin neben sich im Tagblatt abdruckt, ist die dritte Amtszeit gesichert.« Sie senkte die Stimme. »Ich sag es Ihnen, wie es ist: Der Amberg ist mir egal. Aber mit den zehntausend könnten wir doch was anfangen. Oder?«

Beinahe hätte Vera gelacht, weil es ein mickriges Entgelt für die Aufdeckung ihrer Identität war. Selbst wenn Amberg noch eine Null drangehängt hätte, wäre Vera nicht in Versuchung geraten.

»Also. Was ist denn Ihr Tipp?«, versuchte Frau Lutz, Vera weiter auszuquetschen.

»Bedaure. Wirklich. Ich habe keine Ahnung.«

Die Wirtin schaute ihr einen Moment lang prüfend in die Augen, dann seufzte sie theatralisch. »Ich verstehe. Nun, Frau Renzi, ich habe es auf die freundliche Tour versucht, doch nun bleibt mir nichts anderes übrig.«

Vera bekam es mit der Angst zu tun. Was kam denn als Nächstes?

Herta Lutz holte tief Luft. »Wenn Sie nicht meine Freundin sind, muss ich Sie als meine Feindin betrachten.«

»Wie bitte?!«

Frau Lutz reckte stolz den Kopf. »Wir sind ab heute Konkurrentinnen, Frau Renzi. Es tut mir leid. Aber bei Geld hört die Freundschaft auf.«

Vera musste sich auf die Lippe beißen. Herta Lutz und sie waren nie Freundinnen gewesen, nicht einmal Bekannte. Wie mit allen anderen im Ort gab es ein stilles Agreement, dass man sich gegenseitig aus der Patsche half, wenn Not am Mann war, etwa wenn in der Pension die Milch ausging oder die Renzis Besuch aus Italien hatten und noch ein Zimmer brauchten. Dann machte Herta Lutz einen Freundschaftspreis, und Vera berechnete nicht, dass sie die Milch zwei Straßen weiter vorbeibrachte. Das war es dann aber auch schon – und mit Freundschaft hatte das garantiert nichts zu tun.

Dennoch blieb ein merkwürdiges Gefühl in ihr bestehen, als die Wirtin sich umdrehte, Vera noch einmal grimmig zunickte und dann mit Engagement die Tür des Kiosks aufriss, so dass das Glöckchen über der Tür beinahe abriss.

War Herta Lutz das einzige Opfer von Veras Versteckspiel? Oder nur die Spitze des Eisbergs? Wie viele Menschen würden sich noch von ihr abwenden, weil sie so darauf bedacht war, niemandem von ihrem erfolgreichen kleinen Hobby und ihrer zweiten Identität zu erzählen?

Vera sah durch das Fenster Frau Lutz hinterher, dann wanderte ihr Blick nach oben. Der Maihimmel hatte sich verdunkelt, bedrohliche Wolken türmten sich am vor einer Stunde noch blauen Firmament. Keine Frage: Da braute sich was zusammen.

Antipasti d'Amore. Quattro

Der römische Wettergott Jupiter hatte dem Regen endlich ein Ende gesetzt. Elisabetta war seit einer Ewigkeit wieder einmal von Sonnenstrahlen geweckt worden, die sich durch die Fensterläden den Weg auf ihr Gesicht gebahnt hatten. Sie hatte die Augen noch eine Weile geschlossen gehalten, als läge sie auf einer Sonnenliege am Strand von Sardegna oder Calabria und als wären die einzigen Aufgaben des Tages, einen Spaziergang zum Wasser zu unternehmen und sich gutes Essen einzuverleiben. Bis es ihr dämmerte: Ein bisschen so war es doch, auch wenn die Bezeichnung »Urlaub« ihren aktuellen Status nicht ganz korrekt beschrieb.

Normalerweise wäre sie heute, wie jeden Dienstagmorgen in den vergangenen zwölf Monaten, seit sechs Uhr auf dem Großmarkt, um bei ihrem Fischhändler frische Vongole, Wolfsbarsch und Seezunge fürs »Insieme« zu holen. Mittlerweile war es elf Uhr, denn dieser Dienstag war schließlich kein gewöhnlicher Dienstag. Weil das »Insieme« – dank Stefano Conte – heute geschlossen bleiben musste. Und weil sie gestern – ebenfalls dank Stefano Conte – zwei klitorale Höhepunkte und einen vaginalen Orgasmus gehabt hatte.

Elisabetta rieb sich die Augen. Sie musste an Stefanos wunderschöne Hände denken. Diese Hände, die ihren Hintern auf eine Weise geknetet hatten, dass ihr ein wohlig warmer Schauer nach dem anderen über den Körper gefahren war. Und an diese kleinen Nackenbisse, die sie fordernd und liebevoll fast ohne weitere Berührungen zum Höhepunkt getrieben hatten. Die Erinnerung an die vergangene Nacht bereitete Elisabetta eine Gänsehaut. Wenn sie an Stefanos Körper, seine sonore Stimme, seine Sanftheit und seine Stärke dachte, fühlte es sich so an, als würden tausend kleine Blitze in ihrem Schoß einschlagen. Dieser etwas andere Dienstag war ein ziemlich guter Dienstag, befand Elisabetta.

Sie nahm den ersten Espresso des Tages frisch geduscht und mit nassen Haaren um die Mittagszeit auf dem sonnigen Balkon ein und beschloss, den nächsten auf dem Wochenmarkt zu trinken. Nicht auf ihrem Lieblings-Mercato, dort würde bloß jeder wissen wollen, was denn jetzt aus dem »Insieme« wurde, und Realität war das Letzte, was sie gerade gebrauchen konnte. Nein, heute würde sie sich in ihren Fiat setzen, um ein paar Kilometer aus der Stadt herauszufahren. Nur wenige Autominuten außerhalb gab es einen kleinen Markt, der allerlei Lebensmittelstände zu bieten hatte und berühmt für Kaffeesorten, Gebäck und *dolci* war. Ein Ort, an dem gebürtige Römerinnen und Römer ihre Mittagspause verbrachten.

Aus der kleinen Café-Ape am unteren Eingang des Wochenmarkts strömte Elisabetta der wunderbar schokoladige Duft von Kaffeebohnen entgegen. Der nächste Stand bot eine kleine Auswahl an Honigsorten aus der Region.

»*Una piccola degustazione, Signora?*«, rief ihr die Dame hinter dem Holztisch entgegen und bot ihr eine Kostprobe an. Am folgenden reichte ihr ein junger Mann unaufgefordert auf einer Serviette ein Napoleoni. Elisabetta liebte diese kleinen Kuchenschnitten, weil sie hauptsächlich nach Zucker und Vanille schmeckten, und nahm das kleine Geschenk dankend an. Sie trug ein luftiges hellgelbes Bandeau-Kleid aus dünnem Stoff und einen Sonnenhut mit breiter Krempe. Bei ihrem Bummel in der Mittagshitze spendete ihr die mondän ausladende Kopfbedeckung wenigstens ein bisschen Schatten. Elisabetta leckte sich die Puderzuckerreste des

Napoleoni vom Zeigefinger. Auch wenn sich viele Menschen auf dem Markt tummelten, schien die Geräuschkulisse ruhiger als in der Innenstadt. Hier und da ein anerkennendes *»Eccellente!«* oder ein empörtes *»Maledetto!«* – so wie sich das auf einem italienischen Wochenmarkt gehörte. Mit diesem ihr so vertrauten Grundrauschen im Rücken trieb es Elisabetta schließlich an die kleine mobile Kaffeebar und zu ihren schokoladig duftenden Bohnen. Die Barista musste etwa in ihrem Alter sein und hatte vor dem dreirädrigen Gefährt, das man nirgendwo auf der Welt so oft wie in Italien sah, eine Handvoll Stehtische mit rot-weiß karierten Tischdecken arrangiert. Von dort aus bot sich Elisabetta der unverstellte Blick auf diesen wunderbaren kleinen Markt – nicht größer als ein halbes Fußballfeld –, der sich langsam ein bisschen zu leeren begann. Die Mittagspausenzeit muss wohl vorbei sein, dachte sie bei sich, ohne auf die Uhr zu sehen.

»Un espresso doppio, per favore.«

Die Frau von der Ape nahm Elisabettas Bestellung lächelnd entgegen, dann fragte sie: *»Tartuffi neri? Biscotti alle mandorle?«*

Elisabetta musste nicht lang überlegen. »*Sì.* Alles, bitte. Und dazu zwei Cannoli mit Ricotta.« Nach der Nacht mit Stefano war sie völlig ausgehungert, und ihre Lust auf Süßes war nach dem verschwindend kleinen Napoleoni noch lange nicht gestillt.

Mit dem Espresso und einem Teller voll buttrig duftendem Gebäck in der Hand schlängelte sich Elisabetta zu einem freien Stehtisch im Schatten durch. Der Biss in den Schokoladentrüffel bot ein wahrlich köstliches Geschmackserlebnis. Sie genoss die seidig cremige Konsistenz in ihrem Mund. Der erste Schluck Espresso schmeckte fabelhaft dazu.

Zu ihrer Rechten eröffnete sich Elisabetta der Blick auf einen Obststand: ein Farbenmeer von leuchtend roten Erdbeeren, saftigen Orangen und sonnengeküssten Weintrauben. Und die tiefblauen Pflaumen erst, die glänzten im warmen Tageslicht, als hätte sie jemand für ihren großen Auftritt poliert. Daneben stand ein Klapptisch voller süß duftender Galia-Melonen, unter der Last der Früchte bogen sich die Plastikbeine des viel zu schwächlichen Tischchens. Womöglich würde Elisabetta eine Melone für heute Abend mitnehmen, um sie mit einem aromatischen Prosciutto di San Daniele zu verspeisen. Der alte Brunnen zu ihrer Linken plätscherte gemächlich vor sich hin.

War dieser Markt tatsächlich derart magisch, oder hatte die Nacht mit Stefano Elisabettas Welt in eine süße Wolke getaucht, auf der sie jetzt schwebte? Sie würde es nur herausfinden, wenn sie ihm einen erneuten Besuch abstattete. Also, dem Wochenmarkt. Und Stefano? Auf seine Frage zum Abschied hatte Elisabetta zunächst versucht, nicht zu überschwänglich zu reagieren, dann aber doch zügig gehaucht: »Ja, du darfst mich wiedersehen.« Sie hätte gern ein »Um wie viel Uhr würde es dir denn morgen passen?« folgen lassen, hatte sich aber in Geduld üben wollen. Wenn sie sich wiedertrafen, würden sie beide aus ihrem One-Night-Stand den Beginn einer Affäre machen. War eine Affäre wirklich sorgloser und weniger kompliziert als eine Beziehung? Zumindest behaupteten das die Frauen in Filmen immer. Und ein paar ihrer Freundinnen. Elisabetta selbst war immer von einer Beziehung in die nächste gestolpert. Nicht weil sie nicht allein sein konnte, sondern weil es sich eben so ergeben hatte.

Sie überlegte. Diese britische Schauspielerin, mit der Stefano liiert war – oder auch nicht –, stand nicht nur einer leidenschaftlichen Affäre mit Stefano Conte im Wege, sondern auch einem eventuellen »Mehr«, auch wenn sich Elisabetta nicht erlauben wollte, darüber nachzudenken, was dieses »Mehr« sein könnte.

»*Porca miseria,* Bernardi«, sagte sie sich im Geiste, »Realität ist doch heute streng verboten!«

Elisabetta zog ihren Sonnenhut ein bisschen tiefer in die Stirn und ließ ihre Zungenspitze in die süße Füllung eines Cannolo gleiten, als auf einmal eine laute Stimme aus dem homogenen Gemurmel herausstach.

»Ja, genauso, *fantastico*!«, schallte es über den kleinen Marktplatz. Und dann: »Und jetzt lächeln, *prego. Sì, sì, sì, fantastico*! Mit Zähnen bitte, ahhhh!«

Die Begeisterung klang absolut gespielt, fand Elisabetta. Dennoch schien sie nicht die Einzige zu sein, deren Aufmerksamkeit die Inszenierung erweckt hatte.

Sie schob sich das letzte Cannolo mit Ricotta in den Mund, kaute rasch und winkte zu der netten Barista im Café-Wagen hinüber.

»Ciao, mia cara!«, entgegnete die und übertönte dabei spielend das Zischen der Kaffeemaschine. Wie sympathisch die Menschen hier waren! Elisabetta würde nächsten Dienstag wieder herkommen.

Jetzt wollte sie aber erst einmal erkunden, woher der Tumult rührte. Vorbei am Obst passierte sie einen Stand mit wunderbaren Blumensträußen und ein paar kleine Foodtrucks. Es duftete nach frisch frittierten Arancini.

Die Begeisterungsrufe am anderen Ende des Marktes brachen nicht ab. Vielleicht gab dort jemand eine kleine theatrale Darbietung zum Besten? Als sie sich dem Schauplatz näherte, sah sie mehrere Fotolampen und ein Stativ. Dazwischen hampelte ein anscheinend begeisterter und großer, schlaksiger Mann herum, der im Sekundentakt *»fantastico«* rief. Als Objekt hatte der Fotograf einen Stand mit Trüffeln auserkoren, hinter dem eine Frau mit Schürze stand, vermutlich die Inhaberin. Der erdige, würzige

Duft der Trüffel stieg Elisabetta in die Nase und erinnerte sie an die Pasta, die sie Stefano vor wenigen Stunden kredenzt hatte. Sobald die Foto-Show vorbei wäre, würde sie sich die Tartufi näher ansehen.

Gerade als sie einen Schlenker machen wollte, um weiterzugehen, sah sie im Augenwinkel, wie der Fotograf und ein anderer Mann die Köpfe zusammensteckten. Sie stutzte. Das kann doch nicht, das wird ja wohl nicht ... Elisabetta traute ihren Augen kaum. Das grau melierte Haar, der akkurat gestutzte Bart, die starken Schultern.

Das war Stefano!

Er trug ein strahlend weißes Herrenhemd, die Ärmel hatte er leger hochgekrempelt, dazu eine schwarze Leinenhose. In der einen Hand hielt er sein Handy, in das er etwas einzusprechen schien, in der anderen Block und Stift.

Elisabetta ging hinter einem der Foodtrucks in Deckung. So sah es also aus, wenn Stefano sich nicht für die Tageszeitung durch Rom schlemmte und dabei Existenzen zerstörte. Womöglich war er für ein Interview vor Ort oder weil er eine Reportage schrieb?

Während der Fotograf weiter hampelte, wirkte Stefano hochkonzentriert. Nach einer Weile schien er seinen Monolog mit dem Handy beendet zu haben und steckte es in seine Gesäßtasche. Dann gab er dem Fotografen ein Zeichen und stellte sich zu der Frau hinter den Trüffelstand, um sich mit ihr zu unterhalten. Wenn Stefano sprach, verlieh er seinen Worten mit den Händen Ausdruck. Elisabetta gefiel, was sie sah. Während die Trüffelfrau auf Stefanos Fragen antwortete, schien er aufrichtig interessiert zuzuhören. Wie ruhig und warmherzig Stefano doch wirkte.

Eine ganze Weile stand Elisabetta in sicherem Abstand da und linste immer wieder hinter dem Foodtruck hervor. An Zufälle glaubte sie nicht, das hatte sie von ihrem verstorbenen Nonno. Immer wenn ihm selbst oder einem Familienmitglied etwas passiert war, womit man nicht hätte rechnen können, hatte er die Arme in den Himmel geworfen und verschwörerisch gerufen: »*L'universo! L'universo!* Das ist die Kraft des Universums.«

Elisabetta musste grinsen, am liebsten hätte sie die Geste des Nonno jetzt nachgeahmt. Angebracht wäre sie allemal: Rom hatte beinahe drei Millionen Einwohner und vermutlich Hunderte von Märkten. Wie unwahrscheinlich war es da bitte, dass das Leben Stefano und sie am selben Tag zur selben Zeit auf diesem kleinen Wochenmarkt zusammenführte? Eben! Solche Zeichen durfte man nicht ignorieren. Und so beschloss Elisabetta, diesen Wink des Universums als eine Einladung zu einem Spielchen zu verstehen.

Wenn man eine heimliche Liebschaft hatte, dann war einer der wichtigsten Parameter doch wohl der, dass man sich in der Öffentlichkeit nicht als einander Begehrende zu erkennen geben durfte. Für sie selbst herrschte auf diesem kleinen Marktplatz kein Risiko, denn soweit sie das überblicken konnte, war da niemand, der sie kannte. Stefano aber war in Begleitung eines Fotografen hier und würde vermutlich alles tun, um ihr gemeinsames Geheimnis gut zu hüten – das könnte lustig werden, und aufregend.

Sie zog einen Schminkspiegel aus der Handtasche. Nach gerade einmal fünf Stunden Schlaf sah sie vermutlich nicht wie das blühende Leben aus. Beim Blick in den Spiegel aber war sie erstaunt, wie rosig ihre Wangen und wie prall ihre Lippen aussahen. Damit konnte sie arbeiten. Sie ließ den Spiegel wieder in ihrer Tasche verschwinden und ging aufrecht und mit einem dezenten, aber sich sehr gut anfühlenden Hüftschwung auf den Trüffelstand zu. Die Vorfreude auf Stefanos Gesichtsausdruck, wenn er sie erblicken würde, spornte sie ungemein an. Vielleicht vier, fünf Meter waren es noch bis zum Stand. Stefano schien sein Interview im Kasten zu haben und machte jetzt Anstalten, noch einen kleinen Einkauf am Stand der Trüffelfrau anzuschließen.

Von hinten trat Elisabetta näher an ihn heran, bis sie nur noch eine Armlänge von ihm trennte. Es wehte ein Hauch seines Aftershaves zu ihr herüber. So hatte er vergangene Nacht auch gerochen.

Plötzlich drückte sich der Fotograf an Elisabetta vorbei und fing an, auf Stefano einzureden. Sie schnappte etwas von »nächster Termin, *andiamo*« auf. Auf keinen Fall durfte sie ihn jetzt entkommen lassen!

»*Scusa*«, setzte Elisabetta gut hörbar an. Im Augenwinkel sah sie, wie sich sowohl der Fotograf als auch Stefano zu ihr umdrehten. Doch ihre Bitte hatte – zumindest augenscheinlich – der Trüffelverkäuferin gegolten, bei der sie sich nun nach einer besonders würzigen Sorte erkundigte, die gut zu Pasta schmeckte.

Sie bemerkte, dass Stefano in einer kleinen Bewegung den Kopf schüttelte und breit grinsen musste. Doch Elisabetta blickte weiter stoisch die Frau hinter dem Stand an, die ihr ein Gläschen mit einem schwarzen Trüffelexemplar vor die Nase hielt. Weil aber Stefano einfach nicht aufhörte, sie von der Seite anzusehen, gelang es auch ihr jetzt nicht mehr, ein Lächeln zu unterdrücken.

Der Fotograf zerrte und zuppelte an Stefanos Arm. »Wir müssen los!«

Die Trüffelverkäuferin hatte sich mittlerweile in Rage geredet, und Elisabetta ließ sie, weil sie jetzt so nah neben Stefano stand, dass sie das Gefühl hatte, ihre Armhärchen würden sich berühren.

Auch wenn Stefano den Fotografen irgendwann mit einer Geste zum Schweigen brachte, wich ihm dieser nicht von der Seite. Und da standen sie nun zu dritt vor dem Marktstand, wie die Orgelpfeifen: Elisabetta, Stefano und der schlaksige Fotograf, der bereits sein komplettes Equipment geschultert hatte.

Sie rückte beiläufig noch ein bisschen näher an Stefano heran, der sichtlich nervös wurde, sich aber dennoch keinen Millimeter von ihr wegbewegte. Sie spürte, wie seine Finger kurz die ihren streiften und er im selben Moment etwas stärker als normal einatmete. *»Bene!«* Elisabetta beendete das Gespräch mit der Verkäuferin, indem sie das Gläschen mit dem Trüffel kaufte.

Stefano drehte sich im selben Moment wie Elisabetta zum Gehen um, ließ ihr aber den Vortritt. Sie schlenderte seelenruhig zum nächsten Stand, blieb dort stehen und ließ sich von dem Fotografen und Stefano, der sich vor seinem Kollegen weiterhin nichts anmerken ließ, überholen. Und selbstverständlich spielte er ihr Spielchen mit, indem er auch sie dann und wann auflaufen ließ, so dass sie vor ihm gehen musste.

Es fühlte sich so an, als würden seine hungrigen Blicke Elisabetta von hinten durchdringen. Und wenn sie wiederum ihm den Vortritt ließ, sah er sich immer wieder zu ihr um. Sie liebte es, dass er sie zwischen den Marktständen nicht verlieren wollte.

Lange würde sie dieses genüssliche Spielchen allerdings nicht mehr treiben können, der Parkplatz war bereits in Sicht. Also drehte sich Elisabetta um. Sie wollte Stefano einen letzten Blick zuwerfen. Doch, verdammt, sie sah ihn nicht mehr! Irgendwo zwischen der Café-Ape und den Pflaumen hatte sie Stefano aus den Augen verloren. Vielleicht hatte der renitente Fotograf ihn gedrängt, und nun waren sie bereits wieder auf dem Weg in die Innenstadt? Eine kleine Enttäuschung begann in Elisabetta aufzukeimen, da griff plötzlich jemand nach ihrem Handgelenk und wirbelte sie herum. Stefano!

»Elisa, du glaubst ja wohl nicht, dass ich mir das entgehen lasse.« Seine Augen leuchteten, während er das sagte. »Komm mit!«

Schneller, als sie gucken konnte, zog er sie hinter den Obststand, der ihnen einen passablen Sichtschutz gewährte. Mit seinem Gesicht kam er ganz nah heran an ihres. »Weißt du eigentlich, wie gern ich dich jetzt ohne dieses Kleid sehen würde?«, flüsterte er.

Eine wohlige Gänsehaut raste Elisabettas Wirbelsäule hinauf. Am liebsten hätte sie seinem Wunsch Folge geleistet. »Also, ich habe heute frei«, flüsterte sie und biss sich auf die Unterlippe.

Bevor sie ein weiteres Wort sagen konnte, griff Stefano sie sanft im Nacken, zog sie zu sich und gab ihr einen langen Kuss. Ob zwei Menschen miteinander verschmelzen konnten? In diesem Moment war Elisabetta fest davon überzeugt.

Irgendwo in einiger Entfernung hupte ein Auto. Elisabettas und Stefanos Lippen lösten sich langsam voneinander. Dann gab er ihr einen schnellen Kuss auf die Stirn, drehte sich um und lief Richtung Parkplatz.

Dio mio, dachte Elisabetta, so eine Affäre konnte wirklich aufregend sein! In ihrem Höschen kribbelte es. Und in ihrer Herzgegend auch.

21

»Wir haben uns ja Jaaaahre nicht gesehen!«, rief Simone und fiel Vera um den Hals, kaum dass sie die Wohnungstür geöffnet hatte.

»Stimmt. Du bist ja dauernd im Urlaub«, erwiderte Vera mit einem Augenzwinkern.

»Ich? Das stimmt doch gar nicht. DU hast doch nie Zeit. Immer ist irgendwas bei dir.« Sie winkte Vera in die Wohnung herein. »Komm, komm, du musst mir alles erzählen.«

»Was, alles?«, fragte Vera alarmiert.

»Na, was passiert ist, seitdem wir uns das letzte Mal getroffen haben.« Simone nahm Vera den Trenchcoat ab, den sie sich eigentlich auch hätte sparen können, denn die Luft war mild und der Abend lau, perfekt für zwei bis sechs Gläser Rosé auf Simones Dachterrasse.

Sie wohnte in einem der Neubauviertel in der Nähe des Bahnhofs. Die Gebäude hier waren alle sehr modern und sahen aus wie aus der Retorte, die Mieten waren unverschämt hoch, aber wenn man aus der Küche den Zug nach Düsseldorf einfahren sah, hatte man noch genug Zeit, um aus der Wohnung und an den Bahnsteig zu springen. Es waren typische Pendlerwohnungen, die meisten für Singles, also genau das, was Simone eigentlich nicht war. Oder zumindest nur phasenweise, so genau war Vera darüber aktuell nicht im Bilde.

»Wie läuft es mit Markus?«, wollte sie wissen, als sie auf der

Terrasse Platz genommen, sich eine dünne Decke über die Beine gelegt und mit den Weingläsern angestoßen hatten.

Simone winkte ab. »Der ist abgehakt.«

»Mal wieder«, rutschte es Vera heraus.

»Schon vor drei Wochen. Wir haben keinen Kontakt mehr.«

Vera kniff die Augen zusammen. Aus Erfahrung wusste sie, dass nun eigentlich ein Weinkrampf epischen Ausmaßes kam – wie immer, wenn ihre beste Freundin über ihre On-off-Beziehung mit Markus sprach und sie sich gerade in einer Talsenke befanden. Doch nichts dergleichen geschah. Vera musterte Simone. Ihre Körperhaltung war entspannt, sie blickte vergnügt in den sich rosa färbenden Abendhimmel und nippte an ihrem Wein.

»Ich habe seine Nummer gelöscht«, ergriff Simone erneut das Wort.

»Die weißt du doch aber auswendig.«

Sie hob eine Schulter. »Stimmt. Aber ich rufe ihn trotzdem nicht an.«

»Was ist los?«, fragte Vera misstrauisch.

Simone blickte sie an. »Ich bin über ihn hinweg.«

Ein hysterisches Lachen drang aus Veras Kehle, und hastig griff sie zum Weinglas, um einen großen Schluck zu trinken. Den Satz hatte sie noch nie aus Simones Mund gehört. Die Tatsache, dass sie ihn gesagt – wenn auch vermutlich nicht so gemeint – hatte, war bereits ein Grund zum Feiern.

»Über ihn hinweg? Einfach so?« Vera schaute ihre Freundin ernst an.

»Ja. Endlich.«

»Simone, das geht seit fast einer Dekade so zwischen Markus und dir. Zusammen, getrennt, zusammen, getrennt … Ich weiß schon gar nicht mehr, wie viele Versuche ihr bereits unternommen habt.«

Die Freundin legte den Kopf in den Nacken und lachte. Sie lachte! »Ich weiß. Und es tut mir unendlich leid, dass ich so viel von deiner kostbaren Lebenszeit mit Gesprächen über diesen Vollpfosten verschwendet habe.«

Vera wusste nicht, was sie sagen sollte. War das wirklich Simone? Die liebestrunkene, sich nach ihrem Ex verzehrende Simone, die auf Händen um die halbe Welt gelaufen wäre, um es auf einen weiteren hoffnungslosen Versuch mit ihm ankommen zu lassen?

»Okay. Ich will alles wissen«, forderte Vera. »Was ist *passiert?*«

Simone zuckte mit den Schultern. »Ich weiß es nicht. Wir waren im Urlaub. Wir hatten viel Spaß zusammen, aber natürlich hat er wieder mit allen Frauen geflirtet, die ihm über den Weg gelaufen sind. Zuerst war ich sauer, wie immer, du kennst mich. Aber dann … war es mir plötzlich egal. Er war mir egal.«

Vera war sich sicher, dass man die vielen Fragezeichen, die über ihrem Kopf aufploppten, nicht mehr übersehen konnte. »Aber das musste doch einen Auslöser haben.«

Simone nickte. »Du wirst es nicht glauben, aber den Auslöser gab es wirklich.«

»Ein anderer Mann?«, fragte Vera mit schriller Stimme. Das wäre dann vom Regen in die Traufe, denn im Grunde war ihr klar, dass es nicht an Simones Männern, sondern an Simones zu geringer Selbstliebe lag, warum sie sich immerzu den narzisstischen Arschlöchern an den Hals warf. Schon vor einiger Zeit, als Vera Markus wieder einmal verflucht hatte, war ihr der Gedanke gekommen, dass es natürlich auch *noch* schlimmer kommen könnte – und dass Markus möglicherweise das kleinere Übel war. Ein furchteinflößender wie verstörender Gedanke.

»Kein Mann«, erwiderte Simone seufzend. »Ich bin zum ersten Mal seit Jahren wirklich Single. Und glaub mir, so schnell will ich das auch nicht wieder ändern.«

Vera griff mit zitternden Fingern nach ihrem Glas. »Wer bist du, und was hast du mit Simone gemacht?«

Die Freundin lachte wieder. »Erinnerst du dich daran, dass du mir im Februar ein Buch empfohlen hast?«

Veras Mund war plötzlich ganz trocken. Sie nickte knapp.

»Ich habe es mir gleich gekauft, kam aber erst im Osterurlaub dazu, die ersten Seiten zu lesen. Und was soll ich sagen? Es hat meine Sicht auf die Dinge völlig verändert.«

Vera umklammerte das Weinglas so fest, dass sie kurz befürchtete, der Stiel könnte brechen.

»Ich habe es dir nie gesagt, aber …« Simone schlug die Augen nieder. »Markus hat gevögelt wie eine Nähmaschine.«

Vera blinzelte. »Aha.«

»Das meine ich wörtlich. Wie eine Nähmaschine. Taktaktaktaktaktaktaktak …« Simone imitierte das Geräusch einer sehr lauten und sehr mechanisch klingenden Maschine.

Unvermittelt musste Vera anfangen zu lachen. »Aber du hast doch immer gesagt, der Sex mit ihm wäre so phantastisch!«

Simone wurde rot. »Ich weiß. Ich wollte mir selbst nicht eingestehen, dass es anders war. Dass ich es eigentlich nicht mochte, mit einem Mann Sex zu haben, der sich dabei am liebsten selbst im Spiegel betrachtet und danach seinen Kalorienverbrauch berechnet.«

»Markus hat … was?!« Vera trank noch mehr vom Rosé. Das waren ja unglaubliche Neuigkeiten.

»Ich kann dir nicht sagen, wie sehr mich das genervt hat! So gar keine Erotik, keine Sinnlichkeit, keine Leidenschaft, kein Fingerspitzengefühl. Sex mit Markus war wie beim Reifenwechsel: rein, rauf, runter, raus. Manchmal hat er sogar währenddessen auf seine Pulsuhr geschaut, um die optimale Fettverbrennung zu erreichen.«

Vera konnte nicht anders, sie prustete los.

Simone fuhr mit einem Lächeln im Gesicht fort. »Als ich dann anfing, ›Antipasti d'Amore‹ zu lesen, wurde mir klar, dass ich so etwas haben will. Zärtlichkeit, Knistern, Verlangen. Sich voll aufeinander einlassen, den anderen wahrnehmen, genießen … Ach, ich weiß nicht, ob du das verstehst.«

Vera wurde ernst und nickte. »Und ob ich das verstehe.«

Sie schwiegen für einen Moment. Dann sagte Simone: »Jedenfalls war das der Augenblick, in dem mir klarwurde, dass ich an Markus nicht nur die besten Jahre meines Lebens verschwende, sondern auch auf die Sexualität verzichten muss, die ich haben will. Und das habe ich dir zu verdanken. Dir allein.«

Vera starrte Simone an. Der Alkohol vernebelte ihr langsam die Sinne, und sie bemerkte, dass das Denken nicht mehr ganz so zackig vonstattenging wie normalerweise. Hatte Simone gerade gesagt, sie habe es Vera zu verdanken, dass sie nicht mehr mit Markus zusammen war? Du meine Güte – wusste Simone etwa, dass Vera Lucia Barone war?! Aber ja! Natürlich. Simone war ihre beste Freundin. Sie hatten gemeinsam den Schreibkurs besucht. Sie hatte klug kombiniert, dass »Antipasti« in Hülsenbecks Verlag erschienen war, des Verlegers, der den Wettbewerb in ihrem Kurs ausgerufen hatte. Wie hatte Vera jemals glauben können, Simone würde es nicht als eine der Ersten herausfinden?

Sie spürte in sich hinein und fühlte nichts als Erleichterung.

Endlich, endlich konnte sie sich jemandem anvertrauen! Und nicht irgendjemandem, sondern ihrer besten Freundin, die im Hirn und im Herzen endlich wieder Platz hatte, weil dieser beknackte Markus Geschichte war.

»Ich … ich weiß nicht, was ich sagen soll«, murmelte Vera verlegen und machte sich gerade bereit, Simone alles, restlos alles von ihrem Buch, dem riesigen, überraschenden Erfolg, dem zweiten Manuskript und dem fetten Batzen Geld zu erzählen, den sie in Kürze – nach der Scheidung von Carlo – auf ihrem Konto finden würde, als Simone sagte: »Na ja, du hast mir das Buch schließlich empfohlen. Und normalerweise lese ich nie ein Buch, das du mir empfiehlst.«

Vera hielt inne. Es dauerte einen Moment, bis die Erkenntnis in ihrem Geist angekommen war. »Das hab ich gern getan«, sagte sie langsam.

»Ich frage mich ja, wer diese Lucia Barone ist«, sprach Simone weiter und ließ Veras Hoffnung, sie wüsste doch schon Bescheid, platzen wie eine Seifenblase. »Komischer Name, klingt irgendwie ausgedacht. Kennst du jemanden, der so heißt? Ist das überhaupt ein italienischer Nachname?«

Vera trank einen weiteren Schluck und machte eine unbestimmte Geste mit dem Kopf. Es war *der* Moment. Der Augenblick. Die Sekunde, in der sie endlich reinen Tisch machen konnte. Sie überlegte sich, wie sie beginnen sollte. Mit einer Entschuldigung? Nein, das wäre viel zu groß und würde den Eindruck erwecken, Vera habe etwas falsch gemacht oder gelogen. Dabei hatte sie doch nur ein klitzekleines Detail unterschlagen, vergessen zu erwähnen, dass *sie* Lucia Barone war, wobei »vergessen« schon eine sehr freundliche Bezeichnung für das war, was Vera getan oder eher: nicht getan hatte. Möglicherweise wäre es auch klüger, die Information einfach nonchalant und lapidar ins Gespräch einfließen zu lassen, so als wäre es keine große Sache, nicht der Rede wert, Schwamm drüber, nach dem Motto: »Lucia Barone ist dir näher, als du denkst.« Aber würde das bei Simone zünden?

Vera dachte darüber nach, wie sehr sie Menschen bewunderte, die nicht lange überlegten und Strategien wälzten, die nicht taktisch vorgingen und versuchten, ihr Gegenüber in irgendeine Richtung zu beeinflussen, sondern die einfach sagten: So sieht es aus. Friss oder stirb. Die mutig waren.

Und dann fiel ihr Elisabetta Bernadi ein. Ihre Protagonistin, die Hauptfigur aus »Antipasti d'Amore«. Die zögerte und zauderte nicht, die kreierte ein köstliches Menü aus den Zutaten, die vor ihr lagen, die nahm das Leben, wie es kam. Volley, mitten in die Fresse, wenn es sein musste, und stets ohne Angst vor dem Übermorgen. Natürlich war Elisabetta eine ausgedachte Figur, kein echter Mensch. Aber wer behauptete denn, dass Vera sich nicht eine Scheibe von dieser mutigen, energischen Figur abschneiden konnte? Wieso durfte sie sich ihrer Angst nicht einfach in den Weg stellen und laut rufen: »Hörst du mich, Angst? Ich lach dir ins Gesicht!«

Vera traf einen Entschluss. Sie griff erneut zum Glas, trank es leer und stellte es entschieden auf den Tisch.

»Ich muss dir was sagen.«

»Was guckst du denn plötzlich so ernst?«, wollte Simone wissen. »Da bekommt man es ja richtig mit der Angst zu tun. Hast du was ausgefressen?« Offenbar war der Wein auch ihr bereits in den Kopf gestiegen, denn sie fing unvermittelt zu kichern an. »Lass mich raten! Du hast deiner liebenswerten Schwiegermutter Rattengift in die Bolognese gerührt. Selbstverständlich nicht so viel, dass sie stirbt. Nur für ein bisschen Bauchschmerzen als süße Rache. Oder nein, warte. Du hast Carlos weiße Hemden verfärbt, indem du einen roten Slip mitgewaschen hast, natürlich aus voller Absicht!«

Vera spürte, wie ihr die Hitze ins Gesicht schoss. Das alles würde ihr sehr gut gefallen, wenn sie ehrlich war. »Nein. Das ist es nicht.«

»Vera, was soll es denn dann sein? Du bist eine Heilige! Du verstehst dich mit jedem, hältst die andere Wange immer hin und erträgst sogar die biestige Nonna.« Simone lachte noch lauter, bis sie plötzlich ganz still wurde. »Hast du jemanden umgebracht?«

»Nein. Natürlich nicht.«

»Hast du jemanden umbringen *lassen*? Ist die Nonna der Kopf einer weltweit tätigen Mafiaorganisation?«

»Simone. Ich bitte dich.«

»Dann weiß ich nicht, was du angestellt haben solltest. Aber eines sage ich dir, wenn du diese Lola, Luca, ähhh, ich meine Lucia Barone bist, spreche ich kein Wort mehr mit dir!«, fuhr Simone glucksend fort, wurde aber schlagartig wieder still, als sie Vera, der die Aussage durch Mark und Bein ging, ins Gesicht blickte. »O Gott. Sag, was los ist. Sofort.«

Vera seufzte tief. Es war doch nur noch ein kleiner Schritt. Nicht mal mehr ein Schritt, eher das Eintauchen der großen Zehe ins Wasser. So eine Steilvorlage durfte sie sich doch nicht entgehen lassen. Oder?

ODER?

»Vera?«

»Ich bin …« Sie zögerte. Warum fiel es ihr so verdammt schwer, ihrer besten Freundin zu sagen, dass sie einen sehr erfolgreichen Roman geschrieben hatte? Hatte sie sich schon so sehr an das Geheimnis gewöhnt, dass es sich wie die Normalität anfühlte? War sie eine andere geworden, weil sie seit Monaten niemanden einweihte? Weil es nur ihren durchgeknallten Verleger gab, der von ihrer zweiten Persönlichkeit wusste? »Ich habe …«

»Vera! Nun spuck es endlich aus«, rief Simone, und ihre Augen waren vor Angst geweitet.

Ich habe einen Roman geschrieben. Er ist sehr erfolgreich, du hast ihn gelesen. Ich bin Lucia Barone.

Es war doch wirklich nicht kompliziert. Ein Kinderspiel.

Aber was, wenn Simone es ihr krummnahm? Wenn sie böse wurde oder enttäuscht wäre? Was, wenn sie ähnlich reagieren würde wie Guntero, der es Vera offenbar schlichtweg nicht zutraute, dass sie ein solch erfolgreiches Buch zu Papier gebracht hatte? Wie oft konnte sich ein Mensch demütigen lassen, bevor er zerbrach? Wie häufig würde man ihr noch absprechen, dass sie irgendwas gebacken bekam?

»Ich habe …« Vera schluckte. Dann gab sie sich einen Ruck – und marschierte in die andere Richtung. »Ich habe mich von Carlo getrennt.«

»Was?! Nein!« Simone sprang vom Stuhl auf, rannte um den Tisch herum und fiel Vera um den Hals. »Du meine Güte, Vera, das ist ja fürchterlich. Das tut mir so leid. Ihr wart so ein schönes Paar. Was ist denn passiert? Warst du schon länger unglücklich? Und ich unsensible Nuss hab nur von mir geredet, von mir und diesem Fehlgriff von einem Typen. Ich bin ja so egoistisch! Kannst du mir verzeihen? Du musst mir alles erzählen, alles! Aber sag erst, dass du meine Entschuldigung annimmst. Das tust du doch. Oder?«

Das schlechte Gewissen rollte über Vera hinweg wie ein Tsunami. Nun war es also Simone, die sich Vorwürfe machte. Vera fühlte sich schrecklich.

Und eben weil sie sich so schrecklich fühlte und die Scham kaum ertrug, machte sie sich von Simone frei, griff nach der Rosé-Flasche, schenkte noch einmal nach und sagte: »Du holst eine zweite Flasche. Und dann erzähle ich dir alles, was passiert ist.«

Obwohl sie in diesem Augenblick schon ahnte, dass sie das Wichtigste nicht erzählen würde.

22

Es war schon nach 23 Uhr, als Vera den Schlüssel ins Schloss steckte und so leise wie möglich die Tür öffnete. Für den Rückweg hatte sie ewig gebraucht, hauptsächlich deshalb, weil sie ihr Fahrrad geschoben hatte. Tatsächlich hatte Simone nämlich die zweite Flasche Rosé geöffnet, während sie fassungslos Veras Erzählungen zugehört hatte. Die Freundin hatte an den richtigen Stellen geschimpft, geweint und gelacht. Vor allem, als sie hörte, dass Nonna Gina Gittas Zabaione mit einer Extrazutat veredelt hatte. »Das hätte ich gern gesehen!«, hatte sie jubelnd gerufen und der Nonna, von der sie nicht unbedingt viel hielt, weil sie Vera eben meistens wie einen fleischgewordenen Fußabstreifer behandelte, lautstark applaudiert. So laut, dass im Haus auf der anderen Straßenseite ein Fenster aufgegangen war und ein Mann sehr laut rief: »Ihr lärmenden Hühner, besprecht eure Beziehungsprobleme gefälligst drinnen!« Das war der Moment gewesen, als Vera wusste, es war Zeit für den Heimweg.

Lautlos streifte sie die Schuhe von den Füßen und hängte den Trenchcoat an die Garderobe. Im Halbdunkeln tastete sie sich durch den Flur – und schrie laut auf, als sie plötzlich mit einer Gestalt zusammenstieß.

»O mein Gott, was wollen Sie? Ich habe kein Bargeld im Haus, ich schwöre es!«

Eine Hand legte sich auf ihren Mund und drückte zu, und Vera vergaß vor lauter Entsetzen das Atmen.

Als ihr jedoch der vertraute Geruch ihres Ehemanns in die Nase stieg, biss sie einmal herzhaft zu und war nur einen Wimpernschlag später frei.

»Au! Aua! Warum beißt du mich denn?!«, zischte Carlo und hielt sich den Finger, den Vera mit den Schneidezähnen erwischt hatte.

»Warum schleichst du mitten in der Nacht im Haus herum?«, fuhr Vera ihn an und genoss das kurze Gefühl der Genugtuung. In den Finger beißen war viel besser, als seine Hemden rosa zu verfärben, und beinahe so gut wie Rattengift in der Bolognese.

»Entschuldige mal, ich wohne hier«, antwortete Carlo stöhnend und betrachtete im Schein der Straßenlaterne, deren fahles Licht den Flur schemenhaft erleuchtete, seine Hand.

»Präteritum.« Vera verschränkte die Arme vor der Brust. »Du wohntest hier. Das wäre die richtige Zeitform gewesen.«

Carlo steckte die Hände in die Hosentaschen und seufzte. »Genau deswegen bin ich hier.«

Vera runzelte die Stirn. Was sollte das? Carlo war vor mehr als einer Woche aus dem Haus spaziert, als wäre es das Normalste der Welt, und hatte sich seitdem nicht wieder blicken lassen. Von den Kindern wusste Vera, dass er dann und wann Textnachrichten an sie schrieb – und sie bekam jeden Abend mit, dass er sich über das Festnetztelefon bei seiner *Mamma* meldete, ganz das erbärmliche Muttersöhnchen, das er war. Natürlich hatte er weder ihr noch sonst jemandem aus seiner Familie von der Trennung erzählt, und Vera würde einen Teufel tun, diese Aufgabe für ihn zu übernehmen. Am Ende würde sie sich wieder von ihrer lieben Schwiegermutter anhören müssen, dass sie das Beziehungsaus zu verantworten hatte, weil sie sich nicht genug um den Heiligen Carlo bemüht hatte, weil sie nicht devot genug war, nicht dominant genug, keine Ahnung, was Nonna Gina ihr vorwerfen würde, aber garantiert trug die Schuld an der Misere einzig und allein Vera, die Unvollkommene.

Offiziell war Carlo auf einer Geschäftsreise. Und weil er so häufig unterwegs war und die Kinder und seine Mutter so sehr an das Leben ohne ihn gewöhnt waren, wunderte es offenbar auch niemanden, dass sich Carlo schon so lange nicht mehr zu Hause hatte blicken lassen.

»Was willst du?« Vera funkelte ihn an. »Hast du deine Socken vergessen? Oder kann Gitta nicht waschen? Bist du deswegen hier? Weil du deine schmutzige Wäsche bei mir abgeben willst? In diesem Fall: Vergiss es!«

Carlo riss die Augen auf und hob entschuldigend die Hände. Typisch Italiener. »Wo denkst du denn hin, *cara*? Natürlich habe ich nichts dergleichen im Sinn. Ich bin einzig und allein deinetwegen hier.«

Sie prustete. »Meinetwegen? Soll ich die Scheidungspapiere unterzeichnen?« Vera öffnete erwartungsvoll die Hände. »Her damit, das ist schnell erledigt.«

»Täubchen, was ist denn los mit dir? Du bist heute so kratzbürstig«, schnurrte Carlo, trat einen Schritt auf sie zu und berührte sie an den Ellenbogen.

Sie machte sich los. »Lass das. Ich bin müde, ich will ins Bett, und ich finde es nicht gerade berauschend, dass du mitten in der Nacht einfach so hier auftauchst!«

»Entschuldige. *Mi dispiace.*« Carlo legte die Stirn in Falten und sah Vera aus tiefbraunen Augen an. »Können wir reden?«

»Jetzt?«

»*Sì.*«

»*No.*«

»*Prego.*«

»Carlo. Es ist fast Mitternacht. Komm morgen wieder.« Vera wollte gerade an ihm vorbeigehen, da streckte er den Arm aus und legte ihn um ihre Taille. »Ich bitte dich. Höre dir an, was ich zu sagen habe.«

Sie hielt erstaunt inne, ihr Blick wanderte auf die Stelle, wo ihr Mann sie berührte. Was war denn das für eine miese Nummer? Machte er jetzt einen auf reuigen Sünder, oder was? Das konnte er sich in die Haare schmieren! Für einen Ablasshandel war sie nicht zu haben.

Dennoch wollte sie mehr, als es ihr lieb war, herausfinden, warum Carlo urplötzlich und mitten in der Nacht zu Hause aufgetaucht war. Möglicherweise war es auch der Alkohol, der immer noch in viel zu vielen Promille durch ihr Blut rauschte, jedenfalls nickte Vera einmal kurz mit dem Kopf in Richtung Wohnzimmer und folgte Carlo, der die Tür leise schloss und Vera dann mit einer Geste bat, auf dem Sofa Platz zu nehmen.

Er selbst setzte sich neben sie, etwas zu nah für ihren Geschmack, weshalb sie ein Stück zur Seite rückte. Kurz befürchtete sie, er würde nachrücken, aber glücklicherweise tat er das nicht. Stattdessen beugte er sich etwas vor, ergriff Veras Hände und nahm sie in die seinen.

»Was ist denn in *dich* gefahren?«, purzelte es aus ihr heraus. Sie zog die Hände weg – aber diesmal rückte Carlo nach und ergriff die Linke wieder.

»Ich habe nachgedacht, *mio amore*«, sagte Carlo und hatte sogar den Schneid, dabei bedröppelt auszusehen.

»Oh, hast du dein Gehirn wiederentdeckt, nachdem du die letzten Monate offenbar nur mit deinem *cazzo* gedacht hast?«, wollte Vera mit zynischem Unterton in der Stimme wissen. »Ich freue mich für dich. Ehrlich wahr, ich glaube, dein Leben wird leichter, wenn du das Ding da oben«, sie deutete mit einem Finger in Richtung seines Kopfes, »nicht nur verwendest, um dir die Haare zu legen.«

Carlo seufzte tief und theatralisch. »Ich kann verstehen, dass du böse auf mich bist, *cara*. Sehr böse. Ich war gemein zu dir.«

Vera rollte mit den Augen. »Entschuldige, aber das ist die Untertreibung des Jahrhunderts.« Sie entriss Carlo die Hand, die er immer noch umklammert gehalten hatte, und sprang von der Couch auf. »Du hast mich belogen, du hast mich betrogen, auf die dreisteste Art und Weise, die man sich nur vorstellen kann, und dann hast du mich einfach mit allem hier sitzen lassen! Du bist ein Schwein, Carlo, obwohl das für jedes Schwein auf dieser Welt eine unverzeihliche Beleidigung ist!«

Er senkte den Kopf und verbarg das Gesicht in den Händen. »Du hast recht. Du hast mit allem recht!«

»Natürlich habe ich recht!«, donnerte Vera lauter als beabsichtigt und lief ungestüm im Wohnzimmer auf und ab. In ihr war so viel Wut, so viel Enttäuschung, sie konnte unmöglich sitzen bleiben und sich das Gejammer ihres Mannes anhören. Pardon, ihres zukünftigen Exmannes. SO viel Zeit musste sein.

»Ich habe einen riesigen Fehler begangen«, erwiderte Carlo winselnd, das Gesicht immer noch mit seinen Händen bedeckt, »niemals hätte ich dich gehen lassen dürfen. Warum nur habe ich zugelassen, dass eine andere Frau sich zwischen uns schiebt?«

»*Scusi*, ich glaube eher, du hast dich in *sie* geschoben, nicht sie sich zwischen uns«, kommentierte Vera trocken.

Carlo stand vom Sofa auf, trat auf Vera zu und fasste sie an den Oberarmen. »Gib mir noch eine Chance. Vera, gib uns noch eine Chance! Das ist es doch nicht wert. Was wir haben, ist doch so viel mehr wert als … als …« Er suchte nach den richtigen Worten.

»Als deine vollbusige Assistentin, die dir vermutlich deine Zauberflöte bläst?«, ätzte Vera und war kurz davor, Carlo eine saftige Ohrfeige zu verpassen. Die war Vera willkommen, diese Wut. Sie war so klar und bei Sinnen, fühlte sich trotz der vielen Gläser Rosé stocknüchtern und voller Energie. »Was bildest du dir eigentlich ein? Du meinst tatsächlich, dich nett entschuldigen zu können, und alles ist wieder gut? Du spinnst ja wohl!«

Carlo stand vor ihr und sah aus wie ein begossener Pudel. »Du hast so recht, Vera, Liebste. Mit jedem Wort. Ich war ein Scheusal. Ich war gemein. Ich war nicht gut zu dir.«

»Stimmt«, erwiderte Vera kalt. »Und weiter?«

»Ich will es wiedergutmachen.«

Vera stöhnte. »Und ich will Kleidergröße 36, ohne eine Diät dafür zu machen.« Sie klopfte ihm lakonisch auf die Schulter. »Wir wollen alle etwas haben, was wir nicht bekommen können, Carlo. Gewöhn dich besser dran.«

»Liebst du mich denn gar nicht mehr?«, begehrte er plötzlich auf. »Hast du mich denn schon vergessen?«

Sie hielt erstaunt inne. Liebte sie Carlo noch? Ihr erster Impuls war ein entschiedenes Nein. Dann jedoch zögerte sie. War sie vielleicht einfach nur so enttäuscht von ihm, dass diese Enttäuschung jegliches Gefühl der Liebe überdeckte? Sie hatte nicht viel geweint oder getrauert, seitdem Carlo gegangen war … einmal im Auto. Und manchmal, wenn sie allein im großen Doppelbett lag und ihre kalten Füße gern unter seine warme Bettdecke gestreckt hätte. Aber für viel mehr war eigentlich gar keine Zeit gewesen. Sie hatte in den vergangenen Wochen am Manuskript gearbeitet. Das war ihr wichtig gewesen, hatte ihr Kraft gegeben, und das wollte sie sich nicht auch noch von Carlo nehmen lassen. Dann noch die Kinder, das Haus, die Nonna, o mein Gott, die Nonna – die war, seitdem ihr Sohn sich nicht mehr zu Hause blicken ließ, ja ein ganz besonderer Ausbund an Heiterkeit und Lebenslust. Ununterbrochen beschwerte sie sich bei ihrem verstorbenen Ehemann darüber, wie *stupide* sich manche Frauen (mit denen sie garantiert ihre Schwiegertochter meinte) in der Ehe doch anstellten. Sie holte alle Kleider aus Carlos Schrankseite und wusch sie, obwohl sauber und ungetragen, tagelang durch, um anschließend für Stunden am Bügeleisen zu stehen und jedes einzelne Hemd mit einer Hingabe zu glätten, als ob sie den verlorenen Sohn so zurückbekommen würde, wenn sie den Falten und Knittern persönlich auf den Leib rückte. Außerdem gab es seit seinem Auszug ausschließlich seine Lieblingsgerichte zu essen. Und jeder Bissen blieb Vera fast im Halse stecken. Die Nonna brauchte keine Worte, um ihrer Schwiegertochter zu sagen, was für eine Versagerin sie in ihren Augen war.

Mehrmals dachte Vera darüber nach, die Nonna beiseitezunehmen und ihr ein paar Takte zu flüstern. Vielleicht würde man sie anders behandeln, wenn die Schwiegermutter wüsste, dass Vera völlig unschuldig an Carlos Auszug war? Dass nicht sie ihn rausgeworfen, sondern er sie betrogen hatte – reuelos und frech? Doch insgeheim wusste Vera, dass sie sich die Mühe sparen konnte. Nonna Gina war qua genetischem Bauplan immer auf der Seite ihres Sohnes – und das Letzte, was Vera gebrauchen konnte, waren Ratschläge ihrer knurrigen Schwiegermutter in Sachen Beziehung und Liebe.

Aber wie war es eigentlich? War da überhaupt noch Liebe? War Vera möglicherweise – jenseits all des Schmerzes und der Scham, dass ihr Ehemann sie für eine so liederliche Person eingetauscht hatte – doch noch verliebt in Carlo? Empfand sie noch etwas anderes als grenzenlose Abneigung für ihn? Als Wut, Zorn und … ja, auch ein bisschen Ekel? Weil er es gewagt hatte, diese Gitta mit zu ihr zu bringen? Weil er sie vor aller Augen gedemütigt hatte? Was, wenn sie all diese Gefühle beiseiteschob? Was war dann? Was empfand sie für Carlo, der seit mehr als zwanzig Jahren an ihrer Seite war?

»Ich will dich nicht mehr lieben«, versuchte sie sich mit einer Ausflucht aus der Affäre zu ziehen. »Wir beide sind fertig miteinander. *Basta!*«

Carlo sah sie aus traurigen Augen an. »Habe ich denn gar keine Chance mehr?«

»Nein.«

»Aber du sagst doch, du willst mich nicht mehr lieben. Das heißt, du tust es noch.«

»Carlo! Provozier mich nicht!«, warnte sie ihn mit ausgestrecktem Zeigefinger. »Meine Zündschnur ist heute so kurz.« Sie hielt zwei Millimeter Luft in die Höhe. »Und ich rate dir, sie nicht anzuzünden.«

Er starrte sie an. In seinem Blick hatte sich etwas verändert. Carlo wirkte mit einem Mal nicht mehr traurig, nicht mehr so, als ob er auf den Knien vor ihr um Verzeihung bitten wollte … sondern eher hungrig.

»Ich kenne dich gar nicht so«, sagte er mit kehliger Stimme, ohne den Blick von ihr abzuwenden. »So … leidenschaftlich.« Er machte einen Schritt auf sie zu. »Das gefällt mir. Das gefällt mir sogar sehr.«

»Komm bloß nicht näher!«, zischte sie drohend.

»Sonst was?« Carlo sah sie eindringlich an.

»Sonst … sonst …« Vera wich, obwohl ihr Mann stehen geblieben war, zurück und stieß mit dem Po gegen die Kommode, die neben dem Fenster stand. »Sonst vergesse ich mich!«

Carlos Augen saugten sich an ihrem Mund fest, und er biss sich auf die Lippe. Vera fröstelte. Sie wusste, was der Blick zu bedeuten hatte. Am liebsten wäre sie einfach aus dem Raum gestürmt. Ach was, am liebsten hätte sie ihm eine gezimmert, weil er es wagte, sie auf diese Weise anzusehen!

Aber da war noch ein anderes Gefühl. Eines, das sie schon lange nicht mehr gespürt hatte. War das … Lust?

Der Schreck fuhr ihr in die Glieder. Ausgerechnet jetzt empfand sie Lust auf Sex? Mit ihrem Ehemann, von dem sie sich scheiden lassen wollte? Dem Mann, der seine Geliebte mit zum Familienfest gebracht hatte? Der sich seit Jahren einen Scheißdreck für sie oder ihre Bedürfnisse interessierte? Für den die »Gazzetta dello Sport« wichtiger war als Veras Buch? Der sich mehr für das Wohl und Wehe eines italienischen Fußballtrainers erwärmen konnte als für sie, die ihm zwei Kinder und ihr halbes Leben geschenkt hatte?

War sie von allen guten Geistern verlassen?!

Vielleicht war das auch schon die Menopause. Hormonschwankungen. Davon hörte man ja immer wieder.

Und warum dachte sie jetzt, in dieser Sekunde, ausgerechnet an Guntero? An den Moment vor einigen Wochen, als er so dicht vor ihr gestanden hatte? Als sie nur Zentimeter getrennt hatten, und die Luft ein bisschen zu knistern angefangen hatte? Warum fragte sie sich, wie es sich wohl anfühlte, Guntero zu küssen – sogar mit seinem Schnoretti?

»Lass. Mich. In. Ruhe«, flüsterte Vera und gab sich Mühe, die Stimme nicht zittern zu lassen. Sie empfand Wut über Carlo, aber auch über sich selbst, weil sie an Guntero dachte und sich gleichzeitig immer noch von diesem Schmierlappen von Ehemann angezogen fühlte.

»Und wenn nicht?«, wisperte Carlo. »Lass mich zu dir kommen, Vera, *cara*, meine Liebe.«

Nein!, wollte sie rufen, doch alles in ihrem Körper schrie: Ja! Vera drehte den Kopf weg. Sie wollte ihn nicht anschauen. Und noch viel weniger wollte sie ihn begehren! Diesen Widerling, diesen Schuft, diesen … diesen …

In diesem Moment machte ihr Mann einen Schritt vorwärts, beugte sich nach vorn und berührte mit seinem Mund zärtlich ihren bloßen Hals.

Ein Schauer jagte über ihren Körper. Seine Berührung tat so gut! Als seine Hände sich auf ihre Hüften legten und den Stoff ihres Kleides langsam nach oben zogen, entfuhr Vera ein Stöhnen, und sie bemerkte eine brennende Hitze zwischen ihren Schenkeln.

»Was, wenn ich dich nicht in Ruhe lasse?«, flüsterte Carlo mit kehliger Stimme, während er weiter seine Finger über sie gleiten ließ.

»Dann beiß ich dir den *cazzo* ab«, brachte sie keuchend hervor und wand sich unter seinen Händen.

»Diesen hier?«, fragte Carlo und schob sein Becken nach vorn. Vera spürte seine Lust, die hart gegen ihren Oberschenkel drückte, fühlte die pochende Leidenschaft, nach der sie sich so lange verzehrt hatte, und wie von allein ging ihre Hand nach unten, um die Erektion ihres Mannes zu berühren.

Er stöhnte auf. Sie schrie leise.

Dann trafen ihre gierigen Münder aufeinander, und Vera fand in den kommenden fünfzehn Minuten heraus, dass die Kommode im Wohnzimmer nicht nur für die Aufbewahrung von Fotoalben geeignet war.

23

Vera öffnete die Augen. Ein Geräusch hatte sie geweckt. Sie blinzelte, ihre Hand wanderte auf die andere Bettseite, fuhr tastend über das Laken. Aber Carlo war schon aufgestanden.

Mit einem leichten Gefühl des Bedauerns drehte sich Vera auf die andere Seite und seufzte. Sie schloss die Augen wieder und rief sich die Bilder der letzten Nacht noch einmal ins Gedächtnis. Carlo, der vor der Kommode stand, auf der sie saß, ihre Unterschenkel auf seinen Schultern. Carlo, der ihre Brüste mit einer solchen Gier knetete, dass es sie unermesslich erregt hatte. Carlo, der sie irgendwann einfach hochhob und – ungeachtet der Tatsache, dass er untenrum frei war – die Treppe ins Schlafzimmer nach oben trug, aufs Bett legte und genau da weitermachte, wo sie im Wohnzimmer aufgehört hatten.

Sie war auf ihre Kosten gekommen, o ja, das war sie wirklich. Dreimal hatte sie einen Schrei der Entzückung und Erleichterung unterdrücken müssen, dreimal hatte Carlo ihr Keuchen mit einem zufriedenen Gesichtsausdruck goutiert. Erst spät war Vera in seinen Armen eingeschlafen. Glücklich, zufrieden und sehr, sehr müde.

Wo er jetzt wohl war? Verschlafen linste sie nach dem Wecker, der auf dem Nachttisch stand, und warf einen Blick auf die Anzeige. Schon acht? Du liebe Güte! Vera fuhr hoch und strich sich die zerzausten blonden Haare aus dem Gesicht. Die Kinder mussten zur Schule. Der Kiosk musste aufgeschlossen werden.

Und sicher hatte ihre liebreizende Schwiegermutter wieder eine ellenlange Liste an Aufgaben, die sie im Laufe des Tages zu erledigen hatte.

Der Schreck jagte ihr in die Glieder, als ihr bewusst wurde, dass Carlo und sie letzte Nacht nicht gerade leise gewesen waren. Im Gegenteil, so laut wie vor einigen Stunden hatte sie seit sehr langer Zeit nicht mehr geschrien, vor allem nicht vor so viel Wonne. Und die Wände des Hauses waren nun nicht gerade besonders dick. Vera schluckte, fühlte sich peinlich berührt, ja ertappt – und schüttelte den Gedanken dann ab. So eine leidenschaftliche Nacht würde sie garantiert nicht mit einem schlechten Gewissen beenden.

Sie schwang die Beine über die Bettkante und bemerkte zufrieden, dass sich in den Oberschenkeln ein Muskelkater ankündigte. Sie konnte das Lächeln nicht unterdrücken. Was Carlo mit ihr gestern Nacht so alles angestellt hatte … kein Wunder, dass sie heute jeden Muskel spürte.

Und noch etwas spürte sie. Ein tiefes, glückliches Gefühl in der Magengegend. Carlo war zu ihr gekommen, und er hatte sie im Sturm zurückerobert. Natürlich mussten sie nach dem hemmungslosen Versöhnungssex noch einmal miteinander reden. Wenn diese Gitta die Möglichkeit gehabt hatte, in ihrer Ehe das fünfte Rad am Wagen zu werden, musste es Veras Ehemann an irgendetwas gefehlt haben. Simone nannte es die »Sollbruchstellen«: Defizite, unerfüllte Bedürfnisse und Mangelerscheinungen, die Partner in ihren Beziehungen verspürten, denen sie aber nicht auf den Grund gingen – oder sie taten es, aber das Gegenüber wollte nichts davon wissen. Irgendwann entwickelten sich aus diesen Gefühlen der Unzufriedenheit Sollbruchstellen, also haarfeine bis sperrangelweit offen stehende Risse, in die jemand anderes leicht eindringen konnte. Vera hatte keine Ahnung, was Carlo gefehlt hatte. Sie wusste, dass sie selbst die Nähe zwischen ihnen schon länger vermisst hatte, konnte sich aber nicht erklären, wieso sie nie einen Ton gesagt oder sogar Gegenmaßnahmen eingeleitet hatte. Lag es daran, dass es im Alltag und nach so vielen Jahren einfach verdammt schwer war, den anderen und sich selbst noch mit genügend Aufmerksamkeit zu beachten? War es normal, dass eine Beziehung einschlief, nicht mehr aufregend oder liebevoll war, sondern eben funktionierte? Ging es den meisten Eheleuten so, dass sie irgendwann mehr Eltern, mehr Team, mehr WG-Mitbewohner als Liebespaar waren? Und was konnte man tun, um den Prozess aufzuhalten? War Beziehung wirklich Arbeit, wie es die ganzen Frauenzeitschriften und Psychologie-Ratgeber immer proklamierten?

Wenn dem so ist, trage ich zumindest eine Teilschuld an Carlos Ehebruch, musste sich Vera eingestehen, denn in den letzten Jahren hatte sie ihre Kraft weitestgehend in das nackte Überleben gesteckt. Weder Federico noch Fabiola waren in der Schule besonders engagiert, dazu das Haus, der Kiosk, die Nonna … und manchmal wollte Vera ja auch so was wie ein Privatleben haben, ihren eigenen Hobbys nachgehen, sich selbst weiterbilden, anstatt Englischvokabeln mit dem Nachwuchs zu büffeln. Vermutlich hatte sie sich in ihrer Ehe so sicher gefühlt, dass sie schlichtweg nicht mehr viel dafür getan hatte, um den Funken am Leben zu erhalten. Umgekehrt war es nicht viel anders gewesen, Carlo hatte eigentlich nur noch für sein Unternehmen und den AS Rom gelebt. Aber das würde jetzt hoffentlich anders werden. Mit etwas Glück bekamen sie vom Universum gerade eine zweite Chance, und wenn sie sich nicht allzu dumm anstellten, würden sie bald schon wieder zusammenfinden. Nicht nur im Bett (beziehungsweise auf der Kommode), sondern auch im Leben.

Mit leichtem Herzen stand sie auf, lief nackt auf die Schlafzimmertür zu und schlüpfte in den dünnen Bademantel, den sie sich vor vielen Jahren in einem Urlaub an der Riviera gekauft hatte. Er war hellblau und über und über mit kleinen rot-weiß gestreiften Sonnenschirmen verziert. Sie wickelte den Stoffgürtel um die Taille, zupfte den Ausschnitt zurecht und öffnete die Tür zum Flur.

Ein Klopfen an der Haustür im Erdgeschoss ließ sie innehalten. Kurz darauf wurde die Klingel gedrückt und schallte schrill durch die Stille des morgendlichen Hauses.

»Vera?« Nonna Gina stand unten im Flur und schaute zur Treppe hinauf. »Wer ist das?«

Vera warf einen Blick über das Geländer. »Woher soll ich das wissen? Ich bin gerade erst aufgestanden.«

Die Nonna schnalzte mit der Zunge. »Das ist mir aufgefallen. Bist du krank?«

»Nein.«

»Warum stehst du dann so rum? Mach die Tür auf!« Die Nonna seufzte tief. »Emilio, es ist ein Kreuz. Sie raubt mir den letzten Nerv.«

Vera richtete sich auf, atmete tief durch und sagte sich selbst: noch ein paar Jahre. Dann löst sich das Problem von ganz allein.

Das war ein bisschen gemein, aber eben auch die Wahrheit. In Carlos Familie wurde man nicht besonders alt, und was eigentlich ein Grund zur Trauer gewesen wäre, fühlte sich für Vera an manchen Tagen wie der einzige Hoffnungsschimmer an, den sie hatte.

»Mach du doch bitte auf. Ich bin noch nicht mal angezogen«, bat Vera ihre Schwiegermutter, aber als sie erneut über das Treppengeländer in den Flur unten schaute, war die Nonna schon verschwunden. »Herrgott nochmal«, fluchte Vera, bündelte die Haare im Nacken, zog den Taillengürtel enger und lief ins Erdgeschoss.

Ihr Aufzug war ein bisschen ungewöhnlich, aber wer konnte um diese Uhrzeit mitten in der Woche schon vor der Tür stehen? Vielleicht Hassan, der heute eine andere Route fuhr? Lennard Nothnagel, der auf eine wichtige Lieferung wartete? Guntero, dem der Espresso ausgegangen war? Oder möglicherweise sogar Carlo, der sich so früh aus dem Haus geschlichen hatte, um frische Brötchen und Croissants für sie zu besorgen, ohne einen Schlüssel mitzunehmen?

Als wären wir in Paris, dachte Vera, und ihr Herz machte einen kleinen Sprung.

Gut gelaunt riss sie die Haustür auf – und wurde von einem so hellen Blitzlichtgewitter geblendet, das Vera für den Bruchteil einer Sekunde erblinden ließ. Dann hob sie den Arm, um die Augen vor dem stroboskopartigen Flackern abzuschirmen, kniff die Lider zu und zog den Kopf ein. Im selben Moment brachen die Stimmen über sie herein:

»Frau Renzi, wir müssen mit Ihnen über Lucia Barone sprechen!«

»Was sagen Sie zu dem Artikel im ›Monheimer Morgen‹?«

»Wann wird das nächste Buch erscheinen?«

»Warum das Pseudonym? Weshalb das Versteckspiel?«

Bevor sie überhaupt eine der Fragen richtig verstehen konnte, trat sie einen Schritt zurück und donnerte die Haustür von innen ins Schloss. Der Lärm wurde leiser, klang gedämpfter, das Blitzlicht der Kameras brannte nicht mehr in ihren Augen.

Die Türklinke immer noch in der Hand, hielt Vera für einen Moment die Luft an und lauschte dem wilden Schlagen ihres Herzens.

Was war das denn gewesen? Was wollten die Journalisten hier? Wie hatten sie herausgefunden, dass sie Lucia Barone war? Und warum zur Hölle hatte sie sich vorhin nichts Ordentliches angezogen?!

Bleib ruhig. Atme tief durch. *Uno, due, tre …*

Als sie sich wieder einigermaßen im Griff hatte, warf sie einen Blick durch den Türspion. Vor der Haustür, dicht gedrängt auf den fünf Stufen hoch zu ihrem Haus und bis auf die Straße, standen Reporter, sicher zwei Dutzend, fast ausschließlich Männer. Sie hielten große Mikrophone mit Schaumstoffüberzügen in der Hand, einige hatten Kameras mit furchteinflößend großen Objektiven um den Hals hängen, von oben ragten drei Tonangeln in den Ausschnitt, den Vera sehen konnte.

Schnell wich sie von der Tür zurück. Sollte das ein Witz sein? Sie hastete ins Wohnzimmer und stellte sich eng neben das Fenster an die Wand. Vorsichtig schob sie den Vorhang beiseite, um einen Blick auf die Straße zu erhaschen.

Waren das da hinten Übertragungswagen vom Fernsehen? Die riesigen, kastenförmigen Transporter mit den Schüsseln auf dem Dach?

Ihr wurde heiß und kalt. Vera fühlte sich wie eine Terroristin, deren Identität nun endlich aufgedeckt war. Jeden Moment würde ein Sondereinsatzkommando durch die Haustür brechen und sie festnehmen!

Nein, Unsinn, sagte sie sich. Dreh jetzt bloß nicht durch. Das muss eine Verwechslung sein.

Da meldete sich eine andere Stimme in ihrem Inneren zu

Wort: Was für eine Verwechslung, bitte? Die sind wegen Lucia Barone da. Und das bist zufälligerweise du.

Ein Knarzen der Holzdielen ließ sie herumfahren. Nonna Gina stand in der Tür, wie immer hatte sie ihre obligatorische Kittelschürze um, und stierte Vera wütend an.

»Was hast du gemacht?«

»ICH?!«

»Was wollen die *giornalisti* hier?«

»Das weiß ich nicht!«

Die Schwiegermutter kam auf Vera zu und hob drohend den Finger. »Ich habe dich gewarnt. Ich weiß, dass du etwas verbirgst. Zuerst dachte ich, es sei deine Affäre, aber die kann ja wohl nicht so wichtig sein, dass die Presse deswegen bei uns aufschlägt. Es sei denn ...« Sie kniff die Augen zusammen. »Schläfst du mit einem Politiker? Mit einem Prominenten?«

»Was? Nein!«, rief Vera mit wachsender Verzweiflung. »Ich habe keine Ahnung, was die hier wollen. Und ich habe nichts gemacht!«

»Jetzt klingst du genau wie deine Tochter. Die versucht sich auch ständig rauszureden, dabei weiß jeder, dass sie es faustdick hinter den Ohren hat.« Nonna Gina machte eine Pause. »Genau wie du.«

Vera spürte, wie etwas in ihr bis aufs Äußerste gedehnt wurde. Wie ein Gummiband in ihrem Inneren, das von beiden Seiten gezogen wurde, bis es ganz dünn und brüchig wurde.

»Gina, hör mir zu. Diese Leute sind nicht meinetwegen hier«, sagte sie mit Nachdruck.

»Natürlich. Und ich bin die Jungfrau Maria.« Die Nonna schlug hastig ein Kreuz. »Er hätte dich niemals heiraten dürften. Du bist viel zu weich, du bist nicht gut für ihn!«, ätzte sie dann.

In dieser Sekunde riss das Gummiband mit einem satten Schnalzen. Es hörte sich fast wie der Laut der Missachtung an, den Gina immer von sich gab.

Vera machte einen Schritt auf die Schwiegermutter zu. »Jetzt hör mir mal gut zu. Es geht dich einen Scheißdreck an, wie weich ich bin! Es ist dein großartiger Sohn, der mich betrogen hat, nicht umgekehrt, verdammt nochmal! Und es ist nicht meine beschissene Aufgabe, deinem Carlo den Reißverschluss wieder zuzumachen, wenn er ihn ständig offen hält!«

Nonna Gina sah Vera aus vor Schreck geweiteten Augen an, sagte aber nichts. Umso besser, Vera kam gerade richtig in Fahrt. So lange schon hatte sie alle Kommentare und Beleidigungen einfach über sich ergehen lassen, hatte heruntergeschluckt, was eigentlich nicht herunterzuschlucken war, und immer gute Miene zum bösen Spiel gemacht. Was zum Teufel erlaubte sich ihre Schwiegermutter? Warum dachte sie, Vera zum Sündenbock der Nation machen zu dürfen?

»Ich habe es so satt, Gina, dass du mich ständig herumschubst. Was glaubst du eigentlich, wer du bist?«, rief sie noch lauter und noch wutentbrannter. »Du respektierst mich nicht? Schön! Damit kann ich leben. Aber ich bin nicht da, um mir deinen Respekt zu erarbeiten. Es ist mir sogar scheißegal, ob du mich leiden kannst oder nicht. Ich kann dich nicht leiden. Ich hasse dich! Und ich freue mich auf den Tag, an dem du nicht mehr Teil dieses Haushaltes bist und ich endlich wieder frei atmen kann. In meinen eigenen verdammten vier Wänden. Und in meiner Küche!«

Die Nonna schlug die Augen nieder. Um ihren Mundwinkel zuckte es, und Vera ging fest davon aus, dass sie nun ein Echo hören würde, das sich gewaschen hatte.

Überraschenderweise geschah nichts dergleichen. Nonna Gina schien sich vielmehr kurz zu sammeln, drückte dann die Schultern nach hinten und reckte das Kinn nach vorn. Sie machte auf dem Absatz kehrt und lief in den Flur. Eine Sekunde später konnte Vera hören, wie die Haustür geöffnet und das Geschrei der Journalisten wieder laut wurde.

»Da ist sie!«

»Lucia Barone! Wir brauchen ein Interview!«

»Wie fühlen Sie sich, jetzt, wo Ihre Identität aufgedeckt ist?«

»Was schreiben Sie als Nächstes?«

»Bekommen wir ein Exklusivinterview?«

Vera spitzte die Ohren. Moment mal. Hatte sie sich verhört? Warum sprachen die Reporter die Nonna mit ihrem, Veras, Pseudonym an? Weshalb dachte die Presse, Virginia Renzi stecke hinter dem Bestseller des Jahres …?

Und dann begriff sie. Gunteros Artikel. Monheim. Italien. Kochen. Wenn man ein wenig kombinierte, mit ein paar Einwohnern der Stadt sprach oder sich sogar selbst auskannte, konnte man tatsächlich auf die Idee kommen, dass die Nonna die Verfasserin von »Antipasti d'Amore« war. Immerhin wusste jeder in einem Umkreis von mindestens fünf Kilometern, dass die Nonna die beste italienische Köchin überhaupt war. Allein in der Gemeinde war sie ja berühmt für ihre Ostertafeln, sie hatte aber auch schon mal in aller Eile eine Wagenladung toskanischen Nudelsalat, Risotto und mehrere Bleche Antipasti zubereitet, als der Labrador einer Nachbarin in den Garten nebenan eingebrochen und das halbe Buffet leergefressen hatte. Dem Hund hatte man den Magen auspumpen müssen, die Party fand eine Stunde später statt – doch am Ende schwärmten alle, Ginas Last-Minute-Catering habe besser geschmeckt als alles, was man jemals zuvor gegessen habe.

Insofern gab es Argumente dafür, dass man sie für die Autorin der erotisch-kulinarisch-literarischen Überraschung des Jahres halten konnte. Doch wie würde sie auf die Fragen und die Unterstellung reagieren?

»*Frau Renzi!*«, rief in diesem Augenblick eine aufgeregte Stimme. »*Sind Sie Lucia Barone? Sagen Sie es uns!*«

»*Zitto!*«, keifte die Nonna und fuhr auf Italienisch fort: »*Di che sciocchezze sta parlando?*«

»Was sagt sie?«, wollte eine Stimme wissen. »Spricht hier jemand Italienisch?«

»Ja, ich«, antwortete eine andere. »Sie hat gefragt, was wir da für einen Unsinn reden.«

»Versteht sie denn überhaupt Deutsch?«, fragte jemand anderes.

»*Naturalmente!*«, zischte die Nonna.

»Selbstverständlich«, übersetzte der Mann, der des Italienischen offenbar mächtig war, unnötigerweise.

Vera schlich auf Zehenspitzen zur Tür, die in den Flur ging, und schob den Kopf um die Ecke. Nonna Gina stand kerzengerade in der geöffneten Haustür, die Arme vor der Brust verschränkt, einen abweisenden und griesgrämigen Ausdruck im Gesicht, der Vera nur allzu vertraut war.

»Und was sagen Sie nun dazu? Haben Sie ›Antipasti d'Amore‹ geschrieben?«

»*Non ho nulla a che fare con questo lavoro. Non scrivo libri, e soprattutto non ne scrivo di così indecenti. Cucino, se volete sapere esattamente*«, antwortete die Nonna.

»Ich habe mit diesem Werk nichts zu tun«, übersetzte der

Mann, der Italienisch konnte. »Ich schreibe keine Bücher, und vor allem nicht solche unanständigen. Ich koche, wenn Sie es genau wissen wollen.«

»Aber Sie geben zu, dass Sie das Buch gelesen haben?«, wollte ein Reporter wissen.

Veras Schwiegermutter schnalzte mit der Zunge. *»Parli sempre senza che te lo chiedano?«*

Der Übersetzer sagte: »Reden Sie immer, ohne dass man Sie darum gebeten hat?«

»Äh … ja«, murmelte der Mann. »Das ist mein Job.«

»Allora trovati un'altro lavoro! Sei un maleducato.«

Der Übersetzer hüstelte. »Du sollst dir einen anderen Job suchen, du bist unhöflich.«

»Aber …«

»Andatevene! Quello che state facendo è violazione di domicilio!«, zeterte die Nonna weiter und stemmte die Hände in die Hüften, was sie – trotz der überschaubaren Körpergröße – geradezu unheimlich und furchteinflößend wirken ließ.

»Was sagt sie?«, fragte eine Stimme, die eindeutig verängstigt klang.

»Wir sollen uns verziehen, das ist Hausfriedensbruch, dass wir hier stehen«, gab der Übersetzer zu.

Die restlichen Reporter fingen an zu murren.

»Non sentite bene?«, rief die Nonna plötzlich noch lauter. *»Fuori di qui! Altrimenti chiamo la polizia.«* Und als die Journalisten nur ein wenig zurückwichen, aber nicht gänzlich verschwanden, knurrte Gina leise, aber umso gefährlicher: *»Avanti.«*

Das genügte – auch ohne Simultanübersetzung. Vera konnte Fußtrappeln und scharrende Geräusche hören, kurz darauf starteten die ersten Automotoren.

Die Nonna machte ein sehr zufriedenes Gesicht und schloss die Haustür, leise und mit einer Selbstsicherheit, als ob sie gerade eine entscheidende Schlacht gewonnen hatte. Dann blickte sie Vera an, sagte »Ich habe fertig«, drehte sich um und ging davon.

24

»Tschüss dann, bis morgen!«, rief Hassan, winkte Vera noch einmal zu und verließ den Kiosk.

Was für ein wahnsinniger Tag. Es war gerade einmal halb drei durch, doch Vera hatte das Gefühl, dass sich dieser Tag wie Kaugummi in die Länge zog und sie binnen weniger Stunden alle vorhandenen Gefühlszustände durchlebt hatte, die einem Menschen gegeben waren. Der Morgen hatte mit einer tiefen Zufriedenheit und einem zart knospenden Gefühl der erneuten Verbundenheit mit Carlo begonnen. Nur um gleich vom bloßen Entsetzen über die Pressemeute abgelöst zu werden, die immer noch – wenn auch in gebührendem Abstand – vor ihrer Haustür lauerte. Dann ihr Wutanfall vor der Nonna. Und nun purer Stress. Der immerhin lenkte hervorragend ab.

Außerdem erfuhr sie ganz nebenbei jede Menge über das, was die Reporter über Lucia Barone herausgefunden hatten. Denn natürlich kamen sie alle in ihren Kiosk, den einzigen Laden weit und breit, in dem man eine Apfelsaftschorle, Zigaretten, eine Bockwurst und einen guten Kaffee bekam. Keiner der Journalisten, die an diesem Vormittag in den Laden wirbelten und durch das Sortiment fegten, hatte eine Ahnung, wer ihnen da gegenüberstand. Für sie war Vera unsichtbar, unbedeutend – eine beliebige mittelalte Frau aus Monheim, die sie in der Sekunde wieder vergessen hatten, in der sie den Kiosk mit klingelndem Glöckchen verließen. Vera hatte glücklicherweise ihr

Haus durch die Hintertür verlassen und sich erst durch ihren Garten und anschließend durch den der Nachbarn geschlichen. Als wäre sie eine heimliche Affäre oder eine Einbrecherin, was natürlich in keiner Weise stimmte, trotzdem wollte sie nicht ins Visier der Presse gelangen.

Das Geschäft lief heute also außerordentlich gut. Und das hatte Vera niemand Geringerem als Herta Lutz zu verdanken. Denn ausgerechnet die hatte sich zuerst beim »Monheimer Morgen« gemeldet und keck behauptet, sie wisse, wer die Person sei, nach der die halbe Republik suche. Um gleich im Anschluss im Bürgermeisterbüro und bei den überregionalen Redaktionen anzuklingeln und überall eine kleine Belohnung abzustauben. Clever war sie ja, die Herta. Das musste Vera ihr lassen. Hoffentlich investiert sie das ergaunerte Geld in ihre Pension, dachte Vera und beschloss, es der Wirtin trotz einem milden Gefühl der Verachtung zu gönnen. Hieß es nicht immer, dass Frauen zusammenhielten? Wer hatte den Quatsch eigentlich erfunden? Dieser Gitta war es schließlich auch völlig egal gewesen, dass Carlo bereits eine Frau hatte, der Posten also gar nicht vakant gewesen war. Und auch die Nonna war nun nicht gerade ein Sinnbild für weibliche Solidarität. Im Gegenteil.

Vera ging nach hinten in den kleinen Vorratsraum und holte noch zwei Liter Milch, um sie in den Kühlschrank zu stellen. Außerdem drei Gläser Bockwürste. Ein viertes ließ sie stehen, das war für Keks und Kalle, falls Frau Beyse heute noch vorbeikommen sollte. Konnte ja nicht angehen, dass Vera die Dackel hungern ließ, um ausgerechnet die Reportermeute durchzufüttern.

Als sie zurück in den Laden kam, flog die Tür auf, und sie machte sich bereits auf den nächsten Schwarm Journalisten gefasst, die einfach so durch sie hindurchsehen würden. Doch sie wurde überrascht: Es war Carlo, der in ihrem Kiosk auftauchte.

»Was machst du denn hier?«, wollte sie erstaunt wissen und stellte Milch und Bockwürste auf den Tresen. Dann ging sie auf ihn zu und wollte ihm die Arme um den Hals legen, um ihn mit einem Kuss zu begrüßen, doch Carlo schob sie von sich.

»Dafür habe ich jetzt keine Zeit«, sagte er ärgerlich.

Vera trat verblüfft einen Schritt zurück. Was war denn in ihren Mann gefahren? »Alles okay?« In diesem Moment bemerkte sie, dass Carlo etwas in der Hand hielt. Ein Buch. Ihr schwante Böses.

»Was ist das?«, wollte Carlo ungeduldig wissen und hielt »Antipasti d'Amore« wie einen Vorwurf aus Papier in die Höhe. »Was machen die Paparazzi vor unserer Tür? Die haben mich kaum durchgelassen, es war demütigend. Meine Mutter ist fuchsteufelswild. Jetzt hör endlich auf zu lügen und sag mir: Wer zum Henker ist diese Lucia Barone?«

»Ich … habe keine Ahnung, wovon du sprichst«, stammelte Vera.

»Ach ja? Und warum finde ich dann gleich zwei Ausgaben in meinem eigenen Haus? Ist das reiner Zufall?«, fragte er verärgert.

»Das Buch ist sehr populär«, erklärte Vera lahm. »Ich hab es mir gekauft, und vielleicht noch jemand anders.«

»Du meinst damit doch nicht etwa meine Mutter? Oder unsere vierzehnjährige Tochter?« Carlo ließ das Buch mit einem satten Klatschen auf den Tresen fallen.

»Wieso nicht? Gitta …«, Vera sprach den Namen der Assistentin absichtlich wie den eines besonders widerlich aussehenden Grottenolms aus, »hat den Roman immerhin erwähnt, als sie bei uns zu Besuch war.« Sie schnaubte. »Besser gesagt, als du sie ohne Ankündigung einfach so zu uns nach Hause gebracht hast.«

»Lenk nicht ab«, sagte Carlo forsch. Dann fing er an, durch den Laden zu streunen. »Ich wette, du hast hier noch mehr davon herumliegen!«

Vera schnappte erschrocken nach Luft. Sie hatte wirklich noch mehr Exemplare von »Antipasti d'Amore« im Laden – genauer gesagt in dem kleinen Vorratsraum. Damals, im Februar, als die Belegexemplare der ersten Auflage angekommen waren, hatte sie nur ein einziges Buch mit nach Hause genommen. Die anderen hatte sie, anders als sie ihrer Schwiegermutter hatte weismachen wollen, selbstverständlich nicht im Kiosk verkauft, sondern im Paket in die kleine Kammer gestellt – und vergessen.

Aber jetzt fiel ihr der Karton siedend heiß ein, und sie schielte in Richtung der Vorratskammer.

Carlo hielt inne, starrte sie an. Mist, den Blick hatte er gesehen. »Aha!«, rief er und stürmte in die Kammer. Es dauerte nicht lange, und er kehrte mit dem Paket auf dem Arm zurück. »Und wie erklärst du das? Warum kaufst du zwanzigmal dasselbe Buch?«, wollte er wissen und kam sich dabei vermutlich wie Hercule Poirot persönlich vor.

»Was geht dich das an?«, fragte Vera schnippisch und versuchte, ihm den Karton aus den Händen zu nehmen.

»Das verrate ich dir gern«, verkündete er knurrend, stellte das Paket ab und zog einen Umschlag aus der hinteren Hosentasche. Das Kuvert war, wie Vera bemerkte, geöffnet. »Gestern kam ein Brief an. Von einem Verlag in Düsseldorf. Was meinst du, wie groß meine Überraschung war, als ich gesehen habe, dass einer gewissen ›V. Renzi‹ 50 000 Euro Honorarabrechnung überwiesen wurden?«

Er hielt den Brief Vera vor die Nase. Tatsächlich. Da stand es. *V. Renzi*, und direkt darunter fanden sich die Worte »Honorarabrechnung für Antipasti d'Amore«. Veras Gedanken fuhren Achterbahn und Kettenkarussell zugleich, so dass ihr mit einem Mal ganz schwindelig wurde. Sie suchte nach einem Strohhalm, an dem sie sich festhalten konnte …

Warum war der Brief nicht im Kiosk angekommen, sondern bei ihr zu Hause? Veras Blick fiel auf die Oberseite des Kartons. Der Adressaufkleber war fast identisch. Bis auf die Hausnummer, die war anders.

Dieser verdammte Hülsenbeck!, fluchte Vera lautlos. Zuerst versemmelte er das mit den Lizenzen und der Honorarabrechnung, und dann konnte er sich nicht mal irgendwo aufschreiben, dass er die Post ausschließlich an den Kiosk in die Nummer 13 und NICHT zur ihr nach Hause in die Nummer 24 schicken sollte. War das wirklich so schwer? Sie war seine einzige Autorin, da konnte sie ja wohl erwarten, dass er sich zumindest mal einen Notizzettel holte, wenn sie ihm die Bedingungen ihrer Zusammenarbeit durchgab!

Eine kleine Chance gab es noch. Wenn alle Welt glaubte, dass Nonna Gina, die ja eigentlich Virginia Renzi hieß und damit ebenso *V. Renzi* sein konnte wie sie, Lucia Barone war – wieso sollte es nicht auch Carlo denken? Möglicherweise konnte sie es ihm glaubhaft machen …

Und dann?, fragte eine gemeine Stimme in ihrem Inneren. Dann fragst du deine dich liebende Schwiegermutter, ob sie bei der kleinen Scharade mitmacht? Tolle Idee!

Na gut. In so einem Fall half nur Ablenkung.

»Warum öffnest du meine Post? Schon mal was von Briefgeheimnis gehört?«, fuhr Vera hoch.

»Wir sind verheiratet!«

»Ach so?« Vera sah Carlo einen Augenblick lang an. Sie hatte große Lust, diesem Schmierlappen mal so richtig die Meinung zu geigen. Auf die Ehe berief er sich? Um ihre Post zu öffnen? Hatte der Mann noch alle Latten am Zaun? Ausgerechnet die Ehe zog er als Argument heran? Er, der sie seiner fiesen Mutter zum Fraß vorgeworfen hatte? Mit den gemeinsamen Kindern allein ließ? Und seit Monaten betrog? Der sie hinterging – mit einem Lächeln im Gesicht?

Na warte, Freundchen.

Die Erinnerung an die letzte Nacht war mit einem Mal wie weggeblasen. Auch wenn Vera vor einigen Augenblicken noch fest an ein Happy End mit Carlo geglaubt hatte, dass er ihre Post las und auch noch so tat, als sei es ein eheliches Recht, das war doch wirklich allerhand.

»Wir sind verheiratet? Wart's nur ab, mein Lieber. Nicht mehr lange!«, rief Vera zu ihrem eigenen größten Erstaunen aus.

Carlo sah sie an. In seinem Blick lag Erstaunen, vielleicht sogar ein kleiner Schock. Es war offensichtlich, dass es in seiner Welt keine Möglichkeit gegeben hatte, dass Vera die Trennung nun doch wollte. Das machte sie gleich noch wütender. Was bildete sich dieser Schnösel eigentlich ein? Dachte er, er könnte mit ihr umspringen, wie er wollte, und sie würde einfach brav zu allem ja und amen sagen?

»Du willst also wirklich die Scheidung?« Carlos Gesicht wurde rot. »Bitte schön. Kannst du haben!«

Vera schaute ihn ausdruckslos an. Hatten sie sich nicht gerade erst versöhnt? Ihr Blick fiel auf den Brief in seiner Hand. Und dann verstand sie.

Vor lauter Schreck schlug sie sich eine Hand vor den Mund und wich vor Carlo zurück. Nein, nein, das konnte nicht sein. Zu so einer Grausamkeit war er nicht imstande.

Sicher?, fragte die gemeine Stimme in ihrem Inneren, die unglücklicherweise viel zu oft recht hatte.

»Hast du …« Vera musste sich sammeln. »Hast du dich gestern Abend nur mit mir versöhnt, weil du dachtest, ich wäre Lucia Barone? Sind wir deswegen im Bett gelandet? Weil du mein Geld willst?«

Carlo wedelte wutentbrannt mit dem Brief. »Nun tu doch nicht so! Ich füttere euch seit Jahrzehnten durch. Mit deinem lächerlichen Kiosk trägst du auf jeden Fall keinen Cent zu unserem Wohlstand bei!«

Sie riss entsetzt die Augen auf. »Carlo! Was redest du denn da? Du wolltest doch immer, dass ich mich um die Kinder kümmere und in den ersten Jahren zu Hause bleibe.«

»Stimmt. Und ich habe für euch gesorgt. Ich habe alles mit dir geteilt, mein ganzes Geld.«

»*Dein* Geld?!«

»Natürlich. Und jetzt, wo du offenbar zu spontanem Reichtum gekommen bist, kannst du mir die Hälfte davon abgeben.«

Sie glaubte, sich verhört zu haben. »Sag mal, spinnst du? Ich habe doch nicht meine Karriere geopfert, um dich jetzt auszubezahlen!«

Er lachte böse. »Karriere? Was für eine Karriere? Ohne mich wärst du gar nichts.«

Vera holte tief Luft und musste sich sehr am Riemen reißen, um Carlo nicht ein Glas der Bockwürste über die Rübe zu ziehen. Was war er nur für ein fürchterlicher, egoistischer, widerlicher Mensch! Wie hatte sie das nicht sehen können? War er schon immer so gewesen? Oder erst so geworden im Laufe der Zeit? Hatte sie sich so sehr in ihm getäuscht?

Sie schüttelte den Gedanken ab, das brachte sie jetzt nicht weiter. Vera musste einen kühlen Kopf bewahren. Und Gewalt war sowieso keine Lösung. Auch wenn sie versucht war, ihm sehr, sehr weh zu tun für das, was er ihr gerade mit Worten um die Ohren gehauen hatte.

Aber du bist besser als das, sagte sie sich. Du bist Vera Renzi, du bist Lucia Barone. Und ein bisschen bist du auch Elisabetta Bernardi. Die hat sich auch nicht unterkriegen lassen, als ihr alles genommen wurde. Sondern sie ist aufgestanden, hat weitergemacht und ist sogar daran gewachsen.

Mit Carlo, das wusste Vera in diesem Moment mit einer geradezu unheimlichen Gewissheit, war sie fertig. Wenn der Mann, dem sie über zwanzig Jahre die Stange gehalten, den sie in guten wie in schlechten Zeiten geliebt und dem sie den Rücken freigehalten hatte, sie tatsächlich nur ausnehmen wollte wie eine fette Weihnachtsgans – dann verzichtete sie liebend gern auf ihn! Wie hatte dieser Gigolo sich das vorgestellt? Hatte er wirklich gedacht, er könnte bei Vera wieder gut Wetter machen, ein bisschen was von ihrer Kohle abstauben und dann zurück zu Gitta gehen? Wusste die eigentlich davon, dass er heute Nacht in Monheim geblieben war? Oder hatte er auch sie betrogen – mit seiner eigenen Ehefrau? Es war grotesk. Carlo schien sich für den Nabel der Welt zu halten, und beinahe war Vera froh, dass sich die vollbusige Gitta zukünftig mit ihm herumschlagen durfte. *Buona fortuna*, dachte sie grimmig und lächelte humorlos.

Wie merkwürdig das Leben doch manchmal spielte. Gerade eben noch hatte sie Hülsenbeck für seine Nachlässigkeit verflucht, doch nun war sie beinahe dankbar, dass er diesen Brief an die falsche Adresse abgesendet hatte. Denn nur so hatte sie herausgefunden, dass Carlo aus einem ganz anderen Grund als aus Liebe wieder zu ihr zurückgekommen war. Allein dem Brief und Carlos Gier war es zu verdanken, dass sie nun wusste, in was für einen Menschen sich ihr zukünftiger Exmann verwandelt hatte. Wer er wirklich war. Vermutlich konnte sie sich glücklich schätzen, dass ihr diese kleine Volte des Universums noch viel, viel mehr ersparte – Hoffnung, Gefühle, Liebe für einen Mann, der es bei Gott nicht wert war.

Sie drückte die Schultern nach hinten, genau wie die Nonna es immer tat, und stellte sich kerzengerade hin. Den Kopf hob sie leicht an, und schließlich sagte sie mit ruhiger, bestimmter Stimme: »Ich werde mich von dir scheiden lassen, Carlo Renzi. Wir beide sind getrennte Leute. Werde mit deiner Gitta glücklich! Das war's.«

Carlo riss erstaunt die Augen auf. »Du trennst dich also von mir? Na schön!« Er wedelte mit dem Brief. »Aber das wird dich etwas kosten. Mir gehört die Hälfte dieses Geldes.«

Vera lachte böse. »Von mir aus kannst du die ganzen 25 000 haben. Als ob es darauf ankäme.« Sie machte eine wegwerfende Handbewegung. »Ich will nur eines: Heute beginnt unser Trennungsjahr. Offiziell. Ich rufe gleich einen Anwalt an.«

Carlos Augen wurden schmal. »Mach das. Und verabschiede dich schon mal von dem schönen, bequemen Leben, das du meinetwegen geführt hast. Dieser lächerliche Laden«, er sah sich um, »wird bald schon das Einzige sein, was du hast.«

Damit drehte er sich um und stürmte aus dem Kiosk, jedoch

nicht ohne den Brief mit der Honorarabrechnung Vera vor die Füße zu werfen.

Sie blieb einen Augenblick lang wie erstarrt stehen, fühlte sich taub und irgendwie falsch in ihrem Körper, als wäre das alles gar nicht passiert, sondern hätte sich nur in einem schlimmen Albtraum abgespielt. Als sie aus der Starre erwachte, bückte sie sich, um den Brief aufzuheben. Sie zog das Papier aus dem Kuvert und las die Buchstaben und Zahlen aufmerksam. Dann hob sie den Kopf, richtete sich auf und sagte laut: »Dass du dich da mal nicht täuschst, *amore.*«

25

Vera hatte genug. Sie drehte das Schild auf »Geschlossen« und war gerade dabei, die Lichter im Kiosk zu löschen, als es an der Scheibe klopfte.

Sie wandte sich um und erblickte Guntero. Den Mann, der mit seinem Artikel dieses ganze Chaos überhaupt erst ausgelöst hatte. Den Mann, der ihr seit Jahren der liebste Kunde war, und mit dem sie so herrlich über das Schreiben sprechen konnte. Und den Mann, der heute völlig anders aussah als sonst, was jedoch weder mit seinem Artikel noch mit ihrer Freundschaft zu tun hatte.

Guntero hatte sich den Schnurrbart abrasiert.

Vera glotzte durch die Scheibe wie ein Goldfisch. Natürlich, man kannte das, wenn Personen des öffentlichen Lebens zum Rasierapparat griffen und sich vom Gesichtshaar befreiten. Der ehemalige Verteidigungsminister Rudolf Scharping fiel ihr ein, der immer einen Vollbart getragen hatte und dessen Fotos vom Liebesurlaub anschließend durch die Presse gegangen waren. Allerdings hatten sich die meisten Menschen nicht auf die Bilder aus dem Pool, sondern auf den fehlenden Bart gestürzt. Scharping hatte nackt gewirkt, trotz Badehose, irgendwie fremd. Bei Guntero war es anders. Er hatte einen wunderschönen, sanft geschwungenen Mund und ein kantiges Kinn. Wie hatte sie das bitte nicht sehen können in der Vergangenheit? Vera wusste die Antwort, der Schnurrbart hatte sie für den Rest des Gesichts blind gemacht. Und dieses Gesicht konnte sich wirklich sehen lassen. Verwundert stellte Vera fest, dass sie sich wieder einmal fragte, wie sich Gunteros Lippen wohl auf ihrer Haut anfühlten.

Er lächelte, winkte noch einmal und gab ihr dann mit einer Geste zu verstehen, dass sie die Tür wieder aufschließen solle. Vera riss sich vom Anblick des fremden und zugleich so vertrauten Männermundes los und schloss auf.

»Hallo, machst du etwa schon Feierabend?«, fragte er und betrat den Kiosk. »Ich hoffe, du hast einen Moment Zeit. Es ist etwas ganz und gar Unglaubliches passiert.«

»Das kann ich sehen. Wo ist dein Schnurrbart hin?«

Er strich sich verlegen übers Kinn. »Ach so, ja. Es war Zeit für etwas Neues.«

»Deswegen bist du aber nicht hier, nehme ich an.«

»Was? Nein, natürlich nicht. Es hat etwas mit meinem Artikel zu tun.«

Vera erstarrte. Sie hoffte inständig, dass er nicht noch mehr über Lucia Barone herausgefunden hatte.

»Stell dir mal vor, ich habe ein Jobangebot bekommen! Wegen meiner Recherche. Ist das nicht toll?«

Sie versuchte, sich zu freuen. »Das ist ja großartig. Beim ›Kölner Stadtanzeiger‹? Oder bei einer überregionalen Zeitung?«

»Viel, viel besser!«, sagte Guntero aufgeregt und lehnte sich gegen den Tresen. »Ich hatte mal wieder Kontakt zu meinem ehemaligen Chef in Mailand und habe ihm von der ganzen Geschichte erzählt. Er hatte auch schon davon gehört und war Feuer und Flamme, dass ich dahinterstecke. Ja, und dann hat er mir ein Angebot gemacht. Sie wollen mich im Investigativressort einstellen. Und nicht in irgendeiner Position, sondern als Leitung! Es soll schon nächste Woche losgehen.«

Eine kalte Hand legte sich um Veras Herz, und sie taumelte einen Schritt zurück. Guntero wollte nach Mailand ziehen? Nein. Nein! Das war nicht möglich. Das durfte nicht wahr sein. Das wollte Vera nicht – auch wenn sie nicht wusste, warum.

»Mailand?«, erwiderte sie mit zitternder Stimme. »Du gehst zurück nach Italien?« Ihr kam es vor, als würde ihre ganze Welt an diesem Tag in eine Million Stücke brechen. Gleichzeitig bemerkte sie mit einiger Irritation, wie unterschiedlich ihre Reaktion ausfiel: Carlo wollte sie einfach nur loswerden, am besten nie wiedersehen. Aber die Vorstellung, dass Guntero Monheim verlassen könnte … Sie schnappte nach Luft.

»Es ist ein absolutes Traumangebot, der Job, auf den ich immer gewartet habe. Die Übersetzung von ›Antipasti d'Amore‹ kann ich dann natürlich nicht mehr beenden. Aber sei's drum, so eine Chance lässt man sich nicht entgehen.«

Er machte einen Schritt auf sie zu und zog sie in eine innige, feste Umarmung. Dabei sog Vera seinen Duft ein, der nach Sandelholz, einer Prise Kaffee und Waschmittel roch. Ihr Magen machte einen Satz, und sie meinte, den Boden unter den Füßen zu verlieren. Warum roch dieser Mann so gut?

»Ich freue mich so sehr«, murmelte Guntero in ihr offenes Haar, und Vera spürte, wie ihr die Tränen in die Augen schossen. Wollte das Universum sie eigentlich verarschen? Was dachte es sich dabei? Und warum, in drei Teufels Namen, hatte Guntero sich erst den Schnauzbart abrasieren müssen, bevor Vera erkannte, dass sie mehr als freundschaftliche Gefühle für ihn hatte? Das war doch alles Scheiße!

Guntero ließ sie los und hielt sie eine Armlänge von sich weg. »Hey. Was ist denn los? Freust du dich nicht für mich?«

»Doch«, antwortete Vera schnell. »Ich freue mich. Auch wenn

ich vielleicht ein bisschen traurig bin, dass du dann nicht mehr in Monheim wohnst.« Sie zog die Nase hoch und entschied sich für eine ausgesprochen idiotische Aussage: »Mit dir verliere ich einen Stammkunden.« Als wenn es sie jucken würde, ob Guntero bei ihr irgendetwas kaufte! Sie war so blöd.

Er seufzte, ohne ihre Oberarme loszulassen. »Darüber habe ich auch nachgedacht. Aber wir können telefonieren und uns auf dem Laufenden halten. Und du bist hier ja nicht allein. Du hast deine Freundin Simone, die Kinder ...« Er zögerte, ließ ihre Arme los. »Und deinen Mann.«

Es wurde still zwischen ihnen. Vera hob den Blick, sah Guntero in die Augen. Sie waren von diesem beinahe türkisfarbenen Grün, wie das Meer an der Riviera an einem bewölkten Tag im Sommer.

»Carlo«, setzte sie an, suchte nach Worten und entschied schließlich, die Karten einfach auf den Tisch zu legen. »Ich habe mich von ihm getrennt. Er betrügt mich seit Monaten, vielleicht sogar Jahren. Und er ... er meint es nicht ernst mit mir.«

Gunteros Gesicht versteinerte. Vera konnte sehen, dass in seinem Blick die unterschiedlichsten Gefühle miteinander um die Vorherrschaft rangen. Sie erkannte Erleichterung, aber auch Wut, Entrüstung ... und noch etwas anderes. War da Hoffnung?

Ihr blieb keine Zeit, sich weitere Gedanken über Gunteros Gesichtsausdruck zu machen. Denn nur eine Sekunde später hob er die Hände, legte sie Vera um die Wangen und zog ihr Gesicht sanft zu sich heran. Bevor sein Mund den ihren berührte, blickte er ihr in die Augen, als ob er um Erlaubnis bitten wollte, und sie schloss die Lider und öffnete die Lippen, in Erwartung des Kusses, den sie sich nicht zum ersten Mal vorstellte.

Zuerst spürte sie nur eine hauchzarte, fast nicht wahrnehmbare Berührung auf ihrem Mund. Guntero küsste ihren linken Mundwinkel, küsste ihre Wange, ihr Kinn, ihre Nase, ihre Stirn. Dann legte er seine Lippen auf ihre, und sie hatte das Gefühl, ein Blitz würde in ihren Körper einschlagen. Jede Faser in ihr schien unter Strom zu stehen, ihr Puls raste, das Herz klopfte wie verrückt, gleichzeitig spürte sie eine so unendliche und schöne Ruhe in sich, dass sie alles vergaß. Ein leises Seufzen drang aus ihrer Kehle, als Guntero ihre Lippen mit seiner Zungenspitze zärtlich auseinanderschob und sein Kuss inniger wurde. Veras Knie gaben nach. So war sie noch nie in ihrem ganzen Leben geküsst worden! Ihr Kopf war wie leergefegt, alle Sorgen und Ängste waren einfach weg, sie ließ sich fallen, in diesen Kuss, in Gunteros zärtliche Hände, die sie hielten, eine an der Wange, die andere wanderte auf ihre Hüfte, wo sie liegen blieb und wie Feuer auf ihrer Haut brannte.

Als sie sich nach Minuten, nach Stunden oder vielleicht auch Tagen voneinander lösten, war es Guntero, der zuerst etwas sagte.

»Ich warte schon so lange auf diesen Augenblick«, flüsterte er und zog Vera an sich, vergrub sein Gesicht in ihrem Haar. »So lange schon. Und endlich finde ich den Mut, dir zu sagen, was ich fühle.«

»Was fühlst du denn?«, fragte Vera leise, als ob sie befürchtete, ihre Worte könnten diesen unglaublichen Kuss und die Nähe zwischen ihnen zerstören.

»Ich liebe dich. Seit Jahren schon«, gab Guntero zu. »Aber du warst mit diesem … Wichtigtuer zusammen, verzeih, wenn ich dich damit beleidige. Carlo … er sieht dich nicht. Er versteht dich nicht.«

»Und du tust es?«, wollte sie mit zitternder Stimme wissen, während sie bemerkte, wie sich ein zarter Schluckauf ihre Kehle hocharbeitete.

»Ich denke ja.« Wieder zog er sie an sich, küsste sie. »O mein Gott, ich will dich so sehr.«

Vera schmolz in seinen Armen. Sie waren stark, sie gaben ihr Halt, sie stützten sie und fühlten sich gleichzeitig so zärtlich an. Und wie von Zauberhand ließ auch ihr Zwerchfell locker.

»Aber du gehst nach Mailand«, flüsterte sie tonlos und rückte unmerklich einen Schritt von ihm weg.

»Nein«, sagte Guntero. »Wenn du mich auch willst, gehe ich nicht nach Mailand. Dann bekommen mich keine zehn Pferde und erst recht kein aufregender Job aus Monheim heraus. Dann bleibe ich hier, bei dir.«

Sie konnte kaum glauben, was sie hörte. Jahrelang war sie mit einem Mann zusammen gewesen, dem sein Beruf über alles gegangen war, sogar über die heilige Familie. Und nun wollte Guntero, der ihr vor einer Minute seine Liebe gestanden hatte, die Chance seines Lebens für sie nicht ergreifen? War das richtig? Und wie richtig würde es sich anfühlen, ihn nach Mailand zu schicken, damit er dort sein berufliches Glück fand?

»Dann versauerst du in diesem Nest und schreibst weiter für den ›Monheimer Morgen‹?«

»Und an meinem Roman.« Guntero lächelte. »Vielleicht bekomme ich von Lucia Barone ja noch ein paar Tipps zum Schreiben, wenn ich sie von einem Exklusivinterview überzeugen kann.«

Vera hatte das Gefühl, ein Fallbeil wäre auf ihren Nacken heruntergesaust. Ihr Körper wurde steif, sie zog sich aus der Umarmung Gunteros zurück.

»Bist du immer noch hinter ihr her?«, fragte sie mit deutlich unterkühlter Stimme.

Guntero hatte mitbekommen, dass Vera sich von ihm zurückgezogen hatte, und hob irritiert die Augenbrauen. »Ja. Kannst du mir nicht helfen, Nonna Gina zu einem Gespräch mit mir zu überreden? Sie *muss* zugeben, dass sie Lucia Barone ist.«

Vera trat noch einen Schritt zurück. Also darum war es ihm die ganze Zeit über gegangen? Genau wie Carlo war sie selbst ihm offenbar völlig gleichgültig – Hauptsache, er bekam sein verdammtes Interview!

Oh, wie satt hatte sie diese Männer, die sich einfach nahmen, was sie wollten, die niemals fragten, sondern sie vor vollendete Tatsachen stellten. Sie war so unendlich müde – und hatte die Nase gestrichen voll. Irgendwann kam bei jedem der Punkt, wo es genug war, und bei ihr war er nun erreicht. Es genügte. Schluss, aus, Ende, *basta*. Sollten sich diese egoistischen Scheißkerle doch gegenseitig das Leben schwermachen, solange sie nur in Ruhe gelassen wurde!

»Raus«, zischte sie leise, aber bedrohlich. »Verschwinde. Und lass dich hier bloß nicht mehr blicken.«

Guntero starrte sie durch seine dicken Brillengläser an, als wäre sie gerade aus einem Raumschiff gestiegen. »Was sagst du da?«

»Ich sagte, du sollst verschwinden. Ich habe genug, ein für alle Mal. Ihr wollt mich alle nur benutzen! Immerzu wollt ihr irgendwas von mir, aber wann gebt ihr mir eigentlich einmal etwas?«

»Ihr? Von wem sprichst du?« Guntero wirkte aufrichtig verzweifelt. »Vera, das ist ein Missverständnis. Ich will nicht … ich meine, es tut mir leid, aber …«

»RAUS!«, donnerte sie in einer Lautstärke, die sie zum letzten Mal bei Fabiolas Geburt aufgebracht hatte, aber da hatte sie in einer Tour ein anderes Wort gerufen, das mit Sch anfing und mit eiße aufhörte, weil die Schmerzen so unerträglich gewesen waren. Gleichwohl waren sie ein jämmerlicher Abklatsch dessen, was sie in dieser Sekunde empfand. Ihre Eingeweide standen in Flammen, es hätte sie nicht gewundert, wenn sie mit den nächsten Worten Feuer gespuckt hätte. Sie war so wütend, so zornig, dass sie vor sich selbst erschrak. Hastig, bevor sie noch mehr sagen beziehungsweise Guntero an den Kopf werfen konnte, riss sie die Kiosktür auf und deutete mit dem ausgestreckten Arm nach draußen. »Raus«, sagte sie noch einmal leise und mit viel Nachdruck, und dieses Mal schien Guntero zu begreifen. Er zog den Kopf ein, die Schultern hoch, wagte es nicht, sie noch einmal anzublicken. »Vera«, ergriff er das Wort, doch sie drehte das Gesicht weg, damit er die Tränen in ihren Augen nicht entdecken konnte, und schwieg.

Als er gegangen war, schloss Vera mit zitternden Händen die Tür, löschte wie in Trance alle Lichter und nahm ihre Tasche. Zum Glück hatten die Journalisten für heute aufgegeben, das erkannte Vera, als sie den Kiosk verließ und die Haustür auf der anderen Straßenseite ohne Besucher davor erblickte. Mit eingezogenen Schultern lief sie los. Ihre Füße brachten sie heim, sie kannten den Weg, Vera musste nur folgen. Ihre Finger wussten um jeden Handgriff, suchten den Schlüssel in der Tasche, schlossen die Haustür auf. Sie hängte ihre Jacke an die Garderobe, stellte die Tasche auf den Boden, alles geschah wie von allein. Vera hatte kein Gefühl mehr für Raum oder Zeit, ihr eigener Körper schien ihr nicht mehr zu gehören, als ob jegliche Emotion in ihr mit einem Mal einfach weg wäre.

Ermattet und leer sank sie auf die kleine Bank, die von den durcheinanderliegenden Schuhen der Kinder umgeben war.

»Du.«

Vera hob den Kopf und blickte in das ausdruckslose Gesicht ihrer Schwiegermutter. Wie es einem Menschen gelang, in nur eine einzige Silbe, ein einziges Wort so viel Verachtung zu legen, war ihr immer noch ein Rätsel.

»Nonna. Was willst du?«, fragte sie müde.

»Mit dir reden.«

»Danke. Mein Bedarf ist für heute gedeckt«, murmelte Vera.

»Meiner nicht«, beschloss die Nonna und stellte sich kerzengerade vor ihre Schwiegertochter. »Wann gedachtest du, mir vom Ende deiner Ehe zu berichten?«

»Gar nicht«, erwiderte Vera und blickte Nonna Gina in die Augen. Sie hatte nichts mehr zu verbergen, kein Geheimnis der Welt war es wert, heute auch nur eine weitere Diskussion mit irgendwem zu führen, sich Lügen und Ausflüchte auszudenken, abzulenken, zu verheimlichen, zu unterschlagen. Sie wollte nicht mehr. »Carlo wollte das tun. Offenbar hat er das nicht getan.«

»Nein, hat er nicht. Das musste er auch nicht. Ich habe Augen im Kopf. Spätestens seitdem diese *Person* an Ostern da war, wusste ich, was los ist.« Sie schnaufte. »Dass Carlo das Gespräch mit mir nicht gesucht hat, *bene*. Männer reden nicht gern über Gefühle. Aber von dir hätte ich mehr erwartet.«

»Klar.« Vera lachte humorlos.

»Ich gebe zu, dass ich mich geirrt habe, was dich angeht.«

Vera zog die Augenbrauen hoch. »Ist das so?«

»Aber ja. Dass du tatsächlich noch enttäuschender bist, als ich mir je hätte vorstellen können, hat mich überrascht.«

Vera lachte trocken auf. »Wie schön.«

»Weißt du …«, sagte die Nonna und zog ein Buch aus der Tasche ihrer Küchenschürze. Vera musste nicht genauer hinschauen, sie wusste, was es war. »Antipasti«. »Es war nicht schwer herauszufinden, dass du diese Lucia Barone bist. Jeder, der dich kennt, weiß, dass du ein bisschen billig bist, genau wie dein Buch.«

Vera verzog anerkennend das Gesicht. »Danke, Gina. Das ist sehr liebenswürdig.«

Die Schwiegermutter lächelte verkniffen. »Wer so was schreibt, der weiß natürlich nicht, worauf es wirklich ankommt im Leben.«

»Und das wäre?«, fragte Vera gelangweilt.

»Die Familie! Die Ehe. Der Glaube.«

»Bitte, Nonna, erspare mir das. Mein Tag war wirklich schon bescheiden genug.«

»Was mich auch nicht überrascht hat, ist, dass eine Person, die so liederliche und blasphemische Dinge schreibt, nicht in der Lage ist, meinen Carlo zu bändigen«, sagte die Nonna mit erhobenem Haupt, ohne auf Veras Entgegnung einzugehen. »Männer wie ihm muss man etwas Besonderes bieten. Ansonsten jagen sie jeder Schürze hinterher.«

»Du erwähntest es bereits. Entschuldige, dass ich dich enttäuscht habe«, sagte Vera, ohne es so zu meinen.

»Am allerschlimmsten aber ist«, fuhr die Schwiegermutter fort, »dass du mich bestohlen hast.«

»Oh, deinen Sohn kannst du wiederhaben. Den möchte ich nicht mehr. Betrachte es rückwirkend als sehr lange Leihgabe.«

»Bah!«, machte Nonna Gina. »Den meine ich nicht.« Ihre Augen wurden schmal, und sie sah mit einem Mal wirklich gefährlich aus. »Du hast meine Rezepte gestohlen. Du hast sie in dieses … dieses …« Sie hob Veras Buch vorwurfsvoll hoch. »Dieses Werk des Teufels hineingeschrieben. Ohne mich zu fragen!«

Vera seufzte tief. »Gina, wenn das dein einziges Problem ist, biete ich dir gern eine Beteiligung an. Sagen wir zehn Prozent der Honorare?«

»*No!* Ich will dein Geld nicht!«, fauchte die Nonna. »Ich will, dass du hier verschwindest. Aus meinem Leben, aus diesem Haus.«

Vera sah sie lange an. Wenn es nicht so traurig gewesen wäre, hätte sie vielleicht zu lachen begonnen. Vor weniger als einer halben Stunde hatte sie Guntero aus ihrem Kiosk geworfen. Und nun war sie es, die davongeschickt wurde. »Okay.« Dann stand sie auf, griff nach ihrem Mantel und ihrer Tasche. »Leb wohl, Gina. Es war mir wirklich kein Vergnügen, dich kennenzulernen.« Sie ging zur Tür, öffnete sie. »*Arrivederci.*«

Die Nonna schnalzte mit der Zunge. »Siehst du, Emilio? Ich habe es dir doch gesagt. Diese Frau hat keinen Funken Anstand in ihrem Körper.«

Das war das Letzte, was Vera hörte, bevor sie die Tür von außen leise zuzog und davonging.

Antipasti d'Amore. Cinque

War Klarheit das Gegenteil von Chaos? Auf alle Fälle war sie der vielleicht beste Zustand der Welt, fand Elisabetta.

Die vergangenen vier Wochen waren eine rasante Berg-und-Tal-Fahrt gewesen, wie ein ganzes Leben, bloß im Schnelldurchlauf. Heute fühlte sie sich so friedvoll und ruhig wie schon lange nicht mehr. Für die Hochgefühle, vor allen Dingen die Höhepunkte, war Stefano verantwortlich gewesen. Wobei sich Elisabetta rückblickend durchaus sorglosere Lebenskonzepte als eine Affäre vorstellen konnte. Ein paar der Tiefpunkte waren auch auf das Konto ihres Liebhabers gegangen. Das Hickhack mit seiner On-off-Partnerin etwa, das Elisabetta nur noch dann aus dem Kopf bekam, wenn sie sich gerade in Ekstase befand.

Die größte Enttäuschung dieses Sommers aber war Pepe gewesen – was selbstverständlich wenig überraschend war. Seine Feigheit hatte jedoch ein Ausmaß angenommen, mit dem selbst Elisabetta nicht gerechnet hätte. Wie hatte er auf ihre Nachricht nicht reagieren können? Sie waren doch mehr als ein Paar gewesen, gewissermaßen auch Geschäftspartner. Und beide brauchten Klarheit, wie es mit dem »Insieme« weitergehen soll. Das schien Pepe aber wenig zu jucken. Egal, wie viele diplomatisch formulierte SMS Elisabetta abgesandt hatte, sie hatte nie eine Antwort bekommen. Das war so typisch für ihn! Einfach den Kopf einziehen und verschwinden. Privathandy, Geschäftsnummer, alles hatte sie versucht. Dass er sich von seiner Anwältin hatte verleugnen lassen, war aber wirklich der Gipfel gewesen. Und dann erst die Mail, die eine Woche danach bei ihr angekommen war. Giuseppe Marino, hatte die Anwältin geschrieben, sei leider im Moment so eingespannt, dass sämtliche Kommunikation zu den Räumlichkeiten in der Via dei Cappuccini über sie laufen müsse.

Elisabetta hatte zuerst aus einem Gefühl der Ohnmacht heraus geheult, war dann vor Wut joggen gegangen und hatte anschließend beschlossen, Pepe auf keinen Fall weiter hinterherzutelefonieren, sondern für sich allein Nägel mit Köpfen zu machen. Auch wenn sie in diesem Moment nicht einmal im Ansatz gewusst hatte, wie diese Nägel aussehen könnten.

Umso mehr hatte sie überrascht, dass sich Stefano in diesen Tagen als sehr guter und besonnener Gesprächspartner erwiesen hatte. Ohnehin war er die ganzen Wochen über ziemlich oft an ihrer Seite gewesen, an einem Abend in ihrer Wohnung, am anderen in seiner. Und dann wieder in der Küche des »Insieme« ...

Es hätte alles so schön sein können. Wenn er nicht an zwei Wochenenden nach London zu seiner Schauspielerin geflogen wäre. Immerhin besser, als wenn diese Rom mit ihrer Anwesenheit beehrt hätte, befand Elisabetta. Rom gehörte ihr, und gerade wenn sie an den Wochenenden allein mit sich gewesen war, hatte sie es umso mehr genossen, in dieser sinnlichen, mondänen Metropole zu leben. Denn die Ewige Stadt gab ihr auf einmal das Gefühl, dass alles möglich wäre.

Allein, wie sollte es mit dem »Insieme« weitergehen? Das Restaurant nach dem Aufruhr wieder zu eröffnen, fühlte sich falsch für sie an. Deshalb hatte sie gestern Abend Stefano gebeten, erst einmal keinen weiteren Artikel zu veröffentlichen. Zuerst war er irritiert gewesen, dann aber hatte er zugegeben, dass er wegen Befangenheit vermutlich ohnehin kein objektives Urteil abgeben könne. Schließlich, so sagte er, und Elisabetta erinnerte sich an jedes Wort, sei er süchtig nach ihr, nach ihren Kochkünsten, ihren Küssen, ihrem Körper.

Es war ihr schwergefallen, sich nach diesem Geständnis am Morgen von ihm zu verabschieden.

Immerhin, der Ärger über Pepe und die Sorgen um die Zukunft verblassten allmählich und machten einem völlig anderen Zustand Platz: einer Vorstellungskraft für neue Wege, die sie vielleicht gehen konnte. Heute Morgen unter der Dusche war Elisabetta eine Idee gekommen. Wie wäre es, wenn sie das »Insieme« wirklich nicht mehr eröffnete, sondern etwas Neues erfand? Etwas, das nur für sie war, nur ihr gehörte. Etwas, dass sie allein stemmen konnte, ohne von einer anderen Person abhängig zu sein. Und sie hatte auch schon einen Einfall, was das sein könnte.

Aus diesem Grund saß sie jetzt am Rechner. Wie viele mobile Antipasti-Wägen und Foodtrucks waren in Rom eigentlich im Einsatz? Und wie teuer war so ein fahrendes Geschäft überhaupt? Sie recherchierte bereits seit Stunden, kalkulierte, überschlug und hatte mit einer langen Liste an To-dos begonnen. Als sie aber alle Zahlen und Ziffern zusammengerechnet hatte und unterm Strich etwas herauskam, was mehr als nur große Rosinen im Kopf war, traf sie eine Entscheidung. Sie würde sich von dem kleinen Erbe des Nonno einen Oldtimer-Imbisswagen kaufen, in dem sie ihre feinsten Antipasti auf Wochenmärkten anbieten würde. Nur Panzerotti, Bruschette, kleine Portionen Trüffel-Pasta und sie. Ein Standplatz auf dem kleinen Markt außerhalb der Stadt war auf jeden Fall erschwinglich. Und wenn es so weit wäre, könnte Stefano einen Mitarbeiter seines Ressorts zu ihr schicken, gern inkognito. Sie wollte schließlich nichts geschenkt. Eine verheißungsvolle Vorstellung war das!

Einen Namen für ihr erstes eigenes Unternehmen hatte sie noch nicht, aber zum Glück würde das kein Problem werden. Denn diesmal würde sie ihn sich selbst ausdenken.

Trotzdem hatte die ganze Sache einen Haken. Sie musste aus dem Pachtvertrag mit Pepe raus. Leider wusste sie bereits, dass es nicht einfach werden würde. Immerhin, ihr eigener Anwalt hatte eine Klausel im laufenden Vertrag entdeckt, die ihr ermöglichte, die Zusammenarbeit mit Pepe umgehend zu beenden, ohne dass sie weiteren finanziellen Schaden nähme. Sie hoffte, dass sich ihr Nonno nicht im Grabe herumdrehte, sobald ihm das *l'universo* Informationen über die Verwendung seines hart verdienten Notgroschens für die Enkelin zuspielte. Wenigstens wäre der Teil, der nichts mit dem Freikaufen aus der Verbindung mit Pepe zu tun hatte, gut investiert.

Elisabetta schob den Schlüssel zum »Insieme« ins Schloss. Heute, jetzt und hier wäre es das letzte Mal, dass sie diese Handlung vollführen würde. Das Türglöckchen erklang, und Elisabetta trat ein. Mit ihr schob sich die Nachmittagssonne in den Gastraum und tauchte ihn in ein warmes Licht. Gleich würde Gianluca mit seinen Brüdern aufschlagen, um die letzten Möbel aus dem Laden zu schaffen. Er war nach der Schließung als Aushilfe im Getränkemarkt seines Vaters untergekommen, im Herbst würde er eine gut bezahlte Stelle im Restaurant des »Commodore Hotels« antreten. Sie war stolz auf ihn. Doch bevor er hier eintraf, musste sie Klarschiff machen. Gestern Abend hatten sich Stefano und sie im »Insieme« geliebt. Wenn die Küche schon kalt blieb, diesen kleinen, heißen Abschied von ihrem Restaurant hatten sich die beiden nicht nehmen lassen wollen. Zudem plagte Stefano bis heute ein schrecklich schlechtes Gewissen. Schließlich war es ihm zu verdanken, dass sie nach seinem Artikel keinen hungrigen Gast mehr im »Insieme« bekocht hatte. Aber wer war sie, sich darüber aufzuregen? *La vita è così*, so war das Leben nun mal.

Elisabetta überlegte. Hatte sie gestern Nacht beim Verlassen des Restaurants alle Kleider am Leib gehabt, mit denen sie hineingegangen war? Nicht dass gleich einer von Gianlucas Brüdern auf einem Höschen oder dergleichen ausrutschte. Sie schaute zur Sicherheit hinter der Bar nach, wo Stefano ihr begierig die Kleider vom Leib gerissen hatte. Danach hatten sie sich auf einem der Tische geliebt. Genauer gesagt Tisch vier. Stefano Contes Tisch, an dem er an diesem Abend vor einigen Wochen gesessen und auf die verbitterten Artischocken hinabgeblickt hatte.

Die meisten Möbel im »Insieme« hatte Pepe finanziert, dennoch hatte Elisabetta sich mit der Anwältin darauf einigen müssen, dass sie die Stühle, Tische und Sessel für Pepe rausschaffen und einlagern lassen würde. Als sie eingewilligt hatte, hatte ihr Ex aus dem Off sein Okay gegeben – erbärmlich. Wie weit weg sich ihre Beziehung für sie auf einmal anfühlte, obwohl alles doch noch recht frisch war.

Manchmal dachte sie über Pepe nach. Wenn er sich doch ein einziges Mal bei ihr gemeldet hätte und wenn es nur ein »Es tut mir leid« per SMS gewesen wäre. Wären sie dann noch einmal miteinander ins Gespräch gekommen?

Der ganze Kleinkram, wie Pepe die Kerzenhalter, Lampen oder Beistelltischchen im »Insieme« immer abwertend genannt hatte, gehörte Elisabetta. Auch der Schirmständer. Sollte sie ihn als Erinnerungsstück an die Zeit mit Stefano aufheben? Oder wäre es klüger, sich davon zu trennen? Nun hatte Elisabetta ja schon in alle Bereiche ihres Lebens Klarheit gebracht – außer in die Sache mit Stefano. Sie liebten sich körperlich fast bis zur Besinnungslosigkeit und teilten kleine Alltagsfreuden miteinander. In ihrem gemeinsamen Chat im Handy blieb es nie lange still. »*Cuore*, mein Herz, hier gibt es das *Gelato*, das du so gern magst«, hatte er ihr neulich von einer Kulinarik-Messe aus Bozen geschrieben. Mehrmals hatte er sie darum gebeten, ihm noch einmal diese »unglaublichen« Spaghetti Carbonara zu kochen, die sie ihm vor kurzem als mitternächtlichen Snack nach Stunden im Bett serviert hatte. Elisabetta war sich sicher, dass er nicht nur die Pasta, sondern auch das leidenschaftliche *Antipasti* wieder haben wollte, das dem Gericht vorausgegangen war. Sie schrieb ihm, wie sehr sie ihn vermisste. Und sie hatte für ihn mit rotem Lippenstift einen Kussabdruck auf einem Notizzettelchen in seiner Wohnung hinterlassen. Wie im Film.

Und viel zu schön, um wahr zu sein.

Als er vor ein paar Tagen nackt, schweißgebadet, aber unverschämt gut riechend, in ihren Armen gelegen hatte, hatte er auf einmal bedrückt gewirkt. »Ich denke darüber nach, mich von Lily zu trennen. Wer weiß, was aus dir und mir noch alles werden könnte«, hatte er in ernstem Ton gesagt.

Anstatt ihm um den Hals zu fallen, war Elisabetta das Herz in die Hose gerutscht. Wollte sie überhaupt eine Beziehung mit diesem zweifelsohne ziemlich tollen Mann? Sollte sie sich nicht besser auf ihren beruflichen Neuanfang konzentrieren?

Elisabetta schüttelte den Kopf und strich sich ihr Kleid glatt. *Tuttavia*, wie auch immer: Stefanos Worte waren ja nur Lippenbekenntnisse. Taten hatte er seiner fixen Idee bisher nicht folgen lassen. Würde er wirklich mit ihr zusammen sein wollen, hätte er längst mit der Schauspielerin Schluss gemacht – und würde nicht heute Nachmittag wieder zu ihr nach London fliegen. Vermutlich saß er jetzt bereits voller Vorfreude im Flieger. Auf Spielchen dieser Art hatte Elisabetta definitiv keine Lust.

Im Gegenteil, in den vergangenen Wochen hatte sie erfahren, wie gut es sich anfühlte, begehrt zu werden. Doch eines fühlte sich noch ein bisschen besser an: nicht auf die Entscheidungen von anderen Menschen zu warten und dabei zu hoffen, es käme etwas Gutes dabei raus, sondern selbst welche zu treffen.

Vielleicht müsste Elisabetta auch in diesem Bereich ihres Lebens für Klarheit sorgen. Vielleicht war das gestrige Treffen mit Stefano ihr letztes gewesen.

Sie sah auf ihr Handy. Nun aber schnell, es war kurz vor 16 Uhr, und sie wollte die Kerzenhalter noch in Zeitungspapier einschlagen, bevor die Helfer kamen. Hinter der Bar mussten noch ein paar alte Zeitungen lagern.

Sie wühlte gerade in einer Umzugskiste, als das Türglöckchen erklang. Sie blickte zum Eingang und sah, mit verheulten Augen und einem verwelkt aussehenden Strauß roter Rosen im Arm, den Mann in der Tür, den sie als Allerletztes hier erwartet hätte.

Pepe.

Elisabetta trat wie in Trance hinter der Bar hervor. Was wollte der denn hier?!

Pepe breitete die Arme aus und kam auf sie zu. *»Amore, amore mio!«* Er zog die Nase hoch, was ein schleimiges Geräusch verursachte.

Elisabetta machte instinktiv einen Schritt zurück.

Daraufhin blieb auch Pepe stehen. »*Amore*, bitte, ich habe einen furchtbaren Fehler gemacht.« Und noch ehe sie irgendetwas hätte antworten können, legte Pepe los. »Du kennst mich, ich bin ein Ehrenmann. Hast du wirklich gedacht, ich würde dich einfach so ziehen lassen?«

Abscheu wechselte sich mit Genugtuung ab, als sie seine Worte vernahm.

»Ich mache Fehler, Menschen machen Fehler. Vor allem Männer«, brachte Pepe schniefend hervor.

Sie wollte in Gelächter ausbrechen, riss sich jedoch zusammen. Er roch nach Alkohol, hatte er etwa heute Mittag schon getrunken?

»Aber jetzt«, er wischte sich seine Nase am Hemdsärmel ab, »jetzt habe ich mich ausgetobt und bin bereit für ein Leben mit dir.«

Mio dio. Dieser Kerl war ein Albtraum für jede selbstbestimmt lebende Frau! Nein, für ausnahmslos *jede* Frau. Elisabetta musste ein Schütteln unterdrücken.

Ihr Ex sah sie erwartungsfroh an, und Elisabetta kniff die Augen zusammen. Hatte er etwa noch mehr Süßholzraspel auf Lager? Was als Nächstes kam, war aber noch viel, viel schlimmer als jede kitschig unglaubwürdige Entschuldigung der Welt.

»Ich habe viel mit meiner Mutter über dich gesprochen.«

Was zur Hölle?!, dachte Elisabetta und verschränkte die Arme vor der Brust.

»Sie sagt, du wärst mir in manchen Bereichen des Lebens überlegen. So etwas schüchtert einen Mann eben ein, weißt du? Und das hat dazu geführt, dass mich mein Unterbewusstsein in die Arme einer anderen Frau getrieben hat.« Er streckte ihr den Strauß Rosen entgegen.

Elisabetta würdigte die Blumen keines Blickes. Sie machte sich auch nicht die Mühe, diese Witzfigur von Mann in seinem Monolog zu unterbrechen. Stattdessen ließ sie zu, dass er sich um Kopf und Kragen redete.

»Ich hatte einfach Angst, *amore*, das musst du mir glauben. Weil das zwischen uns etwas Echtes ist, etwas ganz Großes. Aber diese Angst habe ich jetzt besiegt.« Beim letzten Satz klopfte er sich selbst mehrfach mit der geballten Faust gegen die Brust. »Jetzt liegt es an dir«, sagte er abschließend und schien mit seinem Monolog zufrieden zu sein.

Elisabetta wurde übel.

Durch das kleine Mosaikfenster in der Eingangstür sah sie in Umrissen, wie ein Auto vor dem »Insieme« hielt und jemand ausstieg. Aber zur Tür kam nicht etwa das Umzugskommando herein. Sondern ... Stefano?

Vor Elisabettas Augen verschwamm die Szenerie. Sie blinzelte ein paarmal bewusst und spürte ihr Herz in der Brust wummernd schlagen.

Stefano schien sichtlich irritiert von der Anwesenheit Pepes, der wie angewurzelt im Raum stand und immer wieder von Elisabetta zu Stefano und von Stefano zu Elisabetta schaute. Nachdem Elisabetta das registriert hatte, hätte sie Stefano gern gesagt: »Vergiss den Typen im Hemd!« Aber sie brachte nur heraus: »Stefano, können wir später reden?«

Dann ließ sie sich auf einen Stuhl fallen. Mit so viel Publikumsverkehr hatte sie an ihrem letzten Tag im »Insieme« nicht gerechnet. Und mit so viel Chaos gleich zweimal nicht.

Stefano eilte zu ihr herüber, schob einen Stuhl direkt neben sie und setzte sich. Ein kleiner Schluckauf entfuhr Elisabetta, den sie immer bekam, wenn sie nervös wurde.

Stefano ergriff ihre Hand, doch sie zog sie weg.

»Stefano, mir wird das hier alles zu viel. Ich kann jetzt nicht, ich brauche Zeit. Ich ruf dich an.«

Sein Blick fiel zu Boden. Hatte sie etwas Falsches gesagt?

»Stefano? Wer ist eigentlich dieser Stefano?!«, meldete sich Pepe ungefragt zu Wort und nahm sich einen Stuhl, um sich an Elisabettas freie Seite zu setzen.

»Schttt!«, zischten Stefano und Elisabetta zeitgleich, so dass ihr Pepe fast ein bisschen leidtat.

Sie verstand die Welt nicht mehr: Pepe wollte sie zurück, Stefano sah aus, als wäre jemand gestorben – und sie, sie wollte doch eigentlich nur das »Insieme« ausräumen!

Vor einigen Augenblicken noch war sich Elisabetta sicher gewesen, ihr Techtelmechtel mit Stefano zu beenden, weil der nicht in der Lage war, sich von dieser Lily zu trennen. Vor kurzem war sie selbst ja die betrogene Frau gewesen. Dieses Schauspiel würde sie sicher nicht in anderer Konstellation weiterspinnen. Wieso nur lagen Traummann und Trauma so nah beieinander?

Die Stille im Raum wurde so laut, dass Elisabetta am liebsten aufgesprungen und weggerannt wäre. Sie legte eine Hand flach auf ihren Brustkorb. Erst einmal atmen, *uno, due, tre, uno, due, tre.*

Plötzlich kam ihr der Nonno in den Sinn. Er hatte ihr einmal auf seine verschwörerische Art erklärt, dass das Universum nichts für jedermann sei. Man müsse die Zeichen, die es einem schickt, schon auch zu deuten wissen. War das hier ein Zeichen? Denn: Müsste Stefano jetzt nicht eigentlich im Flieger nach London sitzen? Stattdessen saß er leibhaftig vor ihr und sah noch dazu ziemlich bedröppelt aus. Was hatte das zu bedeuten?

Stefano rückte seinen Stuhl ein bisschen zurecht, so dass er direkt vor ihr saß. Er streckte ihr beide Hände offen entgegen, als Aufforderung, ihre in seine zu legen. Sie kam seiner lautlosen Bitte widerwillig nach. Dann begann er zu sprechen.

»Ich lasse dir alle Zeit, die du brauchst. Ich möchte nur, dass du eines weißt.« Er atmete hörbar ein und wieder aus. Sein Gesichtsausdruck wurde auf einmal ganz weich, und er lächelte schüchtern. »Elisa«, setzte er an und drückte zärtlich ihre Finger. »Ich habe mich heute früh von Lily getrennt. Ich möchte nur noch bei dir sein.«

Das Pochen in Elisabettas Brust wurde stärker, aber nicht auf eine wummernde Art, sondern auf eine Weise, die sich irgendwie leichtfüßig anfühlte. Durch ihren Körper strömte eine unaufhörliche Wärme. Der Nonno hätte vermutlich längst seinen *l'universo*-Ruf ertönen lassen. Doch sie brachte noch kein Wort heraus. Ihr Herz hatte verstanden – aber was sagte ihr Kopf zu alledem?

Auf einmal schoben sich Bilder vor ihr inneres Auge: Wie Stefano und sie morgens zusammen aufwachten. Wie sie mit ihrem Fiat im Morgengrauen in den gemeinsamen Urlaub nach Calabria aufbrachen. Wie sie ihren kleinen Antipasti-Wagen in karminroter Farbe lackierten und mit zwei Espressi darauf anstießen. Und auf einmal kam ihr in den Sinn, welchen Namen sie auf ihren Wagen drucken lassen würde: *Antipasti d'Amore.*

Darum ging es doch im Leben, oder? Um Vorfreude und um die Liebe. Und auf beides verspürte Elisabetta eine unbändige Lust.

26

Vera lief durch die Straßen, ohne zu wissen, wohin sie wollte. Der Schock über die Ereignisse des Tages saß tief, so tief, dass sie ihren Füßen folgte, wohin sie sie auch tragen würden. In ihrem Kopf rotierten die Gedanken. Was würde mit den Kindern passieren? Würden Federico und Fabiola noch mit ihrer Mutter Kontakt haben wollen – oder dürfen? So, wie sie ihre Schwiegermutter kannte, würde die den Enkeln alles Schreckliche erzählen, was sie je über Vera gedacht hatte. Und was war mit dem Haus? Das gehörte doch eigentlich ihnen beiden, Carlo und ihr. Wer würde darin wohnen bleiben? Vera wusste, dass sie selbst mit den Honoraren für »Antipasti« nicht genug Geld hatte, um ihren Mann auszubezahlen. Aber wo sollte sie hin? Sie konnte sich ja schlecht bei Herta Lutz ein Zimmer nehmen … wo in Monheim aktuell doch sowieso jede Besenkammer an Journalisten vermietet war.

Also, verdammt, wo sollte sie hin?

Sie lief durch die Straßen, bis sich der Himmel zu verfärben begann. Eigentlich war es ein freundlicher Tag Anfang Mai gewesen, auch wenn sie selbst nicht viel davon mitbekommen hatte. Und auch das schönste Frühlingswetter konnte nicht darüber hinwegtäuschen, dass Veras Leben den absoluten Tiefpunkt erreicht hatte.

Hätte ich doch nie dieses verdammte Buch geschrieben!, dachte sie ein ums andere Mal, nur um sich selbst gleich darauf zu korrigieren. Sie wusste doch, dass »Antipasti d'Amore« nicht schuld war an ihrer Misere, sondern die Art und Weise, wie sie damit umgegangen war. Dass sie es niemandem erzählt hatte, dass sie so ein riesiges Geheimnis daraus gemacht hatte – das war der Grund, warum sie nun vor einem Trümmerhaufen stand.

Aber nicht nur das machte sie sich zum Vorwurf. Vera war klar, dass zu einer zerbrochenen Ehe immer zwei Personen gehörten. Gut, in ihrem Fall waren es sogar drei gewesen, Gitta sei Dank, eventuell auch vier, wenn man die Nonna einrechnete.

Warum hatte Vera so lange die Augen vor dem Offensichtlichen verschlossen? Warum hatte sie nicht hingesehen, als sie bemerkte, dass Carlo und sie einander immer fremder wurden? Warum hatte sie zugelassen, dass Nonna Gina ihre Kinder verhätschelte und verzog, genau wie sie es mit ihrem eigenen Sohn getan hatte, der sich nun als Riesenarschloch herausstellte? Und warum, warum war Vera nicht viel früher aufgefallen, dass Guntero sie nur benutzte? Gab es eigentlich irgendjemanden auf dieser Welt, der sie respektierte? Der sie nicht für die dumme, naive Vera hielt, der man auf der Nase herumtanzen konnte?

Sie blieb stehen, sah sich um. Wie war sie zum Friedhof gekommen? Und was wollte sie hier?

Vera war schon dabei, auf dem Absatz kehrtzumachen und den Weg zurückzulaufen, als sie sich daran erinnerte, wer auf diesem Friedhof lag. Sie zögerte einen Moment, dachte darüber nach, ob es eine gute Idee war, bei einbrechender Dunkelheit an einem Ort wie diesem herumzulungern. Dann beschloss sie, dass der Tag sowieso schon völlig im Eimer war und eine Anzeige wegen Hausfriedensbruch nun wirklich keinen Unterschied mehr machte.

Kurz drehte sie sich um. War ihr jemand gefolgt? Nein, da war niemand. Auch wenn sie das Gefühl hatte, beobachtet zu werden – was nach dem Presserummel in ihrer Straße heute aber nun wirklich kein Wunder war.

Zu ihrem Glück war das schmiedeeiserne Tor zum Friedhof nur angelehnt, aber nicht abgeschlossen. Das war ein gutes Zeichen. Während das Licht des Tages weiter abnahm, lief Vera über den breiten Hauptweg, der zwischen den Gräbern hindurchführte. Links und rechts von ihr ragten die Steinplatten aus dem Boden auf, der Kies knirschte unter ihren Sohlen. Obwohl sie nicht oft herkam, wusste sie genau, wo ihr Schwiegervater lag. Nämlich ganz dicht bei der großen Eiche, die in der Mitte des Friedhofs ihre Äste über die Gräber spannte. Nonna Gina hatte damals, als die Friedhofsverwaltung ihnen diesen Platz zugewiesen hatte, geflucht: »Da kriegst du gar keine Sonne ab, Emilio! Und dann auch noch unter einer deutschen Eiche. Es ist eine Schande!« Am Ende war sie aber froh gewesen, dass sie überhaupt einen Ort hatte, an dem sie ihrem über alles geliebten Ehemann nahe sein konnte, und alle Beteiligten wussten ja, dass seine sterblichen Überreste sowieso in Italien lagen. Deshalb hatte sich auch keiner um ihr Gemecker gekümmert, vor allem Vera nicht.

Sie bog einmal ab, lief noch einige Meter weiter und blieb dann vor der Eiche stehen. Hier musste doch irgendwo … Ach ja, da. *Emilio Salvatore Renzi*, stand auf dem Grabstein, darunter seine Lebens- und Sterbedaten.

Vera sah sich um, konnte aber niemanden entdecken. Umso besser, sie hatte keine Lust, beim Zwiegespräch mit einer Steinplatte belauscht zu werden, insbesondere wenn das Grab darunter leer war. Sie räusperte sich.

»*Buonasera*, Emilio. Ich hoffe, es geht dir … gut?« Mein Gott, das fühlte sich ja wirklich mehr als bescheuert an. Egal. Jetzt war sie hier, und der tote Schwiegervater hatte im Gegensatz zu allen anderen Gesprächspartnern, die sie kannte, einen entscheidenden Vorteil: Er widersprach nicht und konnte garantiert schweigen wie ein, na ja: Grab. »Ich hab dir ja schon von diesem Roman erzählt, den ich geschrieben habe. Erinnerst du dich?« Okay, sie sollte aufhören, dem Grabstein Fragen zu stellen. »Jedenfalls ist das Buch richtig erfolgreich. Damit meine ich *richtig* erfolgreich. Ich bin sogar auf der Bestsellerliste.« Sie zögerte. »Weißt du, was die Bestsellerliste ist? Ach, egal. Ich verdiene jedenfalls Geld mit meinem Hobby. Überraschenderweise. Es gibt da nur ein Problem …«

Vera schloss kurz die Augen. Selbst einem Toten gegenüber fiel es ihr schwer, die Wahrheit auszusprechen.

»Ich habe niemandem gesagt, dass ich Lucia Barone bin. Warum, weiß ich selbst nicht so genau. Vielleicht weil ich Angst hatte, man würde mich auslachen. Bisher hab ich eigentlich noch nie etwas so richtig gut gemacht. Ich hätte ja auch niemals gedacht, dass ich schreiben kann! Und dann auch noch einen erotischen Roman … Eventuell hab ich auch befürchtet, man würde sich für mich schämen. Möglicherweise …« Warum fiel es ihr so schwer, die richtigen Worte zu finden, verdammt nochmal? Es hörte doch niemand zu! »Möglicherweise schäme ich mich ja selbst. Weil ich über meine eigenen Phantasien geschrieben habe. Wie ich mir die Liebe vorstelle … Und weil ich mich so sehr nach dieser Liebe sehne.«

Vera hielt inne. Die Worte waren wie von allein über ihre Lippen gekommen, und erst als sie sie laut ausgesprochen hörte, wurde ihr bewusst, dass es stimmte und dass sie weinte. Sie wischte sich eine Träne aus dem Gesicht.

Sie wollte lieben – und geliebt werden. Sie wollte Nähe, Intimität, Zärtlichkeit. Knistern und Knutschen, Sinnlichkeit und Sex. Ja, Herrgott nochmal – eilig schlug sie ein Kreuz –, sie wollte Sex wie Elisabetta und Stefano! Ihr Körper verzehrte sich danach, berührt zu werden.

»Aber nicht von Carlo«, sprach sie weiter, auch wenn sie die Gedanken dazwischen nicht laut formuliert hatte. »Das Problem ist … Ach, Emilio, wie sage ich das denn nun richtig?« Sie seufzte erneut. »Ich glaube, ich habe mich in jemanden verliebt. Vielleicht ist es auch nur eine Schwärmerei, das weiß ich natürlich nicht mit Sicherheit. Aber was ich weiß, ist, dass er der einzige Mensch ist, der sich wirklich und aufrichtig für mich interessiert. Er ist so ein guter Freund, so ein wunderbarer Gesprächspartner, seit Jahren schon … Aber plötzlich war da noch mehr zwischen uns, ein Funke, wenn man so will, eine gewisse … Begierde.«

Ihr Blick wanderte nach unten auf ihre Füße. Sie hatte das Gefühl, Buße zu tun, und aus diesem Grund fiel es ihr schwer, den Namen ihres toten Schwiegervaters vor sich in Stein graviert zu lesen.

»Ich weiß, du hörst es sicher nicht gern, dass Carlo und ich uns nicht mehr lieben. Ihr Italiener seid ja sehr überzeugt von der Ehe.« Sie räusperte sich. »Ich gebe zu, dass ich mir vielleicht nicht genug Mühe gegeben habe. Oder zu lange weggeschaut habe. Das war nicht mein Plan, ganz bestimmt nicht. Aber es ist einfach so passiert. Und ehrlich gesagt, dein Sohn hat sich nun auch nicht gerade mit Ruhm bekleckert! Es gehören ja immer zwei dazu.« Vera zog die Nase hoch, straffte die Schultern und sagte lauter: »Carlo liebt eine andere. Ja, Emilio, du hast richtig gehört. Er lebt mit dieser Gitta zusammen. Tja. Da kann man wohl nichts machen.«

Sie schwieg einen Moment, dann fügte sie leiser hinzu: »Und dieser andere Mann, den ich kennengelernt habe, also eigentlich schon seit einer ziemlich langen Zeit kenne ... Ich weiß nicht, bei ihm fühle ich mich ...«

Plötzlich knackte ein Zweig in der Nähe. Vera riss den Kopf herum, das Herz schlug ihr bis zum Hals. »Hallo?«, rief sie in die Dämmerung, doch sie bekam keine Antwort. Sie wartete noch einen Augenblick, dann sagte sie sich, dass ihre Nerven wohl etwas angespannt waren, und wandte sich wieder dem Grabstein zu. Auch wenn – oder gerade weil – Emilio nicht antwortete und ihr Selbstgespräch auch nicht unterbrach, es tat ihr gut, mit ihm zu reden. Oder seinem Geist. Zum ersten Mal verstand sie die Nonna ein kleines bisschen besser. Wenn auch wirklich nur ein sehr, sehr kleines bisschen. Ein piccolöchen.

»Aber du musst dir keine Gedanken machen, Emilio. Das mit dem anderen Mann, das wird nichts«, fuhr sie leise fort. »Er will nur von mir wissen, wer Lucia Barone ist ... für mehr interessiert er sich nicht.« Sie drückte das Kreuz durch. »Vor allem nicht für mich.«

»Das stimmt doch überhaupt nicht!«, rief eine Stimme in unmittelbarer Nähe, und Vera schrak zusammen.

Hatte sie sich also doch nicht getäuscht. Das Gefühl, dass sie jemand beobachtete, der knackende Zweig ... »Wer ist da?«, rief sie und versuchte, zwischen den Schatten etwas zu erkennen. Ihr Herz raste.

»Ich bin es.« Ein Mann trat hinter der Eiche hervor. Er war nur ein kleines Stück größer als Vera, trug eine dicke Brille und eine etwas speckige Lederjacke. Aber keinen Schnauzbart.

»Guntero«, flüsterte Vera tonlos. »Was machst du denn hier?«

»Ich ... ich habe dich gesucht. Im Kiosk warst du nicht, zu

Hause auch nicht. Aber deine Schwiegermutter meinte, dass sie immer mit ihrem Mann spricht, wenn sie Beistand braucht. Und, na ja. Der liegt ja hier. Auf dem Friedhof.«

»Du bist hierhergekommen, um mit meinem Schwiegervater zu sprechen?«, fragte Vera irritiert.

»Nein!«, sagte Guntero schnell. »Ich wollte mit meiner Mutter reden. Die ist ja quasi Emilios Nachbarin.« Er deutete auf ein Grab ein paar Meter weiter. »Dass ich dich hier treffe, ist reiner Zufall. Oder Glück.« Guntero lächelte verlegen.

»Was hast du gehört?«

»Alles. Ich habe alles gehört. Jedes einzelne Wort.«

Vera schlug die Augen nieder. »Ich …«

»Nein«, unterbrach er sie. »Ich möchte dazu etwas sagen.« Guntero trat auf sie zu. »Ich war ein riesiges Arschloch, Vera. Ein egoistischer Scheißkerl. Und es tut mir unglaublich leid. Ich habe dich glauben lassen, ich wäre nur an der Story interessiert, wer Lucia Barone ist. Und ich schäme mich so sehr, dass ich dir dieses Gefühl gegeben habe. Noch viel schlimmer aber ist, dass ich dich …« Er zögerte, atmete tief durch. »Dass ich dich unterschätzt habe. Zugegeben, ganz am Anfang, da dachte ich: So ein Roman könnte auch zu meiner Vera passen.«

Zu *meiner* Vera?, überlegte sie und bemerkte, dass ihre Wangen heiß wurden. Wann hatte sie zuletzt jemand so genannt? Oder überhaupt?

»Die Geschichte von Elisabetta und Stefano ist so sinnlich, so leidenschaftlich, so klug und schön. Wie du. Nur ging ich wohl davon aus, du würdest es mir selbst sagen. Schließlich kannst du darauf verdammt stolz sein!« Guntero richtete sich ein Stück auf und heftete seinen Blick auf Veras Gesicht. »Es hätte mir doch klar sein müssen, dass nur du diejenige sein kannst, die so etwas Wunderbares komponieren und schreiben kann! Du bist so unglaublich. So phantastisch. So liebevoll. Ich liebe dich schon so lange. Aber nie … niemals hätte ich gedacht, dass ich eine Chance bei dir habe.«

Vera sah Guntero ins Gesicht, das zur Hälfte im Dunkeln lag. Seine Worte lösten etwas in ihr aus. Ein tiefes Gefühl der Dankbarkeit. Und noch etwas anderes. Ihr wurde in diesem Augenblick bewusst, wie gut sie einander kannten, wie ähnlich sie sich in vielem waren und wie vertraut sie sich fühlten. Nein, Guntero war kein Carlo, kein Mann, nach dem man sich auf der Straße umdrehte. Und kein Gigolo. Sondern ein Mensch, der sie sah. Der sie kannte. Der wusste, was sie mochte, der sich Zeit für sie nahm, mit ihr sprach. Der sich vor ihr schwach zeigte, wenn er über seinen unvollendeten eigenen Roman redete, der ihr bereitwillig alles übers Schreiben erzählt hatte, was er wusste. Und was wollte sie für sich? Einen Typen, dem die Frauen ihre Büstenhalter hinterherwarfen? Oder einen Mann, der sie wahrnahm und ihre Bedürfnisse achtete?

Obwohl …

»Und was ist mit dem Exklusivinterview?«

»Scheiß doch auf das Exklusivinterview!«, rief Guntero. »Und scheiß auf Mailand. Hast du gehört, was ich gesagt habe, Vera? Ich liebe dich! *Ti amo. Je t'aime. Te quiero. Eu te amo. Minä rakastan sinua!*«

»Herrje, was war denn das Letzte?«

»Finnisch«, antwortete Guntero ermattet und sah sie über seinen Brillenrand an. »Ich weiß aber nicht, ob ich es richtig ausgesprochen habe.«

Sie lächelte, sie konnte einfach nicht anders.

»Habe ich denn … eine Chance bei dir?«, fragte Guntero vorsichtig und trat einen Schritt auf sie zu.

Vera hätte nichts lieber getan, als sich ihm in die Arme zu werfen. Sie wollte noch einmal so geküsst werden, wollte noch einmal seine Lippen auf ihren spüren. Und ja, natürlich konnte sie sich vorstellen, es mit Guntero auf einen Versuch ankommen zu lassen.

Aber ihr Leben war gerade so chaotisch. Es war derart vieles ungeklärt, dass sie gar nicht wusste, wann sie wieder frei sein würde, im Herzen, im Kopf, im Leben. War das fair? Ihn darum zu bitten, auf sie zu warten? Konnte sie so etwas von einem Mann erwarten, der ihr sein Herz gerade auf einem Silbertablett serviert hatte?

Ja, dachte Vera und fühlte sich unglaublich klar dabei. Klar und selbstbestimmt. Wenn sie es ihm wert war, würde er sich gedulden.

»Ich kann dir jetzt, in diesem Moment, nichts versprechen, Guntero«, sagte sie und bemerkte, dass sein Gesicht trauriger wurde. »Aber ich kann dir sagen, dass ich Gefühle für dich habe. Starke Gefühle. Ich mag dich sehr … nein, es ist mehr als das. Allerdings muss ich mich erst mal sortieren. Die Trennung von Carlo muss geregelt werden, die Kinder, wo sollen sie leben? Und was passiert mit Nonna Gina?«

»O Gott, die nimmt Carlo doch hoffentlich mit!«, entfuhr es Guntero.

Vera musste lachen. »Das hoffe ich. Sehr. Und noch mehr hoffe ich«, sie kam ein Stück auf ihn zu, so dass sie nun unmittelbar voreinander standen, und ergriff seine Hände, »dass du mir etwas Zeit gibst. Ich möchte nicht von einer Beziehung in die andere schlittern. Ich will dich kennenlernen. Also, ich kenne dich ja schon. Aber anders kennenlernen, nicht nur als Freund, auch als … Mann. Und ich möchte, dass es sich langsam entwickelt. Mit Zeit. Denkst du, das geht?«

Er blickte sie unverwandt an. Seine Augen wirkten ein wenig feucht. »Natürlich. Ich habe so lange gewartet, da kommt es auf ein bisschen mehr Zeit nicht an.« Dann zögerte er. »Darf ich dich denn küssen?«

Vera schlug die Augen nieder und nickte. »Ich bitte darum.«

Und dann hob Guntero die Hände, legte sie an ihre Wangen und küsste sie so, wie er sie beim ersten Mal geküsst hatte, nur dass es sich dieses Mal noch viel, viel schöner anfühlte.

27

Auch der schönste Kuss findet irgendwann sein Ende. Der zwischen Vera und Guntero wurde beispielsweise von einem enervierenden Klingeln unterbrochen.

»Was ist das?«, fragte Guntero verwirrt, ohne die Hände von Veras Gesicht zu nehmen.

»Mein Handy.« Sie zog sich zurück, tastete die Jackentaschen ihres Trenchcoats ab. »Wer ruft denn jetzt an?« Vera zog das Telefon heraus und schaute aufs Display. Eine unbekannte Nummer. Sie warf Guntero einen alarmierten Blick zu. »Was, wenn das die Presse ist?«

»Soll ich drangehen?« Er hielt ihr auffordernd die Hand hin, so dass sie das Handy nur hätte hineinfallen lassen müssen. Das Problem wäre nicht mehr ihres gewesen, jemand anderes hätte für sie übernommen. Wie immer. Wie sonst auch.

Vera straffte sich. »Nein, das muss ich selbst machen, glaube ich.« Dann drückte sie auf den grünen Hörer und fragte: »Hallo?«

»Vera. Ich bin es«, schnarrte eine ihr nur allzu vertraute Stimme.

»Gina? Seit wann hast du ein Handy? Und wessen Anschluss ist das?«

Die Schwiegermutter erklärte: »Die Nummer gehört mir, Federico hat sie mir besorgt. Ich habe Fabiola ihr altes Handy abgekauft, und sie hat mir deinen Kontakt eingespeichert.«

»Okay. Das ist … toll?«

Die Nonna zog hörbar die Nase hoch. »Man muss mit der Zeit gehen, wenn man nicht abgehängt werden will.«

Vera wusste nicht, was sie darauf antworten sollte.

»Hör mal, Vera …«, setzte die Nonna an. »Es fällt mir nicht leicht, aber ich möchte mich bei dir entschuldigen.«

Vor Schreck sank Vera auf einen Grabstein, rutschte mit halber Pobacke ab und fiel beinahe hin, aber Guntero stand hinter ihr und fing sie auf.

»Du willst dich bei mir entschuldigen?«

»Ja. Was ich vorhin gesagt habe, war nicht richtig. Und es war gemein.« Sie seufzte. »Ich möchte dir eine Geschichte erzählen, Vera.«

Ihre Stimme klang sanft, ganz anders als sonst. Vera hörte aufmerksam zu, einerseits weil ihre Schwiegermutter noch nie im Leben so freundlich zu ihr gewesen war, andererseits weil sie genau deswegen wohl immer noch unter Schock stand.

»Du weißt, wie sehr ich meinen Emilio geliebt habe, oder?«

Vera blickte auf die Steinplatte unter ihr. »Ja. Das weiß ich.«

»Ich hätte alles für ihn getan. Aber das beruhte leider nicht auf Gegenseitigkeit.«

Vera klappte die Kinnlade herunter. »Wie bitte?«

»Emilio war ein Frauenheld der übelsten Sorte, Vera. Er ist mit jeder ins Bett gegangen, die nicht schnell genug davonlaufen konnte. Und am liebsten mit Blondinen. Die hatten es ihm richtig angetan.«

Unwillkürlich griff sich Vera ins Haar. Das erklärte zumindest ansatzweise, warum die Schwiegermutter seit ihrer ersten Begegnung schlecht auf sie zu sprechen war.

»Ich habe nie etwas dazu gesagt«, fuhr die Nonna fort. »Wenn er nach Hause gekommen ist und nach dem Parfüm einer anderen gerochen hat. Oder mir seine Hemden zum Waschen hingelegt hat, und ich Lippenstift vom Kragen schrubben durfte. Nie habe ich auch nur ein Wort gesagt, Vera, ich habe nie eine Grenze aufgezeigt oder Konsequenzen gezogen, und das war mein größter Fehler.«

Vera legte sich die Hand aufs Herz. Wie sehr hatte Gina in ihrer Ehe gelitten? Sie hatte, wenn das alles stimmte, was sie sagte, so vieles aushalten und ertragen müssen. Emilio hatte sie gedemütigt. Er hatte sie zur Frau in der zweiten Reihe gemacht. Und das, obwohl er ihr ewige Liebe geschworen hatte. Was für ein *stronzo*.

»Ich hätte Emilio verlassen müssen. Ihm nach dem ersten Mal deutlich machen müssen, dass er mich so nicht behandeln darf. Das habe ich aber nicht. Als Carlo dich dann nach Hause gebracht hat …« Sie zögerte. »Du bist eine gute Frau, Vera, aber du bist zu weich. Viel zu weich und nachgiebig für so einen Macho wie meinen Sohn.«

»Moment mal!«, rief Vera. »Du hast Carlo doch erst zu so einem Macho gemacht.«

Die Nonna schnalzte mit der Zunge. »Vermutlich hast du recht. Die Liebe einer Mutter ist … bedingungslos. Und unendlich. Du weißt es selbst.«

Vera schwieg. Sie war nicht ganz so verrückt nach Federico und Fabiola wie Gina nach ihrem Carlo, aber ja: Für ihre Kinder würde sie alles tun.

»Immer wenn ich gesehen habe, was du Carlo alles hast durchgehen lassen, hat es mich daran erinnert, was ich alles mit mir habe machen lassen«, gab die Nonna mit ruhiger Stimme zu. »Das war unglaublich schmerzhaft für mich. Weil ich mir gewünscht habe, dass du stärker bist als ich.« Sie seufzte. »Und ich habe es nicht geschafft, mit dir zu sprechen, Vera. Mir haben die Worte gefehlt, um dir zu sagen, dass du konsequent sein musst. Und dass ich dich unterstütze. Mit allem.«

Nun fiel Vera doch beinahe vom Grabstein. Zum Glück stellte sich in dieser Sekunde Guntero hinter sie und stützte ihren Rücken. Das fühlte sich gut an. Geborgen, gehalten. So, wie es sein sollte.

»Mit allem? Wie meinst du das?«

Wieder seufzte die Nonna. »Als du vorhin weggegangen bist, ist Carlo nach Hause gekommen. Er hat mir freiheraus erzählt, dass er bereits seit Ende letzten Jahres mit diesem Flittchen in Düsseldorf zusammenlebt. Dass er sie *heiraten* möchte«, als Vera das hörte, krampfte sich ihr Herz zusammen, »und dass sie zu uns ziehen soll. In unser Haus. Wo wir als Familie leben.« Sie schnalzte wieder mit der Zunge. »Bah! Das stellt er sich aber wirklich zu einfach vor. Nicht mit mir, Vera! Ich habe ihm gesagt, dass er seine Sachen packen soll. Dass er zu dieser *putanella* ziehen kann, sich dann aber nicht mehr bei uns blicken lassen muss.«

»Er ist dein Sohn, Gina!«, rief Vera fassungslos, und Guntero drückte ihr beruhigend die Schulter.

»Und das wird er immer bleiben. Aber das heißt nicht, dass ich seine miesen Spielchen weiterhin mitspiele«, erwiderte Gina forsch.

»Also hast du ihn rausgeschmissen?«, flüsterte Vera atemlos, weil sie es nicht glauben konnte. Eine italienische Mutter, die ihren eigenen Sohn vor die Tür setzte? Das war doch wider die Natur. Gegen alle physikalischen Gesetze. War das überhaupt legal?

»Sì.« Nonna Gina klang ein bisschen stolz. »Ich habe ihm außerdem mitgeteilt, dass er auf meine Hilfe nicht zählen darf. Ich bleibe bei dir und den Kindern, wenn du es mir erlaubst, Vera. Carlo kann mir den Buckel herunterrutschen. Er ist alt genug, um eigene Entscheidungen zu treffen, und seine bisherigen waren *una merda.*«

»Ich … ich weiß nicht, was ich sagen soll«, stammelte Vera. Das war alles ziemlich viel. Die Frau, die ihr fast zwanzig Jahre lang das Leben zur Hölle gemacht hatte, bot ihr Unterstützung an? Freiwillig? Und sie wollte mit ihr zusammenwohnen? Als eine Art … WG der Hinterbliebenen? Als Wohngruppe der ausrangierten Frauen? Oder vielleicht doch als etwas anderes: als Familie. Als wilder, selbstbestimmter Weiberhaufen. Na ja … und natürlich Federico. Aber den könnte man so endlich zu dem Gentleman erziehen, wie es sich Vera immer gewünscht hatte.

»Du musst jetzt nichts sagen«, erwiderte Gina sanft. »Überleg es dir in Ruhe.«

»Wir werden uns das Haus sowieso nicht leisten können«, sagte Vera nachdenklich. »Das ist zu teuer.«

Nonna Gina lachte. Tatsächlich, sie lachte! Vera griff nach Gunteros Hand auf ihrer Schulter und hielt sie fest. »Zwei Dinge, Vera. Zum einen war Emilio ziemlich erfolgreich in seinem Beruf, wenn er nicht gerade durch die Betten gewandert ist, und ich bin ein sparsamer Mensch. Außerdem beziehe ich immer noch Witwenrente. Das heißt, ich habe genug Geld, um Carlos Anteil am Haus zu bezahlen.«

Vera schwieg. Ihr fehlten einfach die Worte. Peinlich für jemanden, der sich Autorin schimpfte.

»Zum anderen kommen wir jetzt zum Geschäftlichen. Ich habe dir gesagt, ich möchte dich unterstützen. Und nun werde ich dir ein Angebot machen, das du nicht ablehnen kannst.«

Vera schloss ergeben die Augen. Was kam jetzt? Sie sah sich schon mit einem Betonklotz an den Füßen im Rhein untergehen.

»Ich kümmere mich um die Kinder, solange es nötig ist, und das Haus. Du schreibst in der Zwischenzeit weiter. In Carlos altem Arbeitszimmer, das richten wir dir her.«

»Aber … du findest mein Buch doch … anstößig?«

Stille.

»Nonna Gina, bist du noch dran?«

»Sì. Bin ich. Das Folgende muss unter uns bleiben.«

Es knackte wieder. Vera verstand die Nonna nur noch dumpf. In ihrer Vorstellung sah sie ihre Schwiegermutter unter einer Straßenlaterne stehen, wie sie eine ihrer mit dem Familiennamen bestickten Stoffservietten vor das Handy hielt.

»Ich habe dein Buch gelesen.«

Vera sog erschrocken die Luft ein. »Und?«

»Es hat mir gefallen. Sehr sogar.«

Vera verstand die Welt nicht mehr. Ein derartiges Lob von ihrer strengsten Kritikerin zu erhalten, damit hätte sie in hundert Jahren nicht gerechnet. Eher noch mit dem Anruf, dass sie den Literaturnobelpreis bekommen sollte.

»Aber, Nonna, ich dachte, Fabiola sollte so was nicht lesen, und …«

»Für Vierzehnjährige ist der Stoff auch nicht geeignet!«, sagte die Nonna streng. »Und für pubertierende Bengel wie Federico auch nicht. Aber für Frauen deines Alters. Oder … meines. Ist nicht so, dass ich mich nicht für solche Themen interessiere, nur weil ich in den Augen meiner Enkelkinder schon mumifiziert bin.«

Vera hatte es die Sprache verschlagen. »Gina, ich … Ich weiß nicht …« Sie verstummte.

»Schon gut, mehr muss nicht gesagt werden. Also, es läuft ab jetzt so: Den Kiosk teilen wir unter uns auf, eine Schicht übernehme ich, die andere du. Und du kriegst von mir jedes Rezept, das du brauchst.«

»Was bekommst du dafür?«, hauchte Vera.

»15 Prozent. Die wiederum zahle ich auf ein Konto für die Kinder ein. *Va bene?*«

Das war ja zu gut, um wahr zu sein. Die Nonna hielt ihr den Rücken frei, ließ sie weiter schreiben, und dafür bekamen ihre Enkel später Geld?! Wo war der Haken?

Vera musste nicht lange nachdenken. »Darf ich auch mal selbst kochen?«, fragte sie vorsichtig.

Nonna Gina machte ihr berühmtes Schnalzgeräusch mit der Zunge. »Übertreib es nicht, Vera.«

»Okay«, sagte die und seufzte laut.

»Na gut. Einmal die Woche. Maximal.«

Vera musste lächeln. »Ich weiß nicht, was ich sagen soll, Gina.«

»Am besten gar nichts«, erwiderte ihre Schwiegermutter knurrend und klang jetzt fast schon wieder wie sonst. »Vor uns liegt eine Menge Arbeit. Wir müssen im Haus ausmisten und umgestalten. Ich möchte, dass alles, was an unsere untreuen Ehemänner erinnert, rausfliegt.«

»Auch die Bilder? Die von Emilio?«

»Natürlich. Die habe ich jetzt lange genug angesehen.«

»Und ich habe sie lange genug abgestaubt«, ergänzte Vera. Dann fiel ihr etwas ein. »Wenn du Emilio so verachtet hast und wenn er so unglaublich gemein zu dir war, wieso hast du dann immer mit ihm gesprochen?«

Wieder wurde es für einen Augenblick still am anderen

Ende der Leitung. »Du hast ja nur einen Bruchteil dessen mitbekommen, was ich zu ihm gesagt habe«, erklärte die Nonna. »Das meiste fand hinter verschlossenen Türen statt. Und es war nichts, was für die Ohren von Kindern oder Schwiegertöchtern bestimmt war.«

Vera grinste. Da sie wusste, dass die Schwiegermutter wie ein alter Kutscher fluchen konnte, fiel es ihr nicht schwer, sich die »Gespräche« mit Emilio vorzustellen.

»Komm nach Hause, Vera«, sagte die Nonna in diesem Moment sanft. »Ich mach uns noch eine Pasta. Es schläft sich besser mit einer warmen Mahlzeit im Bauch.«

Vera nagte an der Unterlippe. Ob sie …? War es zu früh, der Nonna von Guntero zu erzählen? Vermutlich schon. Andererseits hatte sie die Schnauze gestrichen voll davon, sich ständig nach den Befindlichkeiten der anderen zu richten.

»Darf ich jemanden mitbringen, Gina?«

Die Nonna zögerte. »Einen Mann?«

»Einen Freund.«

Sie hörte ein leises Lachen.

»Freunde kann man nie genug haben. Bring Guntero mit.«

Vera stand vom Grabstein auf. »Woher weißt du, dass es Guntero ist?«

Die Nonna lachte lauter. »Na, dieser Hülsenbeck, der hier dauernd anruft, wird es ja wohl kaum sein, oder? Der ist doch dein Verleger.«

Vera erstarrte. »Und woher weißt du das?«

»Ich weiß sehr vieles, Schätzchen«, erwiderte die Nonna ruhig und sagte dann: »Bring ihn mit. Ich mag ihn. Aber heirate ihn nicht! Das sorgt nur dafür, dass er sich nicht mehr anstrengt.«

Vera grinste. Sie wollte gerade auflegen, als ihr noch eine Sache einfiel. »Gina, wir müssen noch über Lucia Barone sprechen. Die halbe Welt denkt ja, du wärst die Autorin. Denkst du, wir könnten das Spiel noch eine Weile weiterspielen? Du müsstest nichts dafür tun. Einfach weiterhin alles dementieren.«

»Ein Dementi ist der verzweifelte Versuch, die Zahnpasta zurück in die Tube zu drücken«, schnarrte Gina.

»Nein, Vera«, meldete sich jetzt auch Guntero zu Wort, der in den letzten Minuten geduldig hinter ihr gestanden hatte, »hör endlich auf damit. Wenn eine Frau so etwas Großartiges schafft, sollte sie sich nicht hinter jemand anderem verstecken. Nicht hinter einem Mann, aber vor allem nicht hinter einer anderen Frau. Du darfst dich endlich zeigen!«

Vera sah Guntero überrascht an. »So denkst du darüber?«

»Aber ja«, erwiderte er überzeugt. »Deine Heldin ist so stark und nimmt ihr Glück in die eigenen Hände, auch du kannst dir dein eigenes Happy End schreiben.«

Am liebsten wäre sie Guntero in die Arme gefallen und hätte ihn innig geküsst, im selben Moment aber meldete sich eine knurrende Stimme aus ihrem Handy: »Also, das Wasser kocht schon. Ihr kommt jetzt nach Hause, wir essen eine gute Pasta, und dann machen wir uns Gedanken darüber, wie wir der Welt erzählen, wer Lucia Barone wirklich ist. *Bene?*«

Vera spürte, wie ihr die Tränen in die Augen stiegen. Sollte nach all den Katastrophen, den Talfahrten, den Aufs und Abs, nun wirklich alles gut werden? Ausgerechnet mit Hilfe der beiden Menschen, von denen sie gedacht hatte, sie wollten ihr am meisten schaden? Von Carlo mal abgesehen. Aber der war Vera mittlerweile schon so herzlich egal geworden, dass sie sich bewusst daran erinnern musste, dass sie immer noch mit ihm verheiratet war.

»*Bene*«, flüsterte Vera leise und beendete den Anruf.

Lange saß sie da und starrte auf ihr Handy.

»Alles in Ordnung?«, wollte Guntero wissen.

Vera sah ihn an. »Ich glaube schon.«

»Schön.« Er lächelte.

»Vielleicht hast du Glück«, setzte sie an und sah zu ihm hoch.

Guntero kam näher, gab ihr einen Kuss auf den Mund. »Ziemlich sicher sogar.«

»Das meine ich nicht. Möglicherweise bekommst du doch dein Exklusivinterview.«

Er hob die Augenbrauen. »Mit der geheimnisvollen Lucia Barone? Oder mit der hochtalentierten Vera Renzi?«

»Vermutlich mit beiden«, sagte sie lächelnd. »Vorher gehen wir aber Pasta essen. *Andiamo.*« Sie streckte die Hand aus.

Guntero ergriff sie. »*Andiamo.*«

Danksagung

Es gibt viele Menschen, die ihren Anteil daran tragen, dass »Übermorgen schreibe ich mein Happy End« nach vielen, vielen Jahren endlich das Licht der Buchwelt erblickt hat. Ich möchte mich deshalb bei einer Reihe von Menschen bedanken, die mich auf dem langen Weg begleitet haben:

Elena Ferrante, Autorin des Buches »Meine geniale Freundin«, die zwei kleine Autorinnen in einem italienischen Restaurant in Frankfurt zu dieser Komödie inspirierte,

Annette Roeder, die gemeinsam mit mir auf der Buchmesse die grobe Idee auf einer Serviette skizzierte und mir das Schreiben des Stoffes dann großzügig überließ,

Steffen Sander, der mit mir die Geschichte von »Antipasti d'Amore« spann und dem Restaurantkritiker Stefano den Namen leiht,

Petra Hermanns, die dem Buch und mir wichtige Impulse gab und wie immer eine phantastische Beraterin war,

Björn Rustemeyer, der unerschütterlich an diesen Roman, vor allem aber an mich, glaubte und mich regelmäßig daran erinnert, dass ich auch mal eine Pause machen darf,

Carla Grosch, der ich in einem Café in Frankfurt-Sachsenhausen unweit des Fischer Verlags von Vera und ihrem sensationellen Bestseller erzählte und die daraufhin beschloss, daraus ein Buch machen zu wollen,

Mareike Müller, die maßgeblich an »Guntero« schuld ist und mir eine großartige Hilfe beim Plot war,

Nina Faecke, ohne die Elisabetta und Stefano vermutlich niemals so lebendig, köstlich und appetitanregend geworden wären und die unbedingt und sehr bald einen kulinarisch-erotischen Roman schreiben sollte,

Nina Dias da Silva, die zur selben Zeit mit ihrem Roman etwa genauso spät dran war und sich als beste Schreibmotivatorin aller Zeiten herausstellte,

Katrin Fillies, die mit ihrem unglaublichen Feingefühl meine Sätze las und besser machte,

Oliver, der mir, während ich dieses Buch schrieb, völlig überraschend die schönste Liebesgeschichte meines Lebens bescherte – weil er im selben Zug saß, der nicht mehr weiterfahren wollte, und sich dazu entschied, mit mir durch die Lücke zu schlüpfen, die das Universum uns bot.

Senza di voi, nulla sarebbe così com'è.

Lilly Blank
Offen für alles
Roman

In Vivianes Leben ist eigentlich alles in bester Ordnung. Bis ihre beste Freundin Claudia gelassen erwähnt, dass sich ihr Mann regelmäßig mit anderen Frauen vergnügt – und Claudia das so gar nicht stört. Viviane ist entsetzt, und mit Schrecken wird ihr bewusst: In ihrem Ehebett wird auch nur noch geschlafen. Jeder auf seiner Seite, versteht sich.
Und obwohl Viviane ihren Mann Karl über alles liebt, spürt sie selten – ähm, wann eigentlich zuletzt? – das Bedürfnis, ihm die Kleider vom Leib zu reißen. Karl – und das tut richtig weh – geht es umgekehrt genauso. Gemeinsam beschließen sie, ihre Ehe zu öffnen, um ihre Liebe zu retten.

400 Seiten, Klappenbroschur

Weitere Informationen finden Sie auf
www.fischerverlage.de

AZ 596-00159/1